Seelenkind

VEREHRT. VERWÖHNT. VERKLÄRT
DAS JESUSKIND IN BAYERNS FRAUENKLÖSTERN

Seelenkind

VEREHRT. VERWÖHNT. VERKLÄRT

DAS JESUSKIND IN BAYERNS FRAUENKLÖSTERN

Herausgegeben vom
Kuratorium des Diözesanmuseums Freising

Herzlichen Dank für die Übernahme der Katalogkosten an die

Ebenso herzlich danken wir allen *Leihgebern*, die diese Ausstellung und
den Katalog durch ihr großzügiges Entgegenkommen ermöglicht haben:

Altenhohenau (Griesstätt), Dominikanerinnenkloster St. Peter und Paul
Altomünster, Birgittenkloster St. Peter und Paul
Altomünster, Museums- und Heimatverein
Augsburg, Haus der Bayerischen Geschichte
Brixen (I), Kongregation der Tertiarschwestern des hl. Franziskus
Frauenchiemsee, Benediktinerinnen-Abtei Frauenwörth im Chiemsee
Freising, Dombibliothek
Ingolstadt, Franziskanerinnenkloster St. Johann im Gnadenthal
Landshut, Ursulinenkloster St. Joseph
Landshut, Kath. Pfarrkirchenstiftung St. Jodok
Landshut, Zisterzienserinnen-Abtei Seligenthal
Mindelheim, Franziskanerinnenkloster Heilig Kreuz
München, Bayerische Verwaltung der staatlichen Schlösser, Gärten und Seen
München, Franziskanerkloster St. Anna
München, Archiv des Erzbistums München und Freising
Münchenstift GmbH
Prien am Chiemsee, Kunstsammlung Markt Prien/Heimat Museum
Siegsdorf, Christkindl-Wallfahrtsmuseum
Zürich (CH), Privatsammlung

und weiteren Leihgebern, die nicht genannt werden wollen.

Vorwort

Jesuskind-Figuren aus verschiedenen Jahrhunderten und Regionen gehören besonders in der Weihnachtszeit neben den Krippen zu den beliebtesten Ausstellungsobjekten von Museen. Ihre oft verharmlosende Bezeichnung als »Christkindl« legt verständlicherweise den Termin nahe und suggeriert zugleich auch eine Funktionsbeschreibung, die sich allein schon assoziativ im Weihnachtsfest und seinen Brauch- und Dekorationsbedürfnissen erschöpft. Trotzdem und deshalb zeigt das Diözesanmuseum Freising in der Weihnachtszeit 2012/13 eine große Zahl von Jesuskind-Figuren. Trotzdem, weil es inhaltlich und ästhetisch ein sehr lohnendes und reizvolles Thema ist. Deshalb, weil ein kirchliches Museum der Ort ist, an dem die entscheidenden Fragen nach dem »Woher« und »Warum« überkommener religiöser Bild- und Verehrungsformen gestellt werden sollen. Um diese Fragen beantworten zu können, wurden die meisten Objekte im wahrsten Sinne des Wortes dort abgeholt, wo sie seit Jahrhunderten zu Hause sind, nämlich in bayerischen Frauenklöstern. Viele der ausgestellten Objekte sind deshalb erstmalig außerhalb der klösterlichen Klausur öffentlich zu sehen. Das Kuratorenteam wurde bei den Recherchen zur Ausstellung von den Schwestern in den Klöstern mit großer Offenheit aufgenommen, und alle Leihgesuche wurden positiv beantwortet. Dafür sei an dieser Stelle all unseren Leihgeberinnen ganz besonders herzlich gedankt. Thomas Dashuber hat mit seiner Kamera die Magie dieser Orte so eingefangen, dass die Beziehung von Mensch, Ding und Ort nicht abgebildet, sondern in ihrem Innersten erfasst erscheint. Seine Fotografien geben in ihrer subtilen Bildsprache dem Katalog und der Ausstellung die Unmittelbarkeit, die dem Thema auch angemessen ist. Denn von dieser Unmittelbarkeit ist auch die konzeptionelle Leitlinie geprägt. Der Titel »Seelenkind« wurde in diesem Sinne ganz programmatisch gewählt. Fern des üblichen »Christkindl-Klischees« wird in der Ausstellung die Geschichte einer Beziehung erzählt. Einer Beziehung, die geprägt ist von der Entscheidung für ein Leben in äußerer Abgeschlossenheit, innerer Einsamkeit, in Gebet und ganzer Hingabe an Christus. Die zur Einkleidung geschenkte Jesuskind-Figur steht als »himmlischer Bräutigam« zeichenhaft für diese Hingabe und diese Beziehung, die mit dem Eintritt ins Kloster beginnt und ein ganzes Leben währt. So erzählen fast alle gezeigten Objekte von dieser Beziehung zu dem im Kind Jesus menschgewordenen Gott. Dass für kinderlose Klosterfrauen das Geheimnis der Inkarnation auch eine ganz emotionale und zutiefst menschliche Konnotation haben darf und soll, ist mehr als verständlich und hat zu liebevollen und oft aufwändigen Inszenierungen des persönlichen »Trösterleins« geführt. Auch diesem Thema der Formen dieser Inszenierung wird deshalb in der Ausstellung viel Raum gegeben.

Das »Woher« und »Warum« der Verehrungsformen und -traditionen sowie der ikonografischen Variationen und Besonderheiten ist zwar an den Objekten oft ablesbar, die entscheidenden Sehhilfen geben jedoch die Autoren dieses Kataloges. Ob aus theologischer, historischer, kunsthistorischer oder volkskundlicher Perspektive – sie alle gewähren spannende und erhellende Einblicke in ein sicherlich unterschätztes, aber wichtiges Kapitel katholischer Bildverehrung. Ihnen sei an dieser Stelle für die lohnende und ertragreiche Zusammenarbeit gedankt. Der vom Büro Sieveking in sensibler und dem Thema sehr entsprechenden Weise lektorierte, gestaltete und produzierte Katalog wurde allein durch die großzügige Finanzierung der Ernst von Siemens Kunststiftung möglich. Ein ganz besonderer Dank gilt jedoch abschließend meinen Co-Kuratoren, Dr. Carmen Roll, Dr. Anna-Laura de la Iglesia y Nikolaus und Steffen Mensch M. A., die mit ihrer steten Begeisterung, umfassenden Fachkenntnis und nötigen Sensibilität für das Thema dieses Projekt trotz sehr kurzer Vorbereitungszeit getragen und verwirklicht haben.

Christoph Kürzeder

Spiritualitätsgeschichtlicher
Hintergrund der

Christkind-Verehrung

Ludwig Mödl

▬ Unterschiedlich haben Menschen zu verschiedenen Zeiten Christus bildlich dargestellt. In den frühen Zeiten kennen wir nur Symboldarstellungen wie den guten Hirten oder
den Fisch. Dann, ab den Zeiten Konstantins (306–337), thront der Pantokrator in den Apsiden
der Kirchen. In erzählenden Bildern taucht Christus als Lehrer oder Wundertäter, bald danach
auch als Gekreuzigter auf. Auch Darstellungen Christi als Kind mit Maria, der Gottesmutter,
finden wir zu dieser Zeit. Sie dokumentieren in den christologischen Auseinandersetzungen
sowohl die wahre Menschheit als auch das Göttliche an Christus, wobei sie dem Christuskind
herrscherlich-göttliche Züge geben und Maria als lebendiger Thron des göttlichen Wortes
erscheint. Christus als liebenswürdiges Menschenkind finden wir erst im zweiten Jahrtausend
der Christenheit und hier in der westlichen Kirche ausdrücklich erst seit dem 13. Jahrhundert.
Wie kam es zu diesem Wandel? Was steht dahinter? Wie sind diese Darstellungen Christi
als liebreizendes Kleinkind spiritualitätsgeschichtlich einzuordnen? Ich versuche eine These,
welche vor allem die theologische Ernsthaftigkeit der Christkindl-Frömmigkeit darzustellen
sucht.

HINTERGRÜNDE DES WANDELS

Die allermeisten Christkindl stammen aus der Zeit des Barock und der Zeit danach. Doch liegen die Gründe für diese Darstellungsform bereits in der Theologie und Spiritualitätspraxis,
die im Hochmittelalter ihren Ursprung haben. Um diese zu verstehen, scheint es mir ange-
bracht, den Begriff »Lebensgefühl« herbeizuziehen und mit seiner Hilfe die Entwicklung der
Spiritualitätsgeschichte abzutasten.

In der Spätantike, in der sich das Christentum zur Weltreligion formte, bestand bei vielen Menschen die Sehnsucht, befreit zu werden aus dem Zufällig-Historisch-Irdischen ins
Geistige. In verschiedenen Philosophien, wie zum Beispiel im Neuplatonismus, schuf sich
dieses Lebensgefühl intellektuelle Formen. Im wachsenden Mönchtum erhielt es eine konse-
quent-praktische Lebensgestalt. Befreitwerden aus dem zufällig Materiellen war oft mit der
Meinung verknüpft, das Irdisch-Materielle sei gegenüber dem Geistigen minderwertig. So
bestand die Tendenz, dualistisch das Irdisch-Materielle abzuwerten zugunsten des Geistigen.
Hier nun bot das Christentum ein Korrektiv und eine faszinierende Alternative; denn Christus
hat in der Auferstehung den irdisch-menschlichen Leib mitgenommen in die geistig-göttliche
Welt. Er lebt mit seiner ganzen Menschheit im göttlichen Bereich. Die Auferstehung und

die Lehre vom ewigen Leben des ganzen Menschen prägten die Spiritualität. Ostern wurde gefeiert als das größte Fest, das jedem Menschen Zukunft zuspricht. Das Irdische wird erlöst ins Geistige nicht dergestalt, dass es untergeht, sondern dass es verwandelt wird.

Dieses Lebensgefühl begann sich langsam in der Zeit der Jahrtausendwende zu verändern. Die Ursachen für diese Veränderungen mögen vielfältig sein. Die Tatsache ist: Die Menschen entdeckten die Welt und den Kosmos als geordneten Raum, der nicht aufgrund göttlichen Eingreifens funktioniert, sondern aufgrund von Gesetzen. Es war keine Frage: Gott hat diese Gesetze gegeben. Aber diese Gesetze schaffen die Ordnung. Der Lauf der Sterne, der Wandel der Jahreszeiten, der Wechsel von Sonnenschein und Regen, ja all die Naturphänomene sind Ergebnis vom Zusammenwirken vieler Gesetzlichkeiten. Und auch der Mensch steht in dieser Ordnung. Wie sehr er auch frei gestalten mag, ihm sind Ordnungsräume vorgegeben, in die er sich einfügen muss, sollen die Gesellschaft und sein Leben gelingen. Die Ordnung fasziniert. Die Welt, ja der ganze Kosmos funktionieren aufgrund natürlicher Gesetze, und diese kann der Mensch steuernd bedienen. In der Gotik begann man zu experimentieren. Man konstruierte aus den Urformen von Kreis und Quadrat die kühnsten architektonischen Gebilde und baute sie mit dem härtesten Material, dem Stein. Einen künstlichen Kosmos schuf man auf diese Weise. Man ließ auch die Konstruktionsteile offen, sodass man sehen konnte, wie die Ordnungskräfte alles zusammenhalten. Doch in diesem Raum gab man dem einströmenden Licht einen Glanz, damit spürbar werden konnte: Inmitten dieses Kosmos wirkt die göttliche Kraft. Denn neben der Faszination über die Ordnungskräfte stand die bedrängende Frage, wie die Elemente des Ungeordneten, des Chaotischen, des Todbringenden und Lebensbedrohenden gebändigt oder beseitigt werden könnten, die von jedem Menschen als leidvoll und beängstigend erfahren wurden. Woher kommt Hilfe? Woher Erlösung? Wo begegnet uns das Göttliche?

Die Antwort gab die Grundbotschaft der christlichen Religion: In Jesus Christus ist das göttliche Wort Mensch geworden und damit in den Kosmos gekommen. In der menschlichen Person Jesu ist die göttliche Hilfe in der Welt da. Damit war der menschliche Christus in neuer Weise interessant geworden; denn er ist das erlösende Element inmitten des Kosmos. Sein Leben und Sterben hat erlösenden Charakter. Damit erhält jede Äußerung seines Menschseins Offenbarungscharakter. Er ist in allem verbunden mit dem Ewigen und verbindet so das Menschliche mit dem Göttlichen. Wer sich ihm anschließt, der kann an dieser Erlösung teilhaben. Die Befreiung geschieht also nicht mehr dadurch, dass der irdische Mensch ins Geistige gehoben wird, sondern dadurch, dass die göttliche Wirklichkeit ins Menschliche kommt, um hier eine Erlösung zu bewirken, die mit dem Ewigen verbindet. Diese Erlösung wird durch Jesu Leben und (vor allem) durch sein leidvolles Sterben bewirkt, das mit der Auferstehung den Sieg über alles Zerstörerische in Leid und Tod erreicht.

Die Antwort auf die bange Frage, wo denn nun Gott sei, hat so eine Antwort gefunden: In Jesus Christus ist das göttliche Wort Mensch geworden. Das war die tröstende Botschaft inmitten des neuen Lebensgefühls. Der jenseitige Gott hat die Welt nicht in die selbstmächtige Ordnung entlassen. Er ist noch gnädig da, zunächst in Jesus Christus. Ihm begegnen wir heute freilich nur in Zeichen, nämlich in den Sakramenten der Kirche, vornehmlich in der Eucharistie, welche die Menschen jetzt nur noch selten empfangen, sondern sie anbetend verehren, da hier Göttliches geschaut werden kann. Die göttliche Wirklichkeit ist also in der Menschwerdung des göttlichen Wortes ins Kosmische gekommen und ist anwesend in den Zeichen des Sakramentes. Die Gnade ist sichtbar beziehungsweise spürbar in den Zeichen, deren es sieben geben muss, weil dadurch ausgedrückt ist, dass in der Kombination der Zahlen »drei« und »vier« die göttliche und die irdisch-kosmische Wirklichkeit verbunden sind.

NEUE DARSTELLUNGSWEISEN JESU CHRISTI

So verändert sich mit der Gotik die Darstellung Jesu Christi. Zunächst werden die romanischen Kreuz-Figuren, die zumeist den Auferstandenen darstellen, der – wohl am Kreuz angenagelt – seine Wunden, die Zeichen des Sieges, zeigt, ersetzt durch einen toten Christus, an dem alle Merkmale des leidvollen Sterbens sichtbar sind. Leidensmerkmale werden in der Spätgotik auch im Erbärmdechristus oder im Gnadenstuhl betont.

Daneben entwickelt sich – und damit berühren wir unser engeres Thema – das Bild der Inkarnation dahingehend, dass das Jesuskind auf dem Arm Mariens nicht mehr als kleiner Erwachsener mit allen Elementen der Königswürde dargestellt wird, sondern als nackter, liebreizender Knabe. Es soll betont werden: Wirklich Mensch geworden ist das göttliche Wort. Es wurde Kind und zeigt alle Merkmale eines echten Menschenkindes, das liebenswürdig alle Sympathie auf sich zieht. Da nun jede Äußerung im Leben Jesu gleichsam Offenbarungscharakter erhalten hat, wird auch das Kindsein Jesu theologisch und spirituell neu gewichtet.

Franz von Assisi hat an Weihnachten des Jahres 1223 in Greccio die Weihnachtsszene dramatisch inszeniert. Und von da an treten die Krippendarstellungen ihren Siegeszug an, wobei vor allem die Szene mit den drei Weisen beziehungsweise Königen eine besondere Bedeutung erlangt.

Zentrum all dieser Inszenierungen ist das Jesuskind als liebreizendes Kind, das trotz seiner Ohnmacht alles bestimmt, da es die Liebe der Menschen seiner Umgebung bewegt. Damit war der kindliche Jesus neben dem Gekreuzigten zu einer dominanten Darstellung Jesu geworden. Ob auf dem Arm Mariens oder gesondert als Kleinkind, er spricht von der Menschwerdung des göttlichen Wortes. Damit ist das Christkindl zu einer Christusdarstellung geworden, die kundgibt: In Jesus ist die göttliche Hilfe in die Menschheit gekommen. Und mit der Menschwerdung hat bereits begonnen, was den Menschen von den Fesseln des Leides und Todes befreit, nämlich seine Erlösung.

NEUE SCHWERPUNKTE DER SPIRITUALITÄT

Die Frömmigkeit hat also neue Schwerpunkte erhalten. Die Hochschätzung von Ostern, die im ersten Jahrtausend herrschte und die wir heute noch in der Ostkirche finden, wandelte sich zu einer Dominanz von Weihnachten, wie sie bis heute in der Westkirche herrscht – zumindest beim Volk. Die Inkarnation und das Leiden Christi wurden in der spirituellen Praxis wichtiger als die Auferstehung, die Anbetung der Eucharistie mehr geübt als der Empfang. Die Darstellung der Kindheit Jesu und der Passion interessierte die Künstler jetzt in hohem Maße. Denn mit der Inkarnation des göttlichen Wortes ist das Entscheidende grundlegend schon gegeben, die göttliche Wirklichkeit ist erlösend in die Welt gekommen – in Jesus, einem wahrhaftigen Menschenkind.

Von der Renaissance an werden das Element des kindlichen Gottsohnes und die menschliche Beziehung zu seiner Mutter beziehungsweise zu den Menschen der Umgebung immer deutlicher betont. Das liebenswürdige Kind als Offenbarung der Liebe des ewigen Gottes kann dann in besonderer Weise zum Verehrungsobjekt von Ordensfrauen werden, wie wir es besonders im 17. und 18. Jahrhundert kennen, wovon die Ausstellung zeugt.

Zusammenfassend sei gesagt: Die Seelenkind-Frömmigkeit ist ein Phänomen der Spiritualitätsgeschichte, das sich bereits im 13. Jahrhundert anbahnt und ein spezifisches Element der Inkarnationsfrömmigkeit vornehmlich des 17. und 18. Jahrhunderts darstellt. In jedem Fall handelt es sich dabei nicht um eine Marginalie, sondern um eine theologisch ernst zu nehmende Frömmigkeitsform der Geschichte. ■

Das Kind
in der Mitte

Ein Essay

Marc-Aeilko Aris

■ Vermutlich im Jahre 1118 provozieren die Mönche der Abtei Saint-Medard in Soissons einen Skandal. Sie behaupten, einen Milchzahn des Kindes Jesu als Reliquie zu besitzen und zu verehren. Wohl wissend, dass das Grab Jesu leer und Jesus selbst auferstanden ist, reklamieren sie ein Relikt aus der Kindheit Jesu für sich und den Kult, der in ihrer Abtei gefeiert wird. Was die Mönche von Soissons für sich beanspruchen, reizt den Mönch Guibert aus dem benachbarten Kloster Nogent zum Widerspruch. Er sieht, dass diese vermeintliche Reliquie aus der Kindheit Jesu die Gegenwart Jesu in der Eucharistie entwertet, und verfasst eine polemische Streitschrift wider die, die sich mit Devotionalien aus der Kindheit Jesu brüsten. Nicht nur der erwachsene Jesus, wie ihn die Evangelien schildern, sondern vor allem der verherrlichte Jesus, der sich im Sakrament der Eucharistie seiner Gemeinde vergegenwärtigt, hat nach seiner Auffassung im Mittelpunkt des christlichen Gottesdienstes zu stehen. Was fünfhundert Jahre später und noch danach selbstverständlich sein wird, dass nämlich nicht etwa ausgefallene Milchzähne, sondern ungezählte Bilder und Figuren des Kindes Jesu den Heiland und Erlöser der Menschheit in den Klosterzellen frommer Nonnen vergegenwärtigen, konnte Guibert von Nogent nicht ahnen. Sein in nur einer mittelalterlichen Handschrift überlieferter Protest war ungehört und ungelesen verhallt, und es ist fraglich, ob er die Wogen der Verehrung des Kindes Jesu hätte aufhalten können, wenn seine Schriften häufiger gelesen worden wären.

Die Verehrung des Kindes beginnt vielmehr schon in den Evangelien: »Er stellte ein Kind in ihre Mitte« (Mk 9,36). Mit dem, was Jesus im Markus-Evangelium tut, korrigiert er zunächst nur seine Jünger, die sich über der Frage zerstritten hatten, wer von ihnen der Größte sei. In der Darstellung des Evangelisten Markus geben die Jünger Jesus den Anlass dafür, sich zum Kind zu bekennen und sich mit einem unbekannten Kind zu identifizieren: »Wer eines von diesen Kindern in meinem Namen aufnimmt, nimmt mich auf« (Mk 9,37). Das Kind in der Mitte der Jünger, das im Markus-Evangelium zwar unbekannt, aber eben noch konkret war, wird im Matthäus-Evangelium zur symbolischen Verdichtung für die idealen Eigenschaften dessen, der das Reich Gottes annimmt. Darüber tritt in den Hintergrund, dass Jesus sich im Markus-Evangelium mit diesem Kind identifiziert. Die ganze Bedeutung dieser Identifikation wird erst allmählich in der Geschichte der theologischen und spirituellen Erschließung des Evangeliums entfaltet. Jesus, der sich mit einem Kind, das er in die Mitte der Jünger stellt, gleichsetzt, wird erst allmählich als das Kind in der Mitte der Schöpfung und in der Mitte der Zeit entdeckt und verehrt. Er selbst ist das Kind in der Mitte und wird als Kind zum Mittelpunkt einer spirituellen Tradition.

Die Geschichte dieser Tradition ist zuerst die Geschichte einer Entdeckung und dann, vor allem im 12. und 17. Jahrhundert, die Geschichte einer Wiederentdeckung. Das früheste Zeugnis dafür, dass Jesus als Kind verehrt wird, bietet der griechische Theologe Origenes in seinen 233/234 gehaltenen Homilien zum Lukas-Evangelium.[1] In der Gestalt des greisen Simeon, der das Kind Jesus in die Arme nimmt, als seine Eltern es im Jerusalemer Tempel darbringen (Lk 2,28), entdeckt Origenes das Urbild des Menschen, der die Erlösung durch Christus nicht bloß zur Kenntnis nimmt und im Glauben bekennt, sondern für sich so annimmt, dass darin Wohl und Wehe seines Lebens entschieden sind. So wird Simeon dadurch, dass er das Kind Jesus in die Arme nimmt, im Unterschied zum »bloß« glaubenden beziehungsweise im Glauben wissenden Menschen zum Modell des gläubigen Menschen, der sein Leben im Glaubensakt qualitativ verändert erfährt. Diese Lebensveränderung durch Glaubenserfahrung identifiziert Origenes eindeutig, indem er ein Vorher und Nachher unterscheidet. Vor der Begegnung mit dem Kind Jesus ist Simeon »im Gefängnis des Leibes« (in claustro corporis) wie in einem Kerker gefangen, selbst wenn er weiß, dass nur Jesus ihn aus dieser Haft entlassen und mit der Hoffnung auf ein Leben mit Zukunftsaussicht vor dem Tod und über den Tod hinaus erfüllen kann. Erst in dem Moment, da er das Kind in den Armen hält, wird das Glaubenswissen zur Glaubenserfahrung. Diesen Moment, in dem sein Leben sich verändert, nimmt Simeon selbst wahr – so die Interpretation des Origenes –, da er sich an das Kind in seinen Armen wendet, indem er sagt: »Jetzt entlässt du, Herr, deinen Knecht, in Frieden« (Lk 2,29). In diesem »Jetzt« ist die Veränderung zwischen Vorher und Nachher bezeichnet. Erst in dem Augenblick, da er das Kind mit seinen Armen umfängt, erfährt er die Freiheit, die im Frieden mit Gott besteht. Diesen Frieden versteht Origenes zwar auch, aber nicht nur im Sinne einer Vollendung nach dem Tod. Wer, dem Beispiel Simeons folgend, das Kind Jesus mit seinen Armen umfängt und an seine Brust drückt, tritt die Herrschaft und Souveränität dessen an, der aus dem Kerker und dem Gefangenenhaus befreit ist, und kann gehen, wohin zu gehen er sich sehnt: Der erfährt die Befreiung aus Abhängigkeiten und Gesetzmäßigkeiten, die die Lebensqualität einschränken, und den Aufbruch in ein besseres Leben, das in das ewige Leben münden wird. Diese Erfahrung wird nach Origenes denen zuteil, die sich danach sehnen, wie Simeon das Kind Jesus in die Arme zu schließen, die sich wie Simeon vom Heiligen Geist in den Tempel führen lassen (Lk 2,27), und die im Gebet das Kind Jesus selbst anflehen. Origenes sieht diese Führung durch den Heiligen Geist dann als im vollen Sinn verwirklicht an, wenn einer nicht nur der Gemeinschaft der Kirche angehört, sondern sich in seiner Lebensgestalt von dieser Wirklichkeit prägen lässt. Das Kind Jesus zu verehren, wird damit für Origenes zum Prüfstein für die erfolgreiche Christianisierung der Christen und zum symbolischen Ort der Gotteserfahrung, die für den Gläubigen zugleich qualitativ Lebensveränderung innerhalb seiner Biografie bedeutet.

Diese biografische Dimension der Kind-Jesu-Verehrung wird mehr als hundertfünfzig Jahre nach Origenes in den Auslegungen zum Lukas-Evangelium, die der Bischof Ambrosius von Mailand verfasst hat, noch deutlicher entwickelt und rhetorisch gestaltet. Ambrosius versteht die Betrachtung des Kindes Jesus als eine Möglichkeit für den Menschen, sich im Kind kontrastiv selbst zu erkennen als den, dessen Leben durch Jesus qualitativ verändert werden kann: »Er wurde ein Kind, er wurde ein kleiner Knabe, damit du zum vollkommenen Menschen werden kannst. Er wurde in Windeln gewickelt, damit du von den Fesseln des Todes befreit bist. Er – in der Krippe, damit du am Altar stehst. Er – auf Erden, damit du zu den Sternen erhoben wirst. Er hatte keinen Platz in der Herberge, damit du Wohnungen im Himmel hast.«[2] Durch die rhetorisch inszenierte Dialektik zwischen dem kleinen Kind Jesus und der Größe des Erlösten, zwischen der Erniedrigung Gottes und dem Wachstum des Menschen verbindet Ambrosius theologisch die Menschwerdung Gottes in der Krippe mit der Erlösung des Menschen am Kreuz. »Nichts würde die Geburt bewirken ohne die Wirkung der Erlösung.« Zugleich bestimmt Ambrosius im Angesicht des Kindes die Stellung des Menschen neu. Wer das Kind Jesus betrachtet, kann die objektivierende Distanz des Beobachters überwinden und sich selbst als den erkennen, um dessentwillen Gott Mensch wird. Der Anblick des Kindes eröffnet mit der Imagination seines Zustandes als Säugling den Spielraum für die Affektivität, die den Menschen seinen eigenen Zustand im Angesicht des Erlösers erfahrbar werden lässt:

»Mich reinigt das Weinen des wimmernden Kindes, seine Tränen waschen meine Sünden ab«. Ambrosius von Mailand eröffnet mit dieser Rhetorisierung der Kind-Jesu-Verehrung den Spielraum für deren weitere spirituelle Entfaltung. Das Kind Jesu zu verehren, wird zum Ausdruck einer gesteigerten spirituellen Affektivität und umgekehrt: Die gesteigerte Affektivität in der Wahrnehmung des Kindes Jesus führt zu einer Intensivierung der imaginativen Aneignung.

Dieser Wandel ist bei keinem Autor besser zu beobachten als bei dem Zisterzienser Bernhard von Clairvaux (um 1090–1153). Bis in seine Biografie hinein wurde ihm die Verehrung des Kindes Jesus, die er vor allem in seinen Predigten propagierte, eingeschrieben. Sein Biograf, Wilhelm von Saint-Thierry, schildert im zweiten Kapitel der Vita Bernhards, dass der junge Bernhard, selbst noch ein Kind, in der Weihnachtsnacht im Chorgestühl einnickte, als der Beginn der Vigilien auf sich warten ließ. Wie Bernhard später selbst immer wieder erwähnt habe, sei ihm zwischen Schlafen und Wachen genau zur tatsächlichen Stunde seiner Geburt das Jesuskind erschienen und habe »die keineswegs mehr kindischen Gefühle des Knaben geweckt« und damit seine Verehrung des Kindes Jesus angeregt, die er durch sein tieferes Verständnis dieses Geheimnisses und seine Verkündigung unter Beweis gestellt habe.

Tatsächlich bildet die anschauliche Schilderung des neugeborenen Kindes und seiner imaginierten Lebens- und Erfahrungswelt einen Schwerpunkt in den Predigten Bernhards. Dabei nimmt er den Ansatz des Ambrosius von Mailand, durch eine affektorientierte Rhetorik die Beobachterdistanz zu überwinden, auf und entwickelt ihn fort. »Auch ich erkenne, dass mich alles angeht: die Zeit und der Ort dieser Geburt, die Zartheit des kindlichen Leibes, das Wimmern und die Tränen des Knäbleins, aber auch die Armut und die Nachtwache jener Hirten, denen die Geburt des Heilands zuerst verkündigt wird. Mich berührt dies alles, für mich wirkt es, mir wird es vorgesetzt und zur Nachahmung gereicht.«[3] Was in der deutschen Übersetzung notwendig explikativ formuliert ist, lehnt sich im lateinischen Original an eine antike Redewendung an, die ursprünglich aus einem Gedicht des Horaz stammt: »Tua res agitur, paries cum proximus ardet« (Ep 1, 18, 84). »Dein Besitz steht auf dem Spiel, wenn die Nachbarswand brennt«. Das heißt: Es geht dich unbedingt an, was neben dir passiert. In diesem Sinn formuliert Bernhard angesichts des neugeborenen Kindes: »Mea sunt haec«, während die deutsche Übersetzung (»Mich berührt dies alles«) ein Prädikat ergänzt. Die lakonische Formulierung Bernhards dagegen macht dem Leser der Predigt unmissverständlich deutlich, dass dem Kind gegenüber die Haltung des unbeteiligten Beobachters unangemessen ist. Vielmehr ist nach Bernhards Auffassung zweierlei gefordert: die Einsicht, dass die Geburt des Kindes um meinetwillen geschieht, und die Bereitschaft, die Geburt des Kindes als Beispiel zur Gestaltung beziehungsweise Veränderung des eigenen Lebens zu verstehen. Diese zweifache Existenzialisierung in der Wahrnehmung des Kindes radikalisiert die Kind-Jesu-Verehrung. Die zunehmend naturalistische Imagination des Kindes und seiner Lebensumstände als Säugling dient dazu, mit rhetorischen Mitteln das historische Geschehen aus neutraler Unverbindlichkeit zu lösen und als ein Ereignis zu verstehen, das unmittelbar an den, der es wahrnimmt, adressiert ist. In diesem Sinn kann Bernhard sagen, dass »der Stall predigt«, »die Krippe ruft«, »die zarten Glieder des Kindes vernehmbar sprechen« und »die Tränen und das Wimmern die Frohe Botschaft verkünden«.[4] Insofern können die imaginierten Tränen des Kindes Jesus nicht ohne Wirkung bleiben: »Soll ich weiterspielen und mich über seine Tränen lustig machen? Ja, wenn ich ganz verblendet und meines Verstandes nicht mehr mächtig bin, werde ich ihm nicht folgen und nicht zugleich mit dem Trauernden trauern«.[5] Die erwartete Wirkung der Tränen, nämlich mit Jesus, dem Trauernden, zu trauern, beruht freilich auf der Voraussetzung, dass das Kind Jesus »doch nicht wie die anderen Kinder oder sicher nicht aus dem gleichen Grund«[6] weint, sondern prospektiv die Schuld des Menschen als den Anlass für seinen späteren Tod am Kreuz voraussieht. Die Nachahmung, zu der Bernhard sich durch das Kind Jesus herausgefordert sieht, schließt also, über die Anspruchslosigkeit und Armut der äußeren Umstände der Geburt hinaus, die Identifikation mit den Empfindungen Jesu ein. Genau darin besteht auch die Wirkung, die die affektorientierte Rhetorik Bernhards in den Hörern beziehungsweise Lesern seiner Predigten durch die Fokussierung auf das Kind Jesus erzeugen will: dass sie sich selbst mit den Augen des Kindes Jesus wahrnehmen lernen und daraus die Bereitschaft entwickeln, die Erlösung durch das Kreuz anzunehmen und ihr Leben zu ändern.

Das Kind Jesus als ein Beispiel zur Nachahmung zu verstehen, wird freilich schon von Papst Leo dem Großen (um 400–461) in einem weiteren Sinne verstanden. In einer Predigt zum Epiphaniefest, in der er die Nachahmung als eine Hermeneutik der liturgischen Erinnerung an das Heilswerk Jesu betont, geht Leo auf die Begegnung der drei Weisen mit dem neugeborenen Kind ein. Dass sie, dem Sterne folgend, Jesus nicht als den Wundertäter sehen können, der Kranke heilt und Dämonen austreibt, sondern als unscheinbares Kind, nimmt vorweg, was Jesus in der Schilderung der Evangelien tun wird, dass er nämlich ein Kind in die Mitte der Jünger stellt. »Christus liebt die Kindheit, die er selbst durch Seele und Leib zuerst annahm. Christus liebt die Kindheit, die Lehrerin der Demut, den Leitfaden der Unschuld, die Gestalt der Sanftmut. Christus liebt die Kindheit, an der er die Gesinnung der Erwachsenen ausrichtet, auf die er die Greise im hohen Alter wieder einschränkt. Und diejenigen, die er ins Reich Gottes erheben will, beugt er hinab zu seinem Beispiel«.[7] Mit allen anderen Kindern ist das Kind Jesus für Leo den Großen darin ein Beispiel, dass es natürlicherweise die Tugenden verwirklicht, zu denen der Erwachsene sich erst bekehren muss: Demut, Unschuld und Sanftmut. Die Gestalt des Jesuskindes wird damit zum Muster für das Ideal der Einfachheit und Arglosigkeit und zum Urbild für die Rückgewinnung der Naivität, die den Menschen wieder in seiner Ursprünglichkeit erkennbar werden lässt. In diesem Verständnis wird es zum spirituellen Mittelpunkt für die französische Mystik des 17. Jahrhunderts und zugleich zum Inbegriff einer Vermenschlichung des Menschen. Mit seinen Betrachtungen zu einzelnen biografischen Zuständen des Lebens Jesu bildet der Begründer des französischen Oratoriums Pierre Berulle den Anfang dieser spirituellen Tradition. Sie geht ihrerseits auf die aus dem 14. Jahrhundert stammenden Betrachtungen des Lebens Christi (Meditationes vitae Christi) zurück, die zunächst im Franziskanerorden und dann weit darüber hinaus verbreitet waren. In diesen Betrachtungen wird der Leser zu einer spirituellen Verinnerlichung des Geschehens angeleitet, indem er imaginativ in die jeweilige Szene hineinversetzt und aufgefordert wird, selbstständig innerhalb der Imagination zu agieren. So wird, vermittelt durch den Text, auch die Begegnung mit dem neugeborenen Kind Jesus zum erlebbaren Ereignis für den Leser: »Beuge auch Du Dein Knie, der Du etwas weiter entfernt stehst, und bete den Herrn Deinen Gott an. Danach begrüße ergeben seine Mutter und den heiligen Greis Joseph. Dann küsse die Füße des in der Krippe liegenden Kindes Jesus und bitte die Herrin, dass sie es Dir gibt oder erlaubt, es aufzunehmen. Nimm es auf und halte es in Deinen Armen. Schau sein Gesicht an. Küsse es vorsichtig und ehrfürchtig und freu Dich daran voll Vertrauen«.[8] Diese Anweisungen zur erlebnisorientierten Verinnerlichung werden ergänzt durch die theologische Deutung der Geburt Jesu, mit deren Hilfe die Betrachtung über die rein affektive Rezeption auf der Seite des Meditierenden zu einer doktrinellen Festigung des Glaubensinhalts verdichtet wird. Diese Tendenz zur Theologisierung und intellektuellen Aneignung wird von Pierre Berulle konsequent entfaltet, der damit sowohl für den humanistischen Rationalismus als auch für den theologischen Mystizismus im Frankreich des ausgehenden 17. Jahrhunderts bestimmend wird.[9] In seinen zahlreichen geistlichen Schriften reflektiert er die soteriologische Bedeutung der Kindheit Jesu und ihrer konkreten historischen Umstände. Die darin wirksame Konzentration auf das Geheimnis der Inkarnation sowie die zunehmende Abstraktion, die statt der Imagination des Kindes Jesus die Reflexion des theologischen Gehalts der Kindheit Jesu verfolgt, ermöglicht die Verbindung der Kind-Jesu-Verehrung mit dem Rationalismus seiner Zeit. Während René Descartes im zweiten Teil seines *Discours de la Méthode* grundsätzlich den Defekt des kindheitlichen Zustandes beklagt, weil der Mensch zum Zeitpunkt seiner Geburt und als Kind des vollen Besitzes seiner Vernunft entbehre und darum nicht in der Lage sei, reine und begründete Urteile zu fällen, wird im Anschluss an Pierre Berulle genau dieser Zustand des Kindes in seiner eigenen Dignität erkannt. Die Abwesenheit der Reflexion, durch die sich das Kind auszeichne, lässt die ursprüngliche vorreflexive Einheit jedes Menschen, seine unbedingte Gegenwärtigkeit und Spontaneität wieder erkennbar und als Ziel eines geistlichen Weges möglich werden. In diesem Sinne ermöglicht die Verehrung der Kindheit Jesu über die spirituelle Vertiefung hinaus eine fortschreitende Humanisierung des Menschen. ▬

1   Origenes, *Homilien zum Lukasevangelium,* übers. u. eingel. von Hermann-Josef Sieben SJ (Fontes Christiani 4), Freiburg u. a. 1991, hier Homilie 15, S. 178–183.
2   CSEL 32/4, S. 63 f. (II, 41), dort auch die folgenden Zitate dieses Abschnitts.
3   Bernhard von Clairvaux, »Zum Fest der Geburt des Herrn. Dritte Predigt«, in: *Sämtliche Werke VII,* hrsg. von Gerhard B. Winkler, übers. von Josef Schwarzbauer, Innsbruck 1996, S. 250–253.
4   Ebd., S. 256 f.

5   Ebd.
6   Ebd.
7   Leo der Große, *Sämtliche Sermonen,* hrsg. von Theodor Steeger, München 1927, S. 183.
8   CChrCM 153, S. 35 (Kap. 7).
9   Vgl. Robert Spaemann, *Reflexion und Spontaneität. Studien über Fénélon,* Stuttgart 1963, S. 138–158.

Die geschnitzten Jesuskinder

der deutschen Spätgotik

Matthias Weniger

■ Man kennt aus dem vorreformatorischen Deutschland heute einige wenige Dutzend geschnitzte Figuren des nackten Jesuskindes. Das wohl älteste von ihnen zeigt den kindlichen Erlöser zwar mit scheinbar aufgerichtetem Oberkörper, aber mit flach ausgestreckten Beinen, so dass es nur in der Krippe liegen, nicht stehen kann.[1] Alle anderen Bildwerke geben das Kind stehend beziehungsweise schreitend oder, seltener, sitzend wieder.

Alle zeigen das Kind vollkommen entblößt, obschon das Geschlecht in manchen Fällen später verstümmelt oder nachträglich unter Gips und Stoff verborgen wurde[2] und obgleich ein Großteil der Figuren die meiste Zeit ohnehin durch Gewänder verhüllt gewesen sein dürfte. Dieser Brauch wird oft mit dem Barock assoziiert, aus dem auch die meisten überlieferten Kleidchen stammen. Durch eine Ansicht aus dem Halleschen Heiltum ist er aber schon für den Anfang des 16. Jahrhunderts belegt.[3] Zugleich fällt bei dem sogenannten Augustiner-kindl im Franziskanerinnenkloster Heilig Kreuz in Mindelheim (Abb. 1 und 2) auf, dass das Geschlecht schnitzerisch nicht so fein ausgearbeitet wurde wie die übrigen Oberflächen, folglich also wohl nicht ständig sichtbar sein sollte.[4] Andererseits könnten diesbezüglich auch Gegenbeispiele wie ein Christus aus Kloster Heggbach im Hamburger Museum für Kunst und Gewerbe (Abb. 7) angeführt werden, bei dem diese Partie in Schnitzwerk und Fassung höchst sorgfältig und offensichtlich auf der Basis eingehender Naturbeobachtung ausgearbeitet ist.[5] Vor allem jedoch ist die Nacktheit für das Verständnis der Bildwerke konstitutiv. Es macht die Fleischwerdung des Gottessohnes im wahrsten Sinn anschaulich und spiegelt damit nicht zufällig allgemeinere Entwicklungen der Bildsprache. Seit dem 14. Jahrhundert wurde die Nacktheit Christi, ausgehend von Frankreich und den Niederlanden, immer wieder sehr bewusst inszeniert. Freising verfügte mit dem gotischen Hochaltar des Domes von 1443 über einen der wichtigsten Zeugen für diese Entwicklung. Bei der heute im Bayerischen Nationalmuseum in München aufbewahrten Mittelfigur des Altars streckt die Muttergottes dem Betrachter das entblößte Geschlecht des Kindes regelrecht entgegen.[6] In einem Kupfer-stich Martin Schongauers (L. 31)[7] erscheint das Mäntelchen des segnenden Christuskindes genau so geöffnet, dass seine Blöße offenbar wird.

Sofern die geschnitzten Jesuskind-Figuren, wie in der Regel noch heute der Fall, farbig gefasst sind, wird die Spannung zwischen göttlicher und menschlicher Natur des Kindes gerade bei den Frisuren besonders anschaulich. Einerseits sind die Haare oft höchst virtuos mit à jour gearbeiteten Locken geschnitzt, um besonders lebensnah zu wirken, andererseits aber werden sie durch ihre Vergoldung der irdischen Sphäre entrückt. Zur Komplettierung

Abb. 1–4
Christuskind, Gregor Erhart (?), Augsburg,
um 1500.
Mindelheim, Franziskanerinnenkloster
Heilig Kreuz.

der Illusion wiederum beobachtet man bei vielen Kindern zusätzlich aufgemalte goldene Strähnchen, die in die Stirn hinabreichen. Gleichzeitig sind sowohl die Schnitzer wie die Fassmaler von Anfang an bemüht, den zart geröteten Kinderkörper mit seinen Speckwulsten und Grübchen so wirklichkeitsnah wie möglich wiederzugeben. Beim Heggbacher Christus (Abb. 7) sind die Falten nicht nur geschnitzt, sondern teils auch in die Grundiermasse hinein-modelliert.

Die göttliche Natur wiederum äußert sich im Segensgestus, mit dem die große Mehr-zahl der Figuren ausgezeichnet ist. In seiner Linken hält Christus hingegen meist ein Attribut. Diese Attribute spielen wiederum auf die doppelte Natur des Kindes an. Sie wurden in späte-rer Zeit oft erneuert, doch scheint es schon ursprünglich eine große Bandbreite an Darstel-lungsmöglichkeiten gegeben zu haben: von Weltkugel, Apfel und Traube bis hin zu Vogel und Herz[8] – die Herz-Jesu-Verehrung ist auch aus anderen Werken der Zeit belegt. Ein Ein-blattholzschnitt von 1472 gibt das am Kreuz aufgehängte, von der Lanze durchbohrte Herz Jesu wieder. In seinem Inneren hockt ein nacktes Christuskind mit Geißel und Rutenbündel.[9] Eine verwandte Darstellung bietet ein Alabasterrelief im Bayerischen Nationalmuseum.[10] Ein Kupferstich des Meisters ES zeigt das segnende nackte Kind hingegen inmitten des geöffneten Herzens des Gläubigen (L. 51). Besonders gut gehen mit dem Charakter der Bildwerke Attri-bute einher, die oberflächlich wie eine liebenswerte anekdotische Zutat wirken, aber doch einen tiefen theologischen Sinn haben: der Apfel, der auf den Sündenfall anspielt, dessen Fol-gen durch den Heilstod Christi überwunden werden, der Wein als eine der beiden Gestalten, in denen Jesus sich in der Eucharistie offenbart, oder die Vögel, die auf die Passion anspielen, etwa mit dem blutroten Fleck auf dem Köpfchen des Stieglitz.[11] Eine andere Rolle vertritt der Papagei, wie ihn das Christuskind auf einem Einblattholzschnitt des 15. Jahrhunderts in Hän-den hält.[12] Er verdreht die Wörter, macht aus Eva, mit der die Sünde in die Welt kam, das Ave, mit dem Maria der Erlöser verkündet wurde – und steht so wiederum für Christus, des-sen Sühne am Kreuz der Menschheit Befreiung von der Erbsünde verheißt. Ein Holzschnitt Cranachs zeigt das Christuskind, segnend und mit Weltkugel, auf dem offenen Grab, umrahmt von den Werkzeugen der Passion (B. 73).[13] Auf einem Model aus Ton hält ein auf dem Kissen sitzendes nacktes Kind Kreuz und Dornenkrone.[14]

Soweit die Herkunft der geschnitzten Jesuskinder jener Zeit aus dem deutschen Raum überliefert ist, stammen sie fast durchweg aus Frauenklöstern. Einige Werke aus klösterlichem Besitz werden in der Freisinger Ausstellung erstmals öffentlich präsentiert. Beim Eintritt in

Abb. 5
Christuskind, Oberschwaben (?),
um 1510/20 (?).
Sammlung Oberschwäbische
Elektrizitätswerke.

das Kloster war eine Christuskind-Figur Teil der traditionellen Mitgift der Novizin. Als besonders gelungen empfundene Werke wurden über Jahrhunderte und oft bis heute aufbewahrt, während die einst sicher zahllosen einfacheren Ausfertigungen nur in Ausnahmefällen und eher zufällig erhalten blieben.[15] Parallel sind schon aus dem späten Mittelalter Zeugnisse überliefert, die von der mütterlichen Sorge der Ordensschwestern um die Christuskinder berichten, erzählen, wie sie sie nährten und kleideten, in die Krippe legten.[16] Immer wieder wird auch von Visionen berichtet, in denen die Figuren plötzlich lebendig wurden, zu laufen begannen. Eine Ordensfrau, die in diesem Kontext mit an erster Stelle zu nennen ist, war die Dominikanerin Margarete Ebner (um 1291–1351), und es ist wohl kein Zufall, dass sich in dem Kloster, in dem sie wirkte, Maria Medingen bei Dillingen, die eingangs erwähnte älteste geschnitzte Figur erhalten hat. Die Berichte machen deutlich, warum die möglichst naturnahe Wiedergabe der Kinder ein zentrales künstlerisches Anliegen sein musste. Die Bildwerke kamen diesen Bedürfnissen in der Tat schrittweise immer weiter entgegen. Die Bewegungen werden immer lebendiger, und bei den Gesichtern werden zunehmend wirklich kindliche Typen nachgebildet, wie man sie bis dahin allenfalls von besonders qualitätvollen Grabfiguren kannte.[17] Einige Figuren scheinen sich mit lächelndem oder leicht zum Sprechen geöffnetem Mund sogar direkt an den Betrachter zu wenden. Ein Christuskind in der Kunstsammlung der Oberschwäbischen Elektrizitätswerke lacht ihn regelrecht an (Abb. 5).[18]

Dass die Jesuskinder lange hinter Klostermauern vor der Öffentlichkeit verborgen waren (und teils heute noch sind), mag umgekehrt erklären, warum immer wieder neue Christuskinder scheinbar aus dem Nichts auftauchen. Dies gilt gerade für einige der qualitätvollsten Figuren: Das Münchener Jesuskind mit der Weintraube (Abb. 6), heute im Bayerischen Nationalmuseum, kam am 5. Dezember 1989 bei Christie's in London zum Aufruf,[19] ein in dessen Nachfolge stehendes Werk wurde aus Augsburger Privatbesitz bekannt,[20] und ein derzeit noch im Handel befindliches Kind wurde am 2. November 2011, also wiederum pünktlich zur Weihnachtszeit, bei Bonhams in London angeboten und im März 2012 von der Kunsthandlung Neuse auf der Messe in Maastricht präsentiert. Nur für das Augsburger Kind wird eine Provenienz kolportiert. Es soll aus einem Kloster aus dem Augsburger Raum stammen.

Die Freisinger Ausstellung kann die Diskussionen um die Anfänge der Jesuskind-Verehrung mit einem Kind bereichern, das zumindest das Zeug dazu zu haben scheint, wie die Figur aus Maria Medingen noch aus dem 14. Jahrhundert zu stammen (Kat.-Nr. 89). Besonderes Interesse hat es auch deshalb, weil es das Jesuskind auf einem Kissen sitzend zeigt und damit eine

Abb. 6
Christuskind mit Weintraube,
wohl Ulm, um 1470.
München, Bayerisches Nationalmuseum.

Abb. 7
Heggbacher Christuskind, Gregor Erhart (?),
Augsburg, um 1500.
Hamburg, Museum für Kunst und Gewerbe.

Ikonografie vorwegnimmt, die in einigen wenigen Beispielen aus der Kunst um 1500 belegt ist. Stimmt die Datierung, dann ginge das Werk auch den über die Grafik des 15. Jahrhunderts verbreiteten Darstellungen dieses Typus voraus, die als Neujahrsgrüße Verwendung fanden. Das Kind hält kein Attribut, sondern saugt am Finger und fasst an den Fuß – beides scheinbar kindlich spielerische Motive und doch wiederum Verweise auf die Passion.

Die nächsten Vertreter der Gattung stammen aus der fortgeschrittenen ersten Hälfte des 15. Jahrhunderts. Das Kind aus Altenhohenau wird in der Ausstellung gezeigt (Kat.-Nr. 172). Eng verwandte Werke findet man in Maria Medingen, der einstigen Wirkungsstätte von Margarete Ebner,[21] sowie in süddeutschem Privatbesitz. Alle drei Bildwerke sind künstlerisch mehr mit Bayern als mit Schwaben verbunden. Die Knaben stehen jeweils fest auf eigenen Füßen, zudem, anders als die meisten jüngeren Vertreter der Gattung, offenbar von Anfang an ohne einen aus demselben Werkblock gearbeiteten Sockel. Beide scheinen ursprünglich in der Linken eine Traube und in der Rechten eine einzelne Frucht gehalten zu haben.

Die Mehrzahl der erhaltenen vorreformatorischen Jesuskinder stammt jedoch aus den Jahrzehnten um 1500. Es sind wiederum bayerische Arbeiten darunter sowie fränkische, allen voran ein Werk des Veit Stoß.[22] Auch aus Köln kennt man ein sehr qualitätvolles Kind.[23] Das Gros der Produktion rührt jedoch aus dem schwäbischen Raum her. Dies gibt einer Diskussion zusätzliches Gewicht, die das wohl früheste Exemplar dieser dritten Generation von Werken, den Münchener Christusknaben, von Anfang an begleitet: die Frage, ob wir ihn Ulm oder Straßburg verdanken. Die Frankfurter Ausstellung zum Schaffen des Niclaus Gerhaert van Leyden[24] hat dabei wohl endgültig deutlich machen können, dass mehr für eine Ulmer Herkunft als für eine Einordnung in die Straßburger Jahre des Niclaus Gerhaert spricht: das verwendete Material, Weidenholz, die nicht aus einem Werkblock gewonnene, sondern sich mit Anstückungen behelfende Form, die auf Ulm deutende originale, verblüffend gut erhaltene Fassung und nicht zuletzt die plastische Ausbildung selbst, welche die Expressivität und die zupackende Verve der offensichtlich eigenhändigen Werke vermissen lässt.[25] Andererseits bleibt der Weg zu den späteren Ulmer Arbeiten weit, auch zu dem immer wieder ins Spiel gebrachten Michel Erhart. Nie findet man bei diesem eine derart konsequent und gelungen in den Raum ausgreifende, vollansichtige Figur, nie eine solche Belebtheit des Ausdrucks. Beides ist ohne die Straßburger Anregungen nicht denkbar. Betont werden muss gleichzeitig, dass sich die Münchener Figur bezüglich der Attribute und ihrer Präsentation nahtlos an das eine Generation ältere Bildwerk in Maria Medingen anschließt.

Zwei im Vorfeld der Frankfurter Ausstellung noch nicht bekannte Arbeiten runden das Bild weiter ab. Der bei Bonhams versteigerte Knabe deutet nachdrücklicher auf Ulm, weist dabei aber zugleich eine dem Münchener Christus aufs Engste verwandte Bodenplatte auf, einschließlich deren ungewöhnlich quadratischer Form und der eingesteckten Pflanzen, die das Kind gleichsam durchs Paradies wandeln lassen.[26] Auch die Zehen sind sehr ähnlich gebildet,[27] während andererseits das Gesicht im Vergleich mit der Münchener Fassung zur Maske erstarrt und verhärtet, die Proportionierung mit dem zu großen Kopf unbeholfen ist. Die Haltung verharrt im Ungewissen zwischen Stand- und Schrittmotiv, ein Kontrapost bleibt lediglich angedeutet.

Weit natürlicher und räumlicher fällt die Haltung beim Mindelheimer Augustinerkindl aus, wenngleich man eher von einem sehr artikulierten kontrapostischen Stehen als von einer tatsächlich vorwärtsdrängenden Bewegung wie bei der Münchener Figur sprechen mag. Wie sein Münchener Pendant wirkt der Christus von allen Seiten natürlich (Abb. 1–4). Um beide Figuren kann man herumschreiten, ohne dass sich bestimmte Schauansichten herausschälen. Unter allen heute bekannten Jesuskindern der Zeit sind nur diese beiden vollkommen und im besten Wortsinn rundansichtig. Der Christus aus Kloster Heggbach steht ihm nur wenig nach, doch wirkt seine Haltung aus manchen Perspektiven etwas gespreizt und gekünstelt. Auch die Proportionierung fällt mit dem übergroßen Kopf und dem zu kurzen Hals eine Spur weniger harmonisch aus.[28] In München und Mindelheim ist hingegen nach der Ikonografie und der Behandlung der Oberflächen auch in der großen Form selbst jene maximale Natürlichkeit erreicht, wie sie diese besondere Aufgabe in so hohem Maße erforderte. Dies geht mit einem Raffinement der Ausführung einher, für die beispielhaft nur auf das Detail der in München wie Mindelheim separat eingesetzten Brustwarzen hingewiesen sei. Es zeigt, wie beide Werke an der Grenze vom Objekt der Devotion zum Liebhaberstück stehen.

Künstlerisch weist das Augustinerkindl weit nachdrücklicher als das Münchener auf die Werkstatt der beiden Erhart. Während die Kopfform noch der Ulmer Werkstatt Michel Erharts verpflichtet ist, deuten die präzise herausgearbeiteten, sehr festen und kompakten Formen schon auf die Augsburger Kunst des Gregor Erhart. Noch ausgeprägter tritt dessen Stil bei dem Christusknaben aus Kloster Heggbach hervor (Abb. 7). Auch Plastizität und Rundansichtigkeit der Mindelheimer Figur dürften eher auf Gregor als auf Michel Erhart weisen.

Bei dem in die Hand des Augustinerkindls gesteckten Vogel handelt es sich um eine neuere Ergänzung. Die Handhaltung legt nahe, dass das Christuskind ursprünglich ebenfalls eine Traube und eine einzelne Frucht trug. Wie sehr die ganze Gruppe dem Münchener Kind verpflichtet bleibt, verdeutlicht nicht zuletzt die Frisur, bei der die frei gearbeiteten, tief hinterschnittenen Locken in der Form der polykletischen Spinne von einem Punkt am Hinterkopf aus strahlenförmig über den Kopf wallen, wie es sich ansatzweise beim Christus im Kunsthandel und besonders schön bei dem Bildwerk in Hamburg beobachten lässt.[29]

Von der Konzeption der Heggbacher Figur her ist bemerkenswert, dass sie ohne Sockel auskommt. Ob sie schon ursprünglich so präsentiert werden sollte, wird sich kaum noch entscheiden lassen – die Füße weisen an der Unterseite große Bohrungen auf, die aber offensichtlich modern sind. Schon die Tatsache, dass der Heggbacher Christus an der Unterseite nicht mit der gleichen Sorgfalt gefasst wurde wie in den übrigen Bereichen, macht aber eine geplante Montage wahrscheinlich. Für die Freisinger Ausstellung ist diese Diskussion insofern von Bedeutung, als der ausgestellte, auf einem modernen Sockel montierte Mindelheimer Christus (Kat.-Nr. 43) ähnliche Fragen aufwirft. Trotz der Zurücknahme aller Bewegung hätte er ohne Sockel jedoch kaum sicher gestanden, anders als ein wohl ebenfalls erst Anfang des 16. Jahrhunderts entstandenes, stärker ausponderiertes Exemplar im Bayerischen Nationalmuseum (Inv.-Nr. 74/133).

Beachtung verdient das Mindelheimer Augustinerkindl (Abb. 1) im Übrigen noch deshalb, weil es, wie sich schon im Namen andeutet, durch die Schwestern der Überlieferung nach in den Reformationsjahren von den in Auflösung befindlichen Mindelheimer Augustinereremiten übernommen wurde. Bezieht sich diese Nachricht tatsächlich auf die heute noch erhaltene Figur, so wäre diese also ausnahmsweise ursprünglich für einen männlichen Konvent geschaffen worden.

Weiter verkompliziert wird das Geflecht recht heterogener, aber doch mit Schwaben verknüpfter Bildwerke durch das schon erwähnte Jesuskind aus Privatbesitz, das seit einigen Jahren im Augsburger Maximilianmuseum gezeigt wird. Vom Gesichtstyp her eng dem Münchener Knaben verpflichtet, steht es diesem in der Proportionierung, in der Bewegung und in der Ausarbeitung deutlich nach, ohne dass sich auf diese Weise die Kluft zwischen München und dem gesicherten Schaffen der Erhart schließen ließe. Bemerkenswert ist noch, dass der Münchener Knabe 40,4 cm, der Augsburger aber 63,5 cm misst. Die Steigerung des Maßstabs scheint einer allgemeinen Tendenz der Zeit zu entsprechen, vor allem in Schwaben.[30] Das Heggbacher Kind misst 56,5 cm, der ausgestellte Mindelheimer Knabe 59 cm, das Augustinerkindl erreicht sogar 71 cm.[31] Allerdings misst auch der frühe Christus mit der Traube in Maria Medingen schon 53 cm. Die Figur im Handel weist mit 38 cm etwa die Höhe der Münchener Figur aus. Die Lebensgröße vieler Figuren hatte sicherlich wesentlich Anteil bei der Schaffung der Wirklichkeitsillusion, mit der uns die Bildwerke gegenübertreten.

Die Manier der Erhart-Werkstatt, vor allem die Kunst des Gregor Erhart, hat die auf uns gekommene schwäbische Christuskind-Produktion ansonsten entscheidend geprägt. Dies zeigt sich sehr deutlich bei einem sitzenden Christusknaben im Frankfurter Liebieghaus,[32] aber auch bei zwei Werken in der Ausstellung: der Figur aus Mindelheim (Kat.-Nr. 43) sowie – ungeachtet der Frage, ob er vielleicht erst geraume Zeit nach den übrigen erwähnten Bildwerken entstanden ist – bei jenem Christus, der nachträglich durch Abschnitzung der Beine und Arme und das Einsetzen von Gelenken zu einer beweglichen Figur umgearbeitet wurde, bei dem die Verlebendigung also auf andere, mechanische Weise angestrebt wurde (Kat.-Nr. 49). Bisweilen sind derartige Werke auch einem erzählenden Kontext entnommen. So ist bei einer Anna Selbdritt im Kapuzinerinnenkloster von Fribourg das Christuskind zur Gliederfigur umgearbeitet worden.[33]

Während sich über die ursprüngliche Anlage dieses Knaben nur noch sehr eingeschränkt urteilen lässt, geht der Christus aus Mindelheim in dem Verzicht auf alle Bewegung noch über die Konzeption der Knaben in Augsburg und im Kunsthandel mit ihrem wenigstens noch angedeuteten Kontrapost hinaus. Andererseits hat ein solch verhaltenes Agieren ganz offensichtlich auf die Praxis des Bekleidens der Figuren Rücksicht genommen, wenngleich das Augustinerkindl beweist, dass sich auch eine komplexer agierende Figur ohne größere Schwierigkeiten an- und auskleiden lässt. Lediglich der Münchener Knabe hat durch seine verschraubte Haltung eine Bekleidung massiv erschwert und weist in der Tat kaum materielle Spuren auf, die von einer entsprechenden Praxis zu stammen scheinen. Vielleicht hat seine Konzeption, trotz der überragenden Qualität und der so überzeugenden Stringenz der Gesamtanlage, ebendeshalb so wenig Nachfolge gefunden.

Hatten die Niederlande in der Frühzeit der Formulierung der Bildidee entscheidende Impulse geliefert, so waren die deutschen Christuskinder der Spätgotik in ihrem Naturalismus ihren meist deutlich kleineren und weit stärker stilisierten niederländischen Pendants deutlich voraus. Es ist diesem Naturalismus, kaum aber einer direkten Vorbildfunktion geschuldet – die Stücke waren jahrhundertelang noch weit unzugänglicher als heute -, wenn die Christuskindfiguren späterer Epochen und anderer Regionen immer wieder an die Meisterwerke der Spätgotik erinnern. Gerade der direkte Vergleich mit den späteren Schöpfungen, wie ihn die Freisinger Ausstellung bietet, wird aber auch die zeitbedingten Besonderheiten der spätgotischen Kinder vor Augen führen, etwa die Überlängung des Rumpfes, die, allem Naturalismus zum Trotz, selbst noch den Münchener Christus prägt. Lediglich das Augustinerkindl (Abb. 1) ist hier etwas weiter gegangen – und erweist sich auch in diesem Sinn als, im Wortsinn, echtes Kind der Renaissance. ▬

1 Kloster Maria Medingen (Maria Mödingen) bei Dillingen; Meyer 1972, S. 720 f. Zur Frage des ältesten Christuskindes vgl. auch Weniger 2010, S. 174, Anm. 17. Auch auf einige andere Aspekte konnte dort ausführlicher eingegangen werden; vgl. dort ferner für eingehendere bibliografische Angaben.

2 Sollte der Lendenschurz bei einem Christuskind des 15. Jahrhunderts – nicht dem oben erwähnten – in Maria Medingen wider Erwarten ursprünglich sein, wäre die eingehende Bemerkung zu relativieren; der Inventarband von Meyer 1972, hier S. 704, macht diesbezüglich leider keine näheren Angaben.

3 Aschaffenburg, Schlossbibliothek, Man. 14, f. 118v. Ein Holzschnitt Cranachs im Wittenberger Heiltumsbuch (B. 90) zeigt hingegen ein nacktes Christuskind (aus Silber). Beide Figuren mit Globus und Segensgestus.

4 Pörnbacher 2006, S. 2 f.

5 Inv.-Nr. 1953.35, *Campe'sche historische Kunststiftung. Museum für Kunst und Gewerbe Hamburg. Bildführer II – Erwerbungen 1948–1961,* Hamburg 1964, Kat.-Nr. 51.

6 Zum Freisinger Hochaltar siehe jetzt Matthias Weniger, »Der Freisinger Hochaltar des Jakob Kaschauer – Geschichte, Kontext und Nachwirkung«, in: *Sammelblatt des Historischen Vereins Freising,* 42, 2012, S. 27–59 (mit früherer Literatur).

7 L. = Max Lehrs, *Geschichte und kritischer Katalog des deutschen, niederländischen und französischen Kupferstichs im XV. Jahrhundert,* 9 Bde., Wien 1908–1934.

8 Das Herz-Attribut ist dabei sicher das seltenste; siehe einen Christusknaben in der Berliner Skulpturensammlung, Inv. 3/81; Victor H. Elbern, *Wie im Himmel so auf Erden. Der christliche Bilderkreis in 150 Kunstwerken,* Berlin 1990, S. 47 f., Kat.-Nr. 27.

9 *The Illustrated Bartsch,* Bd. 163 (Supplement): Robert Ullmann (Hg.), *German Single-Leaf Woodcuts Before 1500, Anonymous artists: .736–.996-2,* New York 1990, S. 77, Nr. 797; vgl. ebd., S. 76–89, Nr. .796–.808-1, für eine Reihe eng verwandter Arbeiten.

10 Inv. 30/1726. Theodor Müller, *Die Bildwerke in Holz, Ton und Stein von der Mitte des XV. bis gegen Mitte des XVI. Jahrhunderts,* München 1959, Kat.-Nr. 203.

11 Das Christuskind in Obermedlingen hält einen Granatapfel, der für Fülle, wiederum aber auch für Passion steht.

12 *Spätmittelalter am Oberrhein. Alltag, Handwerk und Handel 1350–1525,* Ausst.-Kat. Badisches Landesmuseum Karlsruhe, 29.9. 2001–3.2. 2002, Stuttgart 2001, S. 107 f., Kat.-Nr. 194 (Dagmar Schumacher).

13 B. = Adam von Bartsch, *Le Peintre Graveur,* 21 Bde., Wien 1803–1821.

14 Kammel 2003, S. 37–61, hier S. 45, Abb. 13 (Exemplar in Mainz).

15 Vgl. das bei Abbrucharbeiten in Nürnberg unter einem Fußboden entdeckte, nur 17,3 cm große Exemplar; Kammel 2000, S. 176 f., Kat.-Nr. 13 (Frank Matthias Kammel).

16 Nähere Angabe und Verweise in Weniger 2010, S. 163 f.

17 Vgl. den Gisant des 1316 im Alter von fünf Tagen gestorbenen Jean I. von Frankreich, *L'art au temps des rois maudits. Philippe le Bel et ses fils 1285–1328,* Ausst.-Kat, Paris, Galeries nationales du Grand Palais, 17.3.–29.6.1998, Paris 1998, S. 130, Kat.-Nr. 75 (Françoise Baron). Das nur wenig jüngere Kind in Maria Medingen ist noch weit von diesem Realismus entfernt.

18 *Kunst aus/für/in Oberschwaben. Kunstankäufe der Jahre 1990–1998 durch die Oberschwäbischen Elektrizitätswerke OEW,* Ausst.-Kat. Schloss Achberg, 22.8.–18.10. 1998, S. 144 f., Nr. 113 (Brigitte Hecht-Lang).

19 Inv. 91/43. Für Literatur siehe unten.

20 Ausst.-Kat. Frankfurt a. M., S. 300–303, Kat.-Nr. 23 (Stefan Roller); Metzger 2011, S. 56–59, 70–74.

21 Meyer 1972, S. 704; vgl. auch oben Anm. 2.

22 Kammel 2000, S. 235 f., Kat.-Nr. 60. Für ein sehr lebensvolles niederbayerisches Werk am selben Ort, Inv.-Nr. Pl.O. 158; siehe ebd., S. 176, Kat.-Nr. 12 (jeweils Frank Matthias Kammel).

23 Nürnberg, Germanisches Nationalmuseum, Inv.-Nr. Pl.O. 320. Kammel 2000, S. 175, Kat.-Nr. 11 (Frank Matthias Kammel).

24 Siehe Anm. 20.

25 Ausst.-Kat. Frankfurt a. M., S. 294–299, Kat.-Nr. 22 (Stefan Roller). Eine Zuschreibung an Michel Erhart zuvor schon bei Albrecht Miller, »Beiträge zum Frühwerk des Michel Erhart«, in: *Leben aus der Geschichte. Festschrift für Josef Weizenegger,* Günzburg 2004, S. 207–217, unter Berufung auf mündliche Äußerungen Alfred Schädlers (S. 209 f.). Mit Zuschreibung an den Meister des Dangolsheimer Muttergottes alias Niclaus Gerhaerts war das Werk publiziert worden von Hans Peter Hilger, *Das Jesuskind mit der Weintraube (Bayerisches Nationalmuseum, Bildführer,* 19), München 1991, seinerseits mit Hinweis auf Aussagen Theodor Müllers (S. 9). Bei einer restauratorischen Begleittagung zur Frankfurter Ausstellung ist die Neuzuordnung von Einzelnen scharf angegriffen worden – die Diskussion dürfte noch nicht abgeschlossen sein. Vgl. hierzu auch die Rezension des Frankfurter Katalogs von Manuel Teget-Welz und Matthias Weniger, »Ars nova in Stein und Holz. Niclaus Gerhaerts in Frankfurt«, in: *Kunstchronik,* 65, 2012, S. 35–42.

26 In dieser Hinsicht noch vergleichbar ist die Plinthe des tänzerisch bewegten Christuskindes in Obermedlingen; siehe Erwin Mayer, »Das Obermedlinger Jesuskind«, in: *Jahrbuch der Bayerischen Denkmalpflege. Forschungen und Berichte,* 44, 1990, S. 69–71.

27 Sie fallen allerdings schon beim Münchener Kind gleichförmig und starrer, weniger lebendig in der Behandlung aus, als man dies an vergleichbaren Partien der Nördlinger Figuren von Niclaus Gerhaerts beobachtet. Auch beim Mindelheimer Augustinerkindl sind sie stärker differenziert.

28 Der im Verhältnis zum Körper zu große Kopf ist u. a. noch bei einem der Christuskinder des Bayerischen Nationalmuseums zu finden, Inv.-Nr. MA 1769.

29 Beim Augustinerkindl wird der Befund durch den späteren Strahlenkranz leider verunklart.

30 Die Statuette des Veit Stoß ist mit 13,6 cm Höhe schon eher als Kunstkammerstück anzusprechen; bezeichnenderweise sind selbst bei diesem kleinen Werk die Brustwarzen separat eingesetzt.

31 Für die freundliche Auskunft danke ich Sr. Rita OSR.

32 Inv.-Nr. 1048. Michael Maek-Gérard, *Die deutschsprachigen Länder ca. 1380–1530/40 (Liebieghaus – Museum alter Plastik. Nachantike großplastische Bildwerke,* 3), Frankfurt a. M. 1960, S. 56–60, Kat.-Nr. 24.

33 Stephan Gasser u. a., *Die Freiburger Skulptur des 16. Jahrhunderts. Herstellung, Funktion und Auftraggeberschaft,* Petersberg 2011, Bd. 1, S. 227–229; Bd. 2, S. 317–320, Kat.-Nr. 148.

Veni sponsa!
Die Ordensfrau als

Braut Christi

Steffen Mensch

━━ Prinzessin Sophie, die Tochter des Winterkönigs, trug ebenso wie Wilhelmine von Bayreuth zu ihrer Hochzeit ein prachtvolles Kleid aus Silberbrokat;[1] nicht minder festlich geschmückt zog Maria Anna Carolina, Tochter des Kurfürsten Max Emanuel, ebenfalls in einem silberweißen Kleid in die Kirche ein, als sie im Begriff war, sich zu vermählen. Das Gotteshaus war feierlich mit Tapisserien geschmückt, zahlreiche Kerzen beleuchteten den Raum. Mit ihren Brüdern, die sie als Brautführer begleiteten, schritt sie zum Altar und ihre Mutter war zu Tränen gerührt. Doch nicht ein Herr von weltlichem Adel sollte sie dort erwarten, sondern ihr himmlischer Bräutigam Jesus Christus. Sie wurde mit ihm, der durch eine kostbare, juwelengeschmückte Figur des Jesuskindes verbildlicht und vertreten wurde, am 29. Oktober 1719 in einer feierlichen Zeremonie für immer verbunden und verbrachte ihr Leben kontemplativ im Münchner Angerkloster.[2] Die geistliche Vermählung der Ordensfrau mit Jesus ist auch heute noch in vielen Konventen ein wesentlicher Bestandteil der Aufnahmezeremonien, der in verschiedenen symbolischen Handlungen sichtbar wird. Im Folgenden sollen sowohl die Grundlagen dieses Brautverständnisses als auch dessen barocke Interpretation umrissen werden, die bis heute wirkungsvoll ist. Vor allem aber soll aufgezeigt werden, welche Rolle die Figur des Jesuskindes in diesem Zusammenhang spielte.

BIBLISCHE UND THEOLOGISCHE GRUNDLAGEN

Das Bild von der Braut Christi wird im theologischen Sinne zunächst allgemein als Symbol für die gesamte Kirche, das heißt die Gesamtheit der Gläubigen in ihrer tiefen Verbundenheit mit Christus, verwendet. Bereits die alttestamentarische Brautsymbolik will die überfließende Liebe Gottes zu seinem auserwählten Volk verdeutlichen – in diesem Sinne wurde auch das Hohelied allegorisch auf das Verhältnis von Jahwe zum Volk Israel bezogen. Im Neuen Testament findet sich wiederum die Deutung Jesu als Bräutigam der christlichen Gemeinde, so schreibt Paulus in seinem zweiten Brief an die Korinther: »Ich habe euch einem einzigen Mann verlobt, um euch als reine Jungfrau zu Christus zu führen.« (2 Kor 11,2) Der Bund der Ehe mit Christus wird in der Offenbarung des Johannes geschildert: »Wir wollen uns freuen und jubeln, und ihm die Ehre erweisen. Denn gekommen ist die Hochzeit des Lammes, und seine Frau hat sich bereit gemacht.« (Offb 19,7) Die Gemeinschaft Gottes mit den Heiligen im Himmel und den Gläubigen, die auf der Erde leben, wird folglich unter dem Bild einer Hochzeit im erneuerten Paradies gesehen.

Von größter Bedeutung für die Idee der mystischen Verbindung mit dem himmlischen Bräutigam blieb neben den entsprechenden Bibelversen und deren theologischer Auslegung vor allem die allegorische Deutung des Hoheliedes. Im 3. Jahrhundert bezog der Kirchenvater Hippolyt als Erster das Hohelied auf Christus und die Kirche als dessen Braut, während Origenes auch die einzelne Seele in der Braut verbildlicht sah. In den Interpretationen von Methodios von Olympos und bei Ambrosius von Mailand folgte eine Deutung der Braut als gottgeweihte Jungfrau. In der mittelalterlichen Mystik, für die der Gedanke der spirituellen Vereinigung maßgeblich ist, wurde die Braut zunehmend auf Maria hin gedeutet – daraus resultierend, erreichte das Hohelied auch für die Marienfrömmigkeit große Bedeutung.[3] Am einflussreichsten wirkten jedoch die 86 Predigten zum Hohelied des hl. Bernhard von Clairvaux. Für ihn war das Lied der Lieder »nicht ein Klang des Mundes, sondern ein Jubel des Herzens«[4], und so signalisiert gerade Bernhards Werk die oft zitierte Wende vom »Bußernst zur Liebesinnigkeit«[5] in der Frömmigkeitsgeschichte.

Der Einfluss der Werke Bernhards auf die nach der Vereinigung mit Gott gerichtete spätmittelalterliche Mystik war von besonderer Tragweite. Wie die *unio mystica* angestrebt werden soll, vermittelt in anschaulicher Weise das Ende des 15. Jahrhunderts illustrierte *Gedicht von Christus und der minnenden Seele* des Heinrich Seuse, der auch mit der Seelsorge der Dominikanerinnen in der Schweiz betraut war.[6] Das Gedicht beschreibt in einem Dialog zwischen Christus und der liebenden Seele das mystische Leben. Es beginnt mit einer Aufforderung Christi an die Seele, sich von der Welt abzuwenden, ihr Kreuz auf sich zu nehmen und ihm nachzufolgen. Das Eingangsbild der Handschrift fasst den Inhalt des Dialogs als Illustration zusammen: Die Seele in Gestalt einer elegant gekleideten jungen Frau trägt ein mächtiges Kreuz, auf dem ein kleiner Dämon sitzt. Sie hält sich jedoch an dem Strick fest, mit dem das Gewand des blutüberströmten Christus gegürtet ist. Auf dem kunstvoll arrangierten Haar der jungen Frau befindet sich ein Blütenkranz, der sie als Braut kennzeichnet (Abb. 1). Im weiteren Verlauf des mit Miniaturen geschmückten Dialoges, in dem die Seele auch immer wieder zweifelt, züchtigt Jesus sie, unterweist sie, verbirgt und offenbart sich. Die Seele wiederum versucht, ihn an sich zu binden, und distanziert sich wieder, bis sie sich mystisch mit ihm vereinigt. Besondere Aufmerksamkeit verdient die Tatsache, dass sich in den Darstellungen die weltliche Jungfrau zur Dominikanerin in Ordenstracht verwandelt, denn die Sehnsucht des Gläubigen, Christus zu folgen und sich spirituell mit ihm zu vereinigen, findet bis heute besonderen Ausdruck in den zum Ordensleben Berufenen: »[…] als Braut des Wortes verwirklicht die Kirche in denjenigen, die sich ganz dem kontemplativen Leben widmen, in beispielhafter Weise das Geheimnis ihrer ausschließlichen Vereinigung mit Gott.«[7]

Auch die illustrierte Handschrift von Konrad Spitzers *Büchlein von der geistlichen Gemahelschaft*[8] zeigt den Weg der liebenden Seele zur mystischen Vereinigung mit Gott, die sich in den Miniaturen ebenfalls von der weltlichen Jungfrau zur Ordensfrau verwandelt. Die letzte Darstellung zeigt Jesus in königlichem Ornat. Er umarmt in inniger Liebe eine betende Nonne, deren Herz von seiner Liebe symbolisch von einem Pfeil durchbohrt ist. Das Bild von der Braut, identifiziert mit der sehnsüchtigen Seele des Gläubigen, findet also Gestalt in der Darstellung der von Gott berufenen Frau, die auf ihrem Weg der Vollkommenheit in der radikalen Christusnachfolge zu einem Leben in der klösterlichen Gemeinschaft findet. Erst mit der Abkehr von der Welt kann sie sich ungeteilt auf Christus, ihren himmlischen Bräutigam, konzentrieren. Das Leben in der Verbindung mit Christus bedeutet die Bereitschaft zu einem tugendhaften Leben im Sinne der evangelischen Räte, die sich in den Ordensgelübden ausgeprägt haben und im Sinne der Erneuerung gedeutet wurden: »Wann in dem alten Testament ein Heydnisches Weib einen Israeliten geheyrathet, so hatt man ihr die Haar abgeschnitten, einige Zeit eingespehret, so dann die alte Kleyder ihr abgenommen, und neue angelegt. Einer Jungfrauen die in ein Closter gehet, werden gleichfalls die Haar abgeschnitten, sie würdt Lebens=zeitlich eingespehret in die Clausur, und damit sie den König des Himmels gefalle, werden ihr drey neue Kleyder verschaffet, die sie tragen muß. Das erste ist weiß, und bestehet in der Keuschheit. Das andere ist roth, bestehend in dem Gehorsamb. Das zweyte ist schwartz, bestehet in der Armuth, je sauberer eine Jungfrau, die Kleyder haltet, je lieber, und angenehmer ist sie den Himmlischen König.«[9]

Abb. 1
Heinrich Seuse, Gedicht von Christus und
der minnenden Seele, um 1490.
Sitftsbibliothek Einsiedeln, Codex 710
(322), f. 1r (www.e-codices.unifr.ch)

ORDENSGELÜBDE, KLAUSUR UND DISZIPLIN

Mit der Einkleidung und noch mehr mit dem Ablegen der Profess verspricht die Ordensfrau, ihr Leben in Armut, Keuschheit und Gehorsam zu verbringen und sich bis zu ihrem Tod an die Ordensgemeinschaft zu binden.[10] Die Gelübde sollen ihr vor allem dabei helfen, sich Christus anzugleichen und zu nähern, denn die »drei Ordensgelübde der Armut, der Keuschheit und des Gehorsam[s] sind gleich drei Nägeln, mit welchen die Gottesbraut mit Christus gekreuziget ist.«[11] Der Jungfräulichkeit wurde bereits seit der frühen christlichen Gemeinde ein besonderer Wert beigemessen, sie sei »eine Blüte des Evangeliums, eine Nachahmung des Herrn und, wie man bald auch sagte, seiner Mutter Maria.«[12] Die Aufgabe des persönlichen Wollens zugunsten des Gottvertrauens spiegelt sich im Gehorsam gegenüber der Oberin wider, wie auch die Armut im Sinne der Ablehnung zeitlicher Güter und sinnlicher Genüsse die Seele befreien soll. Als wichtige Unterstützung auf dem Weg der Vollkommenheit galten und gelten in kontemplativen Orden die Abgeschiedenheit von der Welt und das Leben in einem begrenzten, nach außen abgeschlossenen Raum, der klösterlichen Klausur.

Abb. 2
Titelkupfer aus Alfons von Liguori,
Die wahre Braut Christi, 1764.

Sponsa mea, veni de libano, veni:
Coronaberis . Cant. 4.8.

Seit den Anfängen des Mönchtums gab es entsprechende Regelungen, die in mehr oder weniger strenger Form gehandhabt und neben dem Kirchenrecht von den jeweiligen Statuten der Gemeinschaft geregelt wurden. Während im späten Mittelalter selbst Nonnen in beschaulichen Orden oft enge Beziehungen zu ihrer Familie und anderen weltlichen Personen pflegten, wurden diese nach den Anordnungen des Konzils von Trient unterbunden. Das Dekret bestätigte die Konstitution von Papst Bonifatius VIII., der die Klausur bereits im Jahr 1298 für alle Nonnen vorgeschrieben hatte, und forderte unter Androhung von Strafen die konsequente »verschliessung der Klosterfrawen«[13], bei Widerstand unter Zuziehung der weltlichen Gewalt. Es versteht sich von selbst, dass auch das Betreten der Klausur von außen verboten war; Ausnahmen wurden in begründeten Fällen jedoch genehmigt.

Sinn der Klausur ist es, die Tugend der Ordensfrauen zu bewahren, denn sie ist die »Maur, und Schutz=Wand der Reinigkeit, und aller Tugenden.«[14] Dennoch war die Ordensfrau aufgefordert, weiterhin eine strenge Selbstkontrolle auszuüben, um ihre seelische Reinheit zu bewahren, das heißt, sie sollte nach Möglichkeit die Pforten, Sprechzimmer und Fenster meiden, keine anderen Menschen berühren, betrachten oder ansprechen. Jede sinnliche Äußerung wurde als Sünde und damit als weitere Verletzung Jesu gewertet. So ist es zu verstehen, wenn auch noch in Publikationen des 18. Jahrhunderts extreme Disziplinierungsmaßnahmen geschildert und gewürdigt werden, die Ordensfrauen unter anderem »den Vorwitz

der Augen mit aufgesteckten grossen Brüllen, die voreilende Zungen mit Tragung eines Prügels in dem Mund«[15] kontrollierten. Probates Mittel, die Keuschheit zu bewahren und sinnliche Affekte abzutöten, war die immer wieder empfohlene Züchtigung des Körpers, auch mit verschiedenen Hilfsmitteln. Diese wurde insbesondere in Gemeinschaften ausgeübt, die nach der franziskanischen Regel leben, bezeichnete doch Franziskus selbst den Körper als Feind, durch den der Mensch sündigt, den aber ein jeder in seiner Gewalt hat.[16] Die sogenannte Abtötung sollte das sinnliche Verlangen auslöschen und gemeinsam mit der Aufgabe des eigenen Willens und dem Verzicht auf jegliche Annehmlichkeit im Sinne der Armut die Begierden der Ordensfrau auslöschen, um der Seele in dem nicht mehr spürbaren Gefängnis des Körpers die Möglichkeit zu geben, Gott und die Begegnung mit Jesus noch intensiver zu suchen, zu finden und die Krone des ewigen Lebens zu erhalten (Abb. 2).

IMITATIO CHRISTI – IMITATIO MARIAE

Mehrfach wird in den Evangelien zur radikalen Christusnachfolge aufgefordert: »Wer Vater oder Mutter mehr liebt als mich, der ist meiner nicht würdig, und wer Sohn oder Tochter mehr liebt als mich, ist meiner nicht würdig. Und wer nicht sein Kreuz auf sich nimmt und mir nachfolgt, ist meiner nicht würdig. Wer das Leben gewinnen will, wird es verlieren; wer aber das Leben um meinetwillen verliert, wird es gewinnen.« (Mt 10,37)

Um Christus nachzueifern und ihm als Braut zu begegnen, wird die Ordensfrau in der aszetischen Literatur[17] immer wieder dazu ermahnt, ihrem Bräutigam ähnlich zu werden, um seiner würdig zu sein. Von besonderer Bedeutung ist dabei die Betrachtung des Lebens Jesu und vor allem der Passion, denn »die wahre Braut Christi hat den Herrn gerade in den Geheimnissen seines Leidens am allerliebsten. Sie spricht: Wahrhaftig, Du bist mir ein Blutbräutigam geworden […].«[18]

Wichtiges Vorbild für die Ordensfrau ist außerdem Maria, die sowohl die leibliche Mutter Jesu als auch die mystische Braut des Heiligen Geistes ist. Sie ist die Frau, die Jesus am nächsten ist, ein jungfräuliches, tugendhaftes Leben führte, ihm auf dem Kreuzweg gefolgt ist und mit ihm im Himmel thront. Für die Ordensfrau bedeutet dies in den Worten einer Professpredigt: »Wenn Ihr so, wie der Priester ein alter Christus – ein zweiter Christus sein soll, eine altera Maria – eine zweite Maria werdet und das nicht bloß dem Namen nach, sondern dem Leben, so wird auch für euch einmal, wie einst für Maria, das Himmelfahrtsfest kommen […].«[19] In dem im 18. Jahrhundert weit verbreiteten Buch *Gesätz der Braut Christi,* aufbauend auf den Schriften der Maria von Agreda (1602–1665), offenbart sogar die Gottesmutter selbst die »göttliche Wissenschaft […] worinn Sie ihre unwürdige Magd unterrichtet, wie sie sich zubereiten solle in das Göttliche Braut=Bett ihres Herrn einzugehen.«[20] (Kat.-Nr. 11)

ZEICHEN DER VERMÄHLUNG

Die Aufnahme in eine klösterliche Gemeinschaft variiert in den verschiedenen Orden und ist in den jeweiligen Statuten der Klöster geregelt, jedoch vollzieht sich der Eintritt immer in mehreren Stufen. Das Postulat, die Einkleidung und damit die Übernahme des Ordenskleides, das Noviziat als Zeit des Lernens und der Prüfung der Berufung sowie die zeitliche oder ewige Profess, also das Ablegen der Gelübde, sind zwar in ihrer Ausprägung veränderliche, aber grundlegende Schritte. Die Vorstellung von der Vermählung der sehnsüchtig liebenden Seele der Ordensfrau und deren Verlobung mit Christus findet in den rituellen Handlungen dieser Weihestufen ihren Ausdruck. Dies beginnt mit den Voraussetzungen für die Aufnahme einer Postulantin, die katholisch, ungebunden und von guter Gesundheit sein musste. Ob eine junge Frau ihren Weg als Laienschwester finden sollte, die auch außerhalb der Klausur arbeitete und in Küche und Landwirtschaft tätig war, oder als angesehene Chorfrau, die sich auf das Chorgebet und die Betrachtung konzentrierte, entschied häufig das geistliche Heiratsgut, wie Kenntnisse im Singen und Musizieren, pharmazeutische oder kunsthandwerkliche Fähigkeiten.[21] Darüber hinaus wurden beim Eintritt eine materielle Aussteuer und die Mitgift erwartet, die darin enthaltenen Güter in ausführlichen Listen dokumentiert.[22]

Abb. 3 a und b
Profess im Kloster Schlehdorf, um 1955.

Die Feier von Einkleidung und Profess im 18. Jahrhundert ist für das Franziskanerinnenkloster Reutberg detailliert überliefert und kann als anschauliches Beispiel für die ausgeprägte Parallelität zu einer weltlichen Hochzeitszeremonie dienen. Dabei spielt die Figur des Jesuskindes, das auch in anderen Gemeinschaften als Teil der Aussteuer erwartet wurde, eine wesentliche Rolle, vertritt es doch Christus als himmlischen Bräutigam.[23]

Die »geistliche Braut oder Jungfer Hochzeiterin« erwartete den Zelebranten in Begleitung des Diakons und des Subdiakons am Eingangsportal der Kirche, vor dem sie »im Hochzeitlichen Kleid mit ihren Kränzl Jungfern und Anverwandten ihre Ankunft erwartet, bey welcher sie auf der Stafl niederkniet.« Auf die Fragen nach ihrem Namen und ihrem Begehren erfolgte eine kurze Ansprache. Anschließend wurden ihr eine brennende Kerze und die Figur des Jesuskindes überreicht, währenddessen stimmte der Zelebrant das *Veni sponsa Christi* an, das der Schwesternchor, instrumental begleitet, fortsetzte. Der Kleriker, die geistliche Braut und deren Familie und Gäste zogen währenddessen in die Kirche ein. Daraufhin führte man sie zu ihrem Betstuhl und stellte die Figur des Jesuskindes vor ihr auf den Seitenaltar. Nach der Weihe des Ordenskleides setzte man ihr am Altar den Hochzeitskranz auf, später erhielt sie dort auch den Ring (Kat.-Nr. 12), um sich nach dem Gottesdienst auf den Boden zu legen. Nachdem der Schwesternchor das *Veni creator spiritus* gesungen hatte, stand sie auf, erhielt wieder ihr Jesuskind sowie die brennende Kerze und wurde gesegnet. Der Schwesternchor sang dann das *Regnum mundi*, während die Braut über den Hof in das Kloster und schließlich zur Pforte der Klausur begleitet wurde. Von der Oberin und dem gesamten Konvent empfangen, ließ sie an der Schwelle für alle sichtbar die Welt hinter sich und begab sich mit den Ordensfrauen in den Schwesternchor, wo die Einkleidung stattfand. Ihr Hochzeitskleid wurde gegen das Ordenskleid getauscht, außerdem wurden die Haare geschnitten und sie erhielt den Ordensnamen. Die Schwestern begrüßten daraufhin die Novizin mit dem Friedensgruß. Die »Hochzeitsgäste« feierten die Einkleidung außerhalb der Klausur, während die Novizin, die ja nun an die klösterlichen Vorschriften gebunden war, mit dem Konvent im Refektorium feierte.

Hatte die Novizin das Probejahr bestanden, wurde sie nach erneuter Abstimmung des Konvents zum Professexamen zugelassen. Vom Provinzial oder einem bischöflichen Vertreter wurden festgelegte Fragen gestellt, die ihr Alter, die reifliche Überlegung und vor allem die Freiwilligkeit ihrer Entscheidung betrafen. Darüber hinaus wurden auch die Kenntnisse der religiösen Gebote, der Glaubensartikel und weitere Fähigkeiten geprüft. Die Novizin bereitete sich danach durch die Beichte und strenge Exerzitien auf die Ablegung der Gelübde vor.

Die Profess fand wiederum in der Kirche statt, wo neben dem ausgesetzten Allerheiligsten die Jesuskind-Figur der Novizin stand, sie selbst verblieb auf der Schwesternempore. Von dort aus wohnte sie dem Gottesdienst bei und verlas die Gelübdeformel, die sie am Vortag auf ihren Professzettel geschrieben hatte. Der Zelebrant versprach ihr daraufhin im Namen der Dreifaltigkeit das ewige Leben. Begleitet von der Oberin und mehreren Schwestern, die brennende Kerzen hielten, empfing sie am Kommuniongitter den schwarzen Schleier und einen Brautkranz, man steckte ihr den Ring an den Finger und übergab ihr das Jesuskind, ihren himmlischen Bräutigam. Wieder im Schwesternchor angelangt, wurde sie vom gesamten Konvent mit dem Friedensgruß endgültig aufgenommen.

Im Reutberger Ritus sind all jene Braut- und Vermählungsmotive stark verdichtet, die auch aus anderen Klöstern bekannt sind und sich in Teilen bis heute erhalten haben. Dass die Kandidatinnen bei der Einkleidung oder Profess Brautkleider trugen, war allgemein üblich; aus ihnen wurden nach der Zeremonie häufig Paramente gefertigt.[24] Noch bis in die fünfziger Jahre des 20. Jahrhunderts trugen Kandidatinnen bei der Einkleidung oder der Profess das seit dem frühen 19. Jahrhundert beliebte weiße Brautkleid und tauschten es gegen das kontrastierende Ordenskleid in Grau, Braun oder Schwarz (Abb. 3). Es verbildlicht die Abkehr von der Welt, die Armut und den Bußgedanken und wird als das Brautgewand betrachtet, das Christus seiner Braut reicht.[25] Auch der Brautkranz oder die Brautkrone ist in anderen Klöstern üblich gewesen, vor allem der Myrtenkranz oder der Kranz aus Rosen. In silberner oder goldener Variante, in der Regel als filigrane Drahtarbeit gefertigt, schmückte er die Jubilarin zur silbernen und zur goldenen Profess (Kat.-Nr. 13). Diese Symbole sind heute noch häufig in den Ordensfeierlichkeiten anzutreffen, ebenfalls die Dornenkrone, die in manchen Kongregationen bei der Profess getragen wurde – dieser Brauch hat sich bis heute bei den Klarissen und den Solanusschwestern erhalten (Kat.-Nr. 18 und 19). Der geweihte schwarze Schleier als geistlicher Brautschleier ist ebenso verbreitet wie die Professkerze, die als »Abbild der flammenden Gottesliebe«[26] gedeutet werden kann. Auch die Begleitung durch »Kranzljungfern« und die anschließenden Hochzeitsfeiern waren durchaus üblich.

Bemerkenswert ist die Tatsache, dass der himmlische Bräutigam in der Gestalt des Jesuskindes erscheint. Ob die kostbaren Skulpturen, die sich in großer Zahl in Frauenklöstern erhalten haben, in den Einkleidungs- und Professzeremonien eine so ausgeprägte Rolle spielten wie in Reutberg, lässt sich nicht beantworten. Dass sie als Geschenk der Eltern als sogenanntes Trösterlein üblich waren und teilweise von den Konventen gefordert wurden, ist hingegen bekannt. Das 18. Jahrhundert hat sich in seiner tiefen Frömmigkeit dem Jesus-kind ausgesprochen gefühlvoll zugewandt und fand variantenreiche künstlerische Formen seiner Darstellung, besonders in den Frauenklöstern. Es kann in Form von Skulpturen als gnadenreiches Kind auftreten, das sein liebesentbranntes Herz anbietet oder einen Brautring hält (Kat.-Nr. 39). Als schlafendes Kind finden wir es auf dem Kreuz liegend, als spielendes mit seinen Marterwerkzeugen (Kat.-Nr. 127–133), aber ebenso wartend auf dem reich geschmück-ten Brautbett. So ist es auch in der zeitgenössischen Andachtsgrafik und der klösterlichen Malerei meist das göttliche Kind, das an das Herz klopft und sich als Seelenbräutigam emp-fiehlt oder mit einer gesegneten Jungfrau verbunden wird. Vor allem in den unzähligen Dar-stellungen der mystischen Vermählung der hl. Katharina von Alexandria hat sich das Jesus-kind als Bräutigam durchgesetzt, wirkte bildprägend und fand eine reiche Nachfolge in den Visionen von Ordensfrauen (Kat.-Nr. 9, 31 und 32).

Zu bedenken ist aber auch der grundlegende Umstand, dass es sich bei der Vermählung der Ordensfrau zum einen um eine rituell-zeichenhafte, zum anderen um eine geistlich-mys-tische Verbindung ihrer Seele mit der Inkarnation des Wortes handelt, die ihren schönsten Ausdruck in der Gestalt des Jesuskindes gefunden hat. Bis ins 20. Jahrhundert bildeten des-halb Darstellungen des Kindes oft den emotionalen Bezugspunkt einer ganzen Gemeinschaft (Abb. 4). Und was Maria, der Mutter und der mystischen Braut Gottes widerfahren ist, soll sich im Sinne der christlichen Mystik ja als Gottesgeburt in der Seele wiederholen. Diese von Heinrich Seuse beeinflusste Spiritualität macht sich auch noch bei Angelus Silesius bemerk-bar, wenn er dichtet: »Wird Christus tausendmahl zu Bethlehem gebohrn, Und nicht in dir; du bleibst noch Ewiglich verlohrn.«[27] ▬

1 Vgl. Edith Hörandner, »›Ganz in Weiß‹ – Anmerkungen zur Entwicklung des weißen Hochzeitskleides«, in: *Die Braut. Geliebt, verkauft, getauscht, geraubt*, Bd. 2, hrsg. von Gisela Völger, Karin v. Welck, Köln 1985, S. 330–335, hier S. 330.

2 *Solenner Einkleidungs-Act In den strengen Orden, und Habit S. Clarae Der Durchleuchtigisten Princessin und Frauen, Frauen Mariae Annae Carolinae Gebohrner Hertzogin auß Bayrn, [...] So geschehen In dem Loblichen Closter S. Jacob auf dem Anger, Der Chur-Bayrischen Haupt- und Residentz-Stadt München Den 29. Octobris 1719*, München 1719.

3 Vgl. H. Gross, »Hoheslied«, in: LThK 5 (2. Auflage 1960), S. 439–441.

4 Bernhard von Clairvaux, »1. Predigt zum Hohelied, VI.11.«, in: ders., *Sämtliche Werke*, Bd. V, Innsbruck 1994.

5 Johannes Schuck, *Das Hohe Lied des Hl. Bernhard von Clairvaux*, Paderborn 1926, S. 27.

6 Einsiedeln, Stiftsbibliothek, Codex 710 (322).

7 *Kongregation für die Institute des geweihten Lebens und die Gesellschaften des apostolischen Lebens, Verbi Sponsa, Instruktion über das kontemplative Leben und die Klausur der Nonnen*, Rom 1999.

8 Bayerische Staatsbibliothek München, Cgm 775.

9 Johann Adam Nieberlein, *Aufmunterung des Geists, Das ist: Geistliche Ermah-nungen, Oder Profess-Predigten: worinen enthalten, Wie eine Braut, welche in der Profession mit Christo Jesu, den Himmlischen Bräutigamb vermählet wirdt, sich verhalten, leben, und Gott dienen soll*, Augsburg 1734.

10 Die Gelübde variieren bei den verschiedenen Ordensgemeinschaften, wobei jene, die die evangelischen Räte vorgeben, also Keuschheit, Armut und Gehorsam, als grundlegend betrachtet werden.

11 Hättenschweiler 1917, S. 3.

12 Marcel Viller, *Karl Rahner, Aszese und Mystik in der Väterzeit*, Freiburg i. Br. 1939, S. 46.

13 *Des Heiligen allgemeinen jüngstgehaltnen Concilii zu Trient Decret von den Ordens Personen und Klosterfrawen*, Konstanz 1598, S. 16.

14 *Gesätz der Braut Christi. Gipfel ihrer keuschen Lieb, und Eingesammlete Früch-ten von dem Baum des Lebens der Allerheiligsten Jungfrauen Maria, Wie selbe anfangs [...] Maria von Jesu [...] zu Agreda angegeben, zu halten, und zu beschreiben anbefohlen worden: nach Innhalt der Geistl. Statt Gottes im 5ten Buch, 2ten Kap. n. 736 [...]*, Augsburg 1724, S. 99.

15 Antigonus Schaur, *Ausbündig-schöne Fürsten-Schritt Einer Fürsten-Tochter [...]*, München 1750. Das Büchlein schildert in einem Nachruf das tugendhafte Leben der bereits erwähnten Sr. Emanuela a Corde Jesu, die als Klarissin im Münchner Angerkloster lebte.

16 *Die Schriften des heiligen Franziskus von Assisi*, hrsg. von Lothar Hardick und Engelbert Grau, Kevelaer 2001, S. 104 f.

17 Weit verbreitet waren natürlich die Schriften der Mystiker wie z. B. Thomas von Kempen und Johannes vom Kreuz, der die Spiritualität des Karmels prägte. Einige Publikationen richteten sich auch explizit an die Ordensfrauen und sind in den Klosterbibliotheken immer wieder anzutreffen, wie z. B. Caesarius Arnoldus, *Die Allerschönste Geistliche Jungfraw unnd Braut Gottes [...]*, Köln 1662, oder Alfons von Liguori, *Die wahre Braut Christi oder die in ihren Stan-despflichten gründlich unterrichtete Ordenfrau*, Augsburg 1778 etc.

18 Hättenschweiler 1917, S. 14.

19 Glasschröder 1912, S. 82.

20 *Gesätz der Braut Christi*, Augsburg 1724, S. 55.

21 Vgl. Alois Mitterwieser, *Das Dominikanerinnenkloster Altenhohenau am Inn*, Augsburg 1926, S. 30.

22 Vgl. den Beitrag von Irmgard Zwingler zum Münchner Angerkloster in diesem Band. Im 17. und 18. Jahrhundert finden sich immer wieder Hinweise auf Ehe-ringe, Brautkleider und Figuren des Jesuskindes, das auch als himmlischer Bräutigam bezeichnet wurde, zum Beispiel für Altenhohenau bei Mitterwie-ser 1926, auch bei Christine Schneider: *Kloster als Lebensform. Der Wiener Ursulinenkonvent in der zweiten Hälfte des 18. Jahrhunderts (1740–1790)*, Wien u. a. 2005.

23 Die Beschreibung von P. Apollinarius Neff hat sich im Archiv des Klosters erhalten und wurde in Auszügen veröffentlicht bei Hoidn 2001, S. 205–210.

24 Das Hochzeitskleid der Maria Anna Gräfin von Preysing wurde nach ihrer Einkleidung im Kloster Gnadenthal zu einer Kasel und einem Antependium verarbeitet, vgl. Hufnagel 1961, S. 303.

25 Vgl. Glasschröder 1912, S. 25.

26 Ebd., S. 87.

27 Angelus Silesius, *Cherubinischer Wandersmann*, Glatz 1675, S. 143–160, hier S. 29.

»Gekleydter Jesus«

im Klarissenkloster St. Jakob am Anger in München

Irmgard E. Zwingler

▰ Um den Brauch der Jesuskind-Verehrung in Frauenklöstern Süddeutschlands möglichst vielfältig darzustellen, möchte der folgende Beitrag, auch anhand von Originalquellen,
aufzeigen, was sich zu dieser Verehrungstradition im Klarissenkloster St. Jakob am Anger in
der kurfürstlichen Landeshauptstadt (Abb. 1) sagen lässt, eingeschränkt auf den Zeitraum vom
17. Jahrhundert bis zur Aufhebung des Klosters durch die Säkularisation 1803.[1]

Der Franziskanerorden, dem von jeher die umfassende Betreuung aller Klarissen seit
seiner Gründung aufgetragen war, musste die Klosterfrauen auch hier *in spiritualibus et tem-
poralibus* versorgen. In einem an das Kloster angrenzenden Gebäude, dem sogenannten
Angerhospiz, wohnten daher bis zu vier Brüder, die neben dem Beichtväteramt die Gottes-
dienste übernahmen, aber auch für die wirtschaftliche Sorge und Überprüfung des Klosters
zuständig waren. Sie wurden jeweils für einige Jahre vom damaligen Franziskanerkloster
St. Anton in München am heutigen Max-Joseph-Platz abgeordnet.[2]

JESUSKIND-VEREHRUNG UND KLARISSEN

Die hl. Klara von Assisi (1193/94–1253) hatte als Gründerin des Ordens in ihren Briefen an
die hl. Agnes von Prag die Aufforderung formuliert, die einzelne Nonne solle zugleich Braut,
Mutter und Schwester ihres Herrn Jesus Christus sein,[3] insbesondere aber empfange und
umarme er seine Braut. Als Braut Christi dürfe sie lebenslänglich auf Schutz und Geborgen-
heit durch ihn vertrauen.

Sicher hat Klara bei ihrer Formulierung nicht an eine Umsetzung gedacht, wie sie sich
tatsächlich entwickelte. Im Laufe der Zeit war es den Eltern ein Bedürfnis geworden, ihrer
Tochter einen sichtbaren Trost für den gänzlichen Rückzug aus der Welt in ihr erwähltes Kloster mitgeben zu können. Sie, die ihr Kind nie wieder persönlich sehen würden,[4] manifestier-
ten ihr Sich-Einfühlen durch einen sichtbaren Gegenstand. Dieser Brauch, den angehenden
Novizinnen eine Jesuskind-Figur in Form eines etwa einjährigen, an sich nackten, schließlich
aber aufwändig gewandeten Knäbleins mitzugeben, findet sich in vielen Frauenklöstern.[5] Die
Eltern sahen gemäß der Volksmeinung in dieser Gepflogenheit auch einen Ersatz für den frei-
willigen Verzicht auf tatsächliche Mutterschaft. Entsprechend hat sich für das Jesuskind die
Bezeichnung »Trösterlein« eingebürgert.

Aus der Sicht des Straßburger Münsterpredigers Johannes Geiler von Kaysersberg
(1445–1510) war aber eine Warnung vor solchem Besitz und seiner Wirkung auf die Nonnen

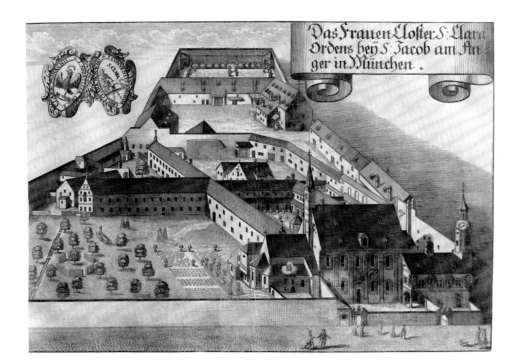

Abb. 1
Das Frauenkloster St. Klara bei St. Jakob
am Anger in München. Stich von Michael
Wening, um 1700.

dringend nötig. Das Jesuskind sei ein Ablenkungsfaktor, und die Radikalität der Hingabe an Christus sei gefährdet. 1502 kritisierte er vor den Nonnen des Dominikanerinnenklosters St. Katharina in Straßburg dieses ganze »buppen werck«, denn es diene nur der »ergetzlichait«[6] und sei sogar gefährlich.

Seine Warnung, letztlich an die Eltern gerichtet, blieb aber schließlich folgenlos; die Meinung, die Nonne würde Trost davon gewinnen, behielt die Oberhand. Mehr noch, im Angerkloster hatte sich der Brauch seit Mitte des 17. Jahrhunderts dahingehend manifestiert, dass ein »gekleydter Jesus« zu den verpflichtend geforderten Gegenständen einer Mitgift avanciert war, zu dem spätestens 1765 nicht nur wertvolle Kleider gehörten, sondern auch ein Ring.[7] Gewöhnlich war für das Jesuskind mit Kosten zwischen 40 und 60 Gulden zu rechnen, aber nach oben schien bei der Ausstattung des Jesuskinds keine Grenze gesetzt. Auf einem der »Förtigungszötl« wurde für »ein gekleidten Jeßus« sogar 200 fl veranschlagt![8] Jede Nonne verfügte für ihr »Kindl« meist über eine ganze Serie von Gewändern, um es je nach Anlass mehrmals im Kirchenjahr umkleiden zu können, was den Anschaffungspreis sichtbar erhöhte. Als Gehänge konnten Juwelen und Diamanten dazukommen, was den Kirchenschatz des Klosters steigerte.[9]

Dass der Brauch später nicht mehr so florierte wie zu Beginn des 18. Jahrhunderts, hatte verschiedene Ursachen. Die schwindende religiöse Motivation aus Not und Zeitgeist, den die Aufklärung mit sich brachte, vor allem die daraus resultierenden Eingriffe durch die Aufsicht über die Klöster seitens der Landesherrn setzten dem gesamten Klosterwesen schwer zu.[10]

Zudem verschlechterte sich die finanzielle Situation des Klarissenklosters dramatisch, da die Einnahmen aus Mitgift, Erbschaften und Legaten stark zurückgingen, was die Äbtissin Maria a SS. Trinitate Werkmeister (1775–1803) in einer vom Kurfürsten erbetenen »Anzaig« vom 27. September 1798 ausführlich darlegte.[11] Sie nahm hier auch zur Armut ihrer Kandidatinnen Stellung und bedauerte zugleich, dass in Tagen der »Weichlichkeit« niemand mehr »den strengen Klarisserorden in gegenwärtigen Kloster, wo die beständige Fasten, nebst der Ewigen Anbethung und anderen Bußstrengheiten eingeführt sind, annehmen will, als die, von zeitlichen Mittlen entblößet, nebst ihrem Seelenheil auch ihr zeitliches Fortkommen in Klöstern suchen müssen. Den Beweis machen die Candidatinnen, die in diesem Decennio hier haben Profess gemacht.«

Die Äbtissin schilderte weiter, dass von den in den Jahren 1787–1797 Eintretenden nur einige einen Geldbetrag von einigen hundert Gulden erlegt hätten, andere seien aus Barmherzigkeit ohne Heller und Pfennig aufgenommen worden. Insofern ist es verständlich, dass ein Jesuskind nicht mehr erwähnt wird, als zum Beispiel Barbara Braun, eine Bauerstochter aus Hirschhorn bei Eggenfelden, am 24. September 1787 eintrat; sie übergab mit 300 fl nur einen geringen Beitrag zur Aussteuer. Die Tochter des verstorbenen Hofkammerrats Baron von Kotoletzki, die als Schwester Bonaventura am selben Tag eingekleidet wurde, »brachte nichts in das Kloster als sich selbst«.

Um den eigentümlichen Stellenwert der Jesuskind-Figur für die Nonne bei ihrem entscheidenden Schritt in lebenslange Verborgenheit und religiöse Hingabe im Kloster besser erfassen zu können, werden im Folgenden als dem Kontext zugehörige Umstände und Zusammenhänge kurz miteinbezogen. Insbesondere kommen dabei biografische, liturgische, materielle, finanzielle sowie juristische Aspekte in Betracht.

DIE JESUSKIND-FIGUR IM KONTEXT DES KLOSTEREINTRITTS

Seit dem frühen Mittelalter konnten Eltern ihre Töchter bereits im Alter von acht Jahren oder noch früher[12] einem Kloster zur Obhut übergeben. Was zunächst der Erziehung dienen sollte, schloss einen späteren Eintritt nicht aus; von Seiten des Klosters war er sogar erwünscht und erhofft, vor allem wenn eine standesgemäße Mitgift zu erwarten war, die den Fortbestand des Klosters sicherte. Es gab aber keine genaue Vorschrift, in welchem Alter eine Aufnahme erfolgen konnte, bis das Konzil von Trient in seiner dritten und letzten Tagungsperiode 1562/63 das Eintrittsalter festsetzte. Seitdem musste eine Postulantin das 16. Lebensjahr vollendet haben, durfte aber auch nicht älter als 24 Jahre alt sein, und sie sollte selbstredend einen guten Leumund haben;[13] dann wurde sie vom Provinzial und Konvent aufgenommen.

Gegen Ende des 18. Jahrhunderts wurde die Aufnahme von Novizinnen auch aufgrund kurfürstlicher Vorschriften erschwert und das früheste Eintrittsalter von 16 auf 21 Jahre hinaufgesetzt.[14] Jede Äbtissin musste seitdem um gnädigste Erlaubnis bitten, wenn sie eine Novizin aufnehmen wollte. Auch musste sie dort jeweils unter Vorlage eines gültigen Taufzeugnisses um Dispens ansuchen, wenn das vorgeschriebene Eintrittsalter noch nicht ganz erreicht war;[15] die Dispens wurde in den meisten Fällen gewährt.

DIE ROLLE DES JESUSKINDES BEI DER EINKLEIDUNG

Wenn eine Interessentin den Eintritt in das Angerkloster beabsichtigte, konnte sie nach mehreren Vorgesprächen als Kandidatin zugelassen und als Novizin eingekleidet werden. Nach einem Jahr wurde sie im Allgemeinen durch Ablegen der Ewigen Gelübde Professschwester.

Gemäß den *Ordinationes* für den Ablauf einer Einkleidung gestaltete sich diese in den Klarissenklöstern München, Graz und Wien immer gleich. Handschriftlich überlieferte Vorschriften wurden je nach Bedarf weitergereicht und weisen deutliche Gebrauchsspuren auf.[16]

Am Einkleidungstag wurde die Kandidatin in schönen, weltlichen Kleidern aus dem Elternhaus feierlich zur Klosterkirche geführt; in der Hand trug sie das Jesuskind. Ihr voran ging ein heranwachsender Knabe in besonderer Kleidung, der eine Stange mit einer brennenden Kerze darauf in Händen hielt.[17] Schon 1641 forderte man dazu in der Aussteuerliste, die Novizin müsse »etliche Pfundt gelbs Wax umb die lang Stangen« beisteuern.[18] Auch jene Rosmarinkränzchen[19], mit denen alle Klarissen ihre Kerzen geschmückt hatten, gehörten zur Aussteuer und waren von den Eltern zu bezahlen, was zum Beispiel 1751 für etwa 50 Klarissen mit 1 fl 28 kr zu Buche schlug.[20]

Den weiteren Ablauf sehen die in lateinischer Sprache abgefassten *Ordinationes* folgendermaßen vor: An der Kirchentür trifft die Braut auf den mit Albe, Manipel und Stola bekleideten Priester. Der Diakon trägt eine bekrönte brennende Kerze. Der Provinzial stellt nun beim Eintritt in die Kirche Fragen nach Herkommen und Begehr. Sie antwortet, sie komme aus der bösen Welt und wolle der trügerischen Weltlichkeit entsagen, um im Orden der hl. Klara ihrem Bräutigam Christus zu dienen. Mit einigen verbindlichen Worten der Ermahnung oder Ermunterung reicht er ihr eine weiße Kerze, die sie als Zeichen ihrer Keuschheit und Ehrenhaftigkeit verstehen soll.

Nun wird die Novizin in die Kirche an einen für sie eigens vorbereiteten Sitzplatz geleitet, und die feierlich gestaltete Messe des Tages beginnt. Während des *Kyrie eleison* reichen ihr die Ministranten die Kerze vom Leuchter und begleiten sie zum Offertorium. Der Priester setzt ihr nun die Krone auf, die sie als Brautzeichen Jesu tragen und mit der sie zur Zierde des Reiches Gottes werden soll. Dann trägt sie die Kerze zurück zu ihrem Sitz, wo sie wieder aufgesteckt wird.

Dem *Credo* folgt die Predigt über den Lobpreis der Jungfräulichkeit und die Vanitas der Welt. Nach der Opferung steckt ihr der Priester den goldenen Ring an den Ringfinger der linken Hand, als Zeichen, dass Christus sich mit ihr verlobt und sie in Ewigkeit seine Braut sein solle.

Nach Beendigung der hl. Messe geht der Priester mit den Ministranten in die Sakristei, legt dort Kasel und Dalmatika ab, kehrt dann an den Altar zurück, wo die für eine Segnung üblichen Gewänder bereitliegen. Inzwischen wurden an den Altarstufen Seidenkissen aufgelegt, auf die sich die Novizin mit kreuzförmig ausgebreiteten Armen hinstreckt.

Der Priester spricht nun laut sein Segensgebet, deutet das Ordenskleid, unter Hinweis auf die Ordensgründer Franziskus und Klara, als Zeichen der Unschuld, Niedrigkeit und Absage an die Welt. Mit dem Ordenskleid möge die Novizin die heiligen Tugenden anziehen und so im Schoß der Kirche vor den Wirrungen der Versuchung geschützt bleiben.

In zwei weiteren Gebeten wird zunächst auf Abraham als Vorbild des Gehorsams verwiesen, um dann, konkreter, Gott um Tugenden und Gaben für die Novizin zu bitten: rechten Glauben, vollkommene Liebe, wahre Demut, ein einfaches und starkes Gemüt, anhaltenden Gehorsam, dauerhaften Frieden, klaren Verstand, gesunden Leib, guten Willen, ein heiligmäßiges Gewissen, eine reuevolle Gesinnung, Herzenstugend, keusches Leben und unverlierbare Vollendung.

Nun besprengt der Priester die Novizin mit Weihwasser und gibt ihr ein Zeichen, sich vom Boden zu erheben. Während das *Te Deum* gesungen wird, wenden sich alle zum Altar. Mit dem Ende des Gesanges wird die Braut Christi zur Tür des Konvents geführt. Beim Hineingehen in die Klausur verabschiedet sie sich, zum Volk gewandt, von der Eitelkeit der Welt, indem sie das Kissen, das sie mit der linken Hand oder dem Arm hielt, nun wegwirft, als Zeichen für ihre Verachtung des Weltlichen.

Die Äbtissin nimmt die Braut beim Eintritt in Empfang und führt sie zu einem Bild des Gekreuzigten, damit sie es umarme und an den Wundmalen küsse. Nun führt sie sie wieder zum Altar, wo sie sich noch einmal für kurze Zeit auf den Boden wirft. Während sie dort liegt, singt der Konvent den Psalm *Beati Immaculati*, im achten Ton, und weitere Psalmen, ohne *Gloria Patri*.

Bevor die Braut nun ihre weltliche Kleidung ablegt, werden ihr die Haare abgeschnitten, wenn nicht eine wichtige Sache dagegenspricht. Während man ihr die weltliche Kleidung abnimmt und dann das Ordenskleid überzieht, spricht die Priorin oder eine andere dazu bestimmte Schwester mit lauter Stimme einen Vers, dessen Kerngedanke die Symbolik der Kleidung aufgreift: Der Herr nehme den alten Menschen von Dir und bekleide Dich mit dem neuen Menschen, der gottgemäß in Gerechtigkeit und heiliger Wahrheit geschaffen ist.

Nachdem nun die Novizin das Ordenskleid trägt, reicht man ihr die Figur des Jesusknaben und eine brennende Kerze.[21] Vor dem Altar kniet sie zu Füßen der Äbtissin nieder, und zwei Sängerinnen beginnen mit dem Responsorium *Regnum mundi*. Danach spricht der Priester ein Gebet, das die schon erwähnten Tugenden und Gaben aufgreift und deren überreiche Erfüllung erbittet: Gehorsam im Glauben, Eifer in der Arbeit, Demut im Gemüt, den rechten Plan im Handeln, Fülle im Leben, Freude durch Frieden, Güte im Reden, Geduld in Wirrungen, die rechte Medizin bei schwacher Gesundheit.

Anschließend folgt der Hymnus *Veni Creator Spiritus*, gesungen vom Priester, in den alle Nonnen einstimmen. Ein Gebet setzt den Tenor des Hymnus dann konkreter fort in der Bitte um den Geist des rechten Verständnisses und des Getröstetseins; unter Hinweis auf Franziskus und Klara wird auch deren Weltverachtung und himmlische Orientierung zur gelingenden Nachahmung empfohlen. Schließlich stimmen die Sängerinnen noch den Vers *Benedicamus Domino* an, womit die Feier endet.

Auch als die einzige Tochter Kurfürst Max Emanuels, Maria Anna Carolina (1696–1750), sich entschlossen hatte, als Klarissin Emanuela Therese a Corde Jesu im Angerkloster ihr Leben Gott zu weihen, nahm die Einkleidungsfeier am 29. Oktober 1719 ihren üblichen Ablauf, wenngleich die hochherrschaftlichen Beteiligten der kurfürstlichen Familie naturgemäß mehr Aufwand und Gepränge erforderlich machten. Die Prinzessin ihrerseits trug aber wie üblich beim Eintritt in die Kirche ein mit Juwelen und anderem »Geschmuck« versehenes Jesuskind in der Hand.[22] Diese Figur findet sich auch als Posten auf ihrem Ausfertigungszettel, der sich nicht von den damals gebräuchlichen unterschied.[23]

DAS HEIRATSGUT IM VERSTÄNDNIS EINER LEBENSLANGEN AUSSTATTUNG

Auf dem schon eingangs genannten »Ausfertigungszötl« stellte die Konventschreiberin im Auftrag von Äbtissin und Priorin, der Leitung des Klosters, eine Liste all dessen zusammen, was zum Klostereintritt gefordert war. Dass hier das Jesuskind in einer Reihe mit all den profanen Gegenständen genannt wird, ist der Praxis im Klosteralltag zuzuschreiben und keineswegs abwertend zu beurteilen; die Bestimmungen zur Mitgift mussten erfüllt werden. Die Jesusfigur wurde aber immer an erster Stelle genannt, ohne jede Rubrikzuordnung. Nicht einmal dem Brevier als geistlichem Hilfsmittel ist es angegliedert. Es gehörte eben zur bräutlichen Ausstattung.

Für den konkreten Umgang einer Schwester mit dem Jesuskind in ihrer Zelle gibt es naturgemäß keine Quellen. Der Brauch des kirchenjahrgemäßen Umkleidens ergab sich von selbst. Zweifellos darf man aber davon ausgehen, dass das Kind als Ansprechpartner in allen sich in einer Gemeinschaft ergebenden Nöten als schweigsamer Zuhörer und Tröster diente, war doch die Zelle der einzige persönliche Rückzugsraum.

Die genannte Liste enthielt zunächst alles, was zur Ordenskleidung gemäß der Vorschrift nötig war. In einer Chronik von 1689[24] heißt es erklärend: »Mit den weissen Schlair oder Boffen [...] bedecken sye ihr Haubt, das Gestirn, die Wängen, Hals, Schlundt und Khünn.« Den schwarzen »Weyhl«, den Schleier, der über dem weißen getragen wird und bis über die Schultern reicht, durften erst die Profess-Chorschwestern tragen. Der dunkelgraue Habit wurde, ebenso wie »Khutten als Scapulier und Mantel« aus wollenem Tuch, im Kloster besorgt und zur Einkleidung bereitgelegt.

Für das Leben im Kloster musste praktisch alles mitgebracht werden, beginnend vom Mobiliar für die Zelle, dem Bettzeug, vielen Ellen Leinen für die Bettwäsche, einer in Dutzend angegebenen großen Anzahl an Tüchern für Arme, Beine und für den Kopf, dazu Taschentücher, Handtücher, Servietten, Hemden und weitere Leibwäsche, Schürzen, Bademantel und sonstige Gegenstände des täglichen Gebrauchs, wie dies aus der folgenden Übersicht hervorgeht. Aus klimatischen Gründen gestattete man nördlich der Alpen den Klarissen auch das Tragen von Pelzkleidung.

Ein Ausfertigungszettel von 1641 unterschied sich von einem am Ende des 18. Jahrhunderts nur geringfügig, von der Verteuerung abgesehen. Auch die Ausstattung der Zelle blieb einheitlich. Ein »Fertigzötl von unserer Erw: Muetter Maria de Victoria Eckher«,[25] die das Kloster von 1720 bis 1729 regierte, lässt erkennen, dass man »vor eine, so nit von grossen mittlen« die Anzahl an Wäsche und Bekleidung teilweise auf die Hälfte reduzierte.

Was nicht persönlich ins Kloster mitgebracht wurde, konnte mit Geld ausgeglichen werden. Seit etwa 1765 setzte es sich immer mehr durch, dass das Kloster sogar die gesamte Aussteuer beschaffte und den Eltern die entsprechende »Spezification«[26] vorlegte.

Man stellte hier den bekleideten Jesus mit 40 fl in Rechnung, »den Ring vor den Jesus« mit 5 fl, den Brautring mit 11 fl, die zweipfündige Kerze mit 2 fl 24 kr, zwei Cruzifixe mit 5 fl, wobei ein großes Kreuz für die Schlafzelle bestimmt war, einen von der »Tagzelle« durch einen Vorhang abgetrennten Bereich, und ein weiteres kleineres sollte über dem Schreibpult in der Zelle hängen. Dazu kamen zwei Tafelreliquiare im Wert von 20 fl, »vor die Previer in 4 Theill und anderen« weitere 55 fl 30 kr. Zusammen mit all den anderen vorgeschriebenen Posten ergab sich die stattliche Summe von 1.001 fl 23 kr, eingeschlossen die Löhne für zwei Tuchmacher, den Kürschner und den Schreiner.

Die Eltern aller Kandidatinnen mussten aber auch für die »Ausspeisung des Convents«, also für fünfzig bis sechzig Klarissen, pauschal jeweils 50 fl entrichten. Die Zelebranten und die Angehörigen der Novizin beziehungsweise Professin waren nach der kirchlichen Feier jeweils im Klosterhof zum Mittagsmahl geladen, dessen Kosten das Kloster ebenfalls den Eltern in Rechnung stellte. Gemäß einer Zusammenstellung, die man für die angehende Chorschwester Maria Caecilia Eibl am 3. Juli 1751 vorlegte, belief sich diese Summe auf 26 fl 35 kr 1 Pf, wobei ein Pfund Fleisch damals nur 5 kr kostete und der Gulden mit 60 Kreuzern gerechnet wurde![27]

JURISTISCHE ABSICHERUNG

Neben allen genannten Sach- und Geldforderungen bedurfte auch die juristische Seite anlässlich eines Klostereintritts der Klärung und Absicherung. Zwischen Kloster und Eltern musste vor der Profess ein rechtsgültiger »Contract« zustande kommen, der schriftlich vor Zeugen beurkundet wurde, samt Festlegung der Mitgift und der Erbregelung.[28] Im Idealfall führte man die Verhandlungen über die Höhe der Mitgift schon vor der Einkleidung. Zu Beginn des Noviziats wurde dann der Vertrag abgeschlossen, dessen Einlösung erst fällig wurde, wenn sich die Probandin zum Ablegen der Profess entschlossen hatte. Sie hatte ja die Möglichkeit, während dieses Jahres das Kloster wieder zu verlassen, aber sie konnte auch durch gemeinsamen Beschluss des Konvents als ungeeignet für die Gemeinschaft abgelehnt werden.

Der Vertrag enthielt alle finanziellen Ansprüche, auf die das Kloster rekurrieren konnte, sollte es, wie dies sehr häufig der Fall war, nach dem Tod der Eltern mit den Geschwistern oder anderen Hinterbliebenen zu Erbstreitigkeiten kommen.

Eine zu den verpflichtend vorgeschriebenen Dingen der Aussteuer hinzukommende Mitgift in barem Geld war freiwillig, wurde aber erwartet. Ihre Höhe schwankte je nach Stand der Eintretenden zwischen 100 fl und 3.000 fl. Es war Verhandlungssache, in welcher Form man das Heiratsgut dem Kloster übergab. Neben Bargeld konnte auch ein Ewiggeld vereinbart werden, eine Verschreibung regelmäßiger Zinseinnahmen auf das Kloster, oder auch die Überlassung von Immobilien oder Grundstücken, zum Beispiel einem Krautacker vor dem Sendlinger Tor.[29] Man war im Anger flexibel, denn man gewährte sogar die Möglichkeit zur Zahlung in Raten, war aber unnachgiebig im Einfordern des Zugesagten. Akribisch notierten die Konventschreiberinnen in ihrer Buchhaltung das jeweilige *pro memoria*.

VOM »SPEISSKINDL« ZUM »PORTENKINDEL« – EIN ANDACHTSBILD AUS DEM ANGERKLOSTER

Die Säkularisation, die auch Bayern erfasste, beendete die Existenz der landständischen Klöster und geistlichen Territorien. Die Aufhebung des Klarissenklosters St. Jakob am Anger, des einzigen landständischen Bettelordensklosters in München, trat am 17. März 1803 in Kraft.[30]

Im Verständnis der Aufklärung wurden die Klarissen ja als unnütz eingestuft, da sie weder im Schulwesen noch karitativ in der Krankenpflege der Gesellschaft nützen würden. Dies hatte zur Folge, dass sie bis Ende des Jahres ihr angestammtes Kloster verlassen und in das aufgehobene Augustinerchorherrenstift in Dietramszell umziehen mussten. Welche persönlichen Habseligkeiten die Klarissen in dieses Aussterbekloster mitnehmen konnten, ist nicht überliefert, auch nicht, wie viele der 41 Nonnen noch ein bekleidetes Jesuskind besaßen. Dass letztlich keines dieser »Zellenkindl« erhalten blieb, belegen die Listen der Inventarisierung, die in Dietramszell jedes Mal vorgenommen werden musste, wenn eine Klarissin starb.

Auf der Inventarliste der Äbtissin Werkmeister allerdings, die bereits eine Woche nach dem Umzug, am 10. Dezember 1803, verstarb, vermerkte der dazu beauftragte Landesdirektionsrat Alois von Plank neben Kruzifixen, einer Muttergottes aus Altötting und einem Christus aus Elfenbein im Glassturz auch ein Jesuskind »in einem hölzernen Kastel mit Glas«.[31] Es handelt sich dabei um ein schon in München von der Gemeinschaft verehrtes Andachtsbild, das die Äbtissin mitgenommen hatte. Wer das kostbar gewandete und mit wertvollem Schmuck versehene Jesuskind in das Kloster einbrachte oder stiftete, ist nicht überliefert, dafür aber

jener Brauch, den die Schwestern bei ihren gemeinsamen Mahlzeiten im Refektorium pflegten. Es erhielt dort täglich von der Schwester, die Tischdienst hatte, jene Speisen vorgesetzt, die man im Anschluss den Bedürftigen hinausreichte.[32] Diesen Brauch pflegten die Klarissen auch in ihrem Aussterbekloster über viele Jahre weiter.

Im Jahr 1831, als nur noch sechs Klarissen am Leben waren, kamen die aus Indersdorf verwiesenen Salesianerinnen (Schwestern des Ordens von der Heimsuchung Mariä) ebenfalls nach Dietramszell, wo sie sich mit den Klarissen das Kloster teilten.[33] Einer dieser Schwestern, Marie Ottilia Leydenfrost[34], ist es zu verdanken, dass diese frühere Gepflogenheit überliefert wurde, die ihr die Klarissen anvertrauten: »Dieses Kindlein ist schon vor langen Jahren her bei denen Klarisserinnen am Anger in München verehrt worden; man glaubt schon von Anfang des Klosters unter dem Beinamen ›des Speiß Kindels‹, weil es im Refektori stand und täglich die Speisen von einer andern Klosterfrau vorgesetzt und dann sodann denen Armen gegeben worden. Es hatte auch hiezu ein eigenes kleines Tischlein.«[35] Abschließend formulierte sie: »Soviel kann ich in aller Treue, Aufrichtigkeit, der Wahrheit gemäß bekennen, nur darum, damit dies Kindlein allzeit in Ehren gehalten und das essen gewiß fortan gegeben wird.« Dieses Andachtsbild erhielt sich im Kloster Dietramszell bis heute, hat aber eine Umwidmung erfahren und wird als »Portenkindel« verehrt (Abb. 2).

Heute begegnet man Andachtsbildern außerhalb von Klostermauern, wenn sie zu Objekten öffentlicher Verehrung geworden sind. Weitergehende Überlieferungen zur persönlichen Frömmigkeit sind die absolute Ausnahme und betreffen praktisch nur mystisch begabte Persönlichkeiten, deren Ruf die Mauern der Klausur überwand. In solchen Fällen konnte wohl auch ein privates Jesuskind zum Ziel öffentlicher Verehrung werden. Insofern gehört es dann zur Gattung der Andachtsbilder.

Ein solches Jesuskind von regionaler Bedeutung im süddeutschen Raum ist sogar zum Auslöser einer Wallfahrt geworden, begründet durch eine wahrhaft mystisch begabte Nonne, die selige Dominikanerin Columba Weigl († 1783),[36] deren Christusvisionen und Gespräche mit dem göttlichen Kind aus ihrem Kloster Altenhohenau bei Wasserburg nach außen drangen. Sie hatte im Jahr 1748 sogar zum Angerkloster Kontakt aufgenommen; erhalten ist aber nur noch der Hinweis auf ihr eigenhändiges Schreiben an Äbtissin Eleonora von Doublier (1729–1748).[37]

Die Zellenkindl der Klarissen im Angerkloster jedoch bleiben stumme Zeugen einer privaten Frömmigkeit und Verehrung durch die einzelne Nonne. ▬

»Außfertigungszötl vor eine, welche guette Mitl hat[38]
Ein gekleydten Jesus
Ein Breytring
1 weiß waxene Körzen
1 Crucifix in die Zellen
1 grosse Taffel in die Zellen[39]
1 kleines Crucifix in die Schlaffzellen
Die Brevier[40]
2 Diurnal, ein grosses und ein kleines
1 Officium B:M:V:
1 Psalter Davids
1 Buech für die Marterwochen
Daß Leinwath=Gewand
6 Duzent Peffen
4 Dutzend Chronen
3 Dutzend einfache Aufleger
12 Eln schöne Leinwath zu den Doppelschleiren
12 Eln schöne Leinwath zu den Überziglen
6 grosse Salvet[41]
4 Schulder Düechl
4 große Fueß Düechl
6 par Armb Düechl
48 par Fueß Düechl
4 goße Fueß Düecher
3 Haupt Düecher
3 Pad Düecher
12 Hemether
6 Fächel[42]
12 Stürzl[43]
24 schöne Füerdiecher
24 grobe Fürdiecher
3 kurze Fürdiecher
4 Eln Leinwath zu denen Küssenziechen
Ain Stuck halbwollenen Zeig zu den Hemethern
6 Parkhet[44] zu denen Küssen
Zwey par Leylacher[45]
6 Eln Zwilch zu den Strohsackh
1 weiß wollene Deckhen
14 Eln weiß wollens Thuech zu denen Leylachern
2 Stuckh wollenes Duech zu dem Habith
Ein paumwollene Döckhen. Zur selbigen mueß man 9 Pfund
Paumwoll und 9 Eln Leinwath, solche darein zu nähen, haben
Ein grien wollenen Depig[46]
12 Eln schwarze Leinwath für die Schlafzellen
Etlich Eln grienen Zeug zu den Fürhangen, für die Dafflen und
fenster
3 Eln griene Leinwath auf die Cösten
Daß Pölzgewandt[47]
1 pölzerns Leibel
1 Prustfleckh

1 Par Handschuech
Das Holzwerckh
1 Fueß Casten
1 Truchen
1 kleins Castl
Ein Dischl, Fassl und Schreibbult
ain Weyll– und ein Diechl Thrichl[48]
Ein Nähküss mit aller Zugehör
1 Stürzl mit Leffel und messer
Ein Schreibdaffel und Schreibzeug
1 Stadtuet und ein Korb mit einem Luck[49]
1 kupfernes Pekhl, ein helfenpainern Kampel[50]
2 zünnerne Weichbrun Kestel
1 Körwisch und Mölterl[51]
1 Stückhl grien–seydene Registerbandl
8 mössigene Hackhen zum Piechl umfangen
2 eiserne Stängl zu den tafflen und etliche Hackhen dazu
3 Ladternen
3 par Schuech
1 par Pandtoffel
Ein weltliche Kleydung nach dero Standt.«[52]

1 Das Klarissenkloster wurde 1284 gegründet. Die Schwestern folgten der gemilderten Regel Papst Urbans IV. (1261–1264) von 1263. Diese gestattete zehn Jahre nach Klaras Tod – im Gegensatz zu dem von Klara geforderten Bekenntnis zu strenger Armut *(privilegium paupertatis)* – nun eingebrachtes Vermögen und Mitgift als gemeinsamen Besitz, um den in strenger Klausur lebenden Nonnen eine einigermaßen gesicherte Existenz zu ermöglichen. Für die Schwestern dieser Regel bildete sich die Bezeichnung Urbanissen heraus.

2 Das Kloster St. Anton war von 1625 bis zur Aufhebung 1802 zugleich Sitz der Bayerischen Franziskaner-Reformatenprovinz. Sie war als selbständige Ordensprovinz auf Veranlassung Kurfürst Maximilians 1625 im Zuge einer Erneuerung durch die sogenannten Reformaten, eine der strengen Observanz verpflichtete italienische Reformgruppe, zustande gekommen: Zwingler 2009, S. 167–192.

3 Marco Bartoli, *Klara von Assisi. Die Geschichte ihres Lebens,* Werl 1963, S. 169–176.

4 Bei den Klarissen kommt zu den üblichen drei Gelöbnissen von Armut, Keuschheit und Gehorsam noch ein viertes, das der ewigen Klausur, hinzu.

5 Die ältesten dieser noch erhaltenen Exemplare stammen aus dem 14. Jahrhundert und werden den Andachtsbildern zugeordnet: »Jesuskind«, in: LCI Bd. 2, Sp. 400–406 [R. Hausherr].

6 In seiner sogenannten Hasen-Predigt betonte der Prediger: »Ich mueß euch leren als ir hören werdent / und koment den mit buppen werck / und bringen iesus knaben zuo ergetzlichait / und sprechen: Ey wir muessen unsere kind auch erfrawen / es gewint doch ain trost davon. Ja es ist guot dieweil es noch ain Jesus knab ist / dz nit etwas anders darauß wirt. Ich het schier ain ungeschickt wortt geredet. Ich förcht aber es werd über zway oder drey iar ain iesus knab dar auß der siben oder acht schuech lang ist. Ir wissen nit dz ir inen so grossen schaden damitt thuend / es kompt in grosser berlicher schad darauß.« Johannes Geiler von Kaysersberg, »Der Haß im Pfeffer«, in: *Das Buch Granatapfel,* Straßburg 1511, S. 183–242, Zitat S. 209.

7 Der erste schriftliche Hinweis, dass eine Chorschwester »1 Jesuskhindl« laut Aussteuerliste mitbringen muss, stammt von 1641: BayHStA KL Fasz. 353/35, fol. 3r. »Einen gekleideten Jesus mit einem Brauthring« musste z. B. die Novizin Maria Clara Pläpst 1765 als Heiratsgut in das Kloster bringen: BayHStA KL Fasz. 346/8 Anger 2.

8 Ein Betrag in dieser Höhe für eine nicht namentlich genannte Novizin liegt für 1753 vor: BayHStA KL Fasz. 346/8 Anger 2.

9 Als Äbtissin Catharina Silbermann (1690–1702) den Münchener Goldschmied Franz Keßler beauftragte, eine Strahlenmonstranz anzufertigen, finanzierte man diese zum Teil mit Preziosen und durch Einschmelzen von Silber und Gold. Die Konventschreiberin notierte, das Kloster habe sich nicht unwesentlich beteiligt durch die Übergabe von Schmuck, goldenen Ringen, Halsketten und Edelsteinen aus der sogenannten Kirchenzier. Ein Diamant von einem Karat wurde damals mit 36 fl berechnet: BayHStA KL Fasz. 362/241; Zwingler 2009, S. 621–625.

10 Spätestens seit der Regierung des Kurfürsten Max III. Joseph (1745–1777) kam es zu einer aufklärerischen Kirchenpolitik. Es vollzog sich ein tiefer Wandel des Verhältnisses von Kirche und Staat, und eine unmittelbare Aufsicht über die Klöster durch den Landesherrn begann. Dies galt in besonderer Weise für die Bettelorden.

11 BayHStA KL Fasz. 347/13 Geheime Decimations-Commission 8.

12 Agnes (1345–1352), Herzogin von Bayern, Tochter Kaiser Ludwigs des Bayern, wurde dem Angerkloster mit vier Jahren übergeben, »damit sie allda unter den geistlichen und keuschen Jungfrauen in der Tugend, Unschuld, und Heiligkeit erzogen wurde«: Barnabas Kirchhueber, *Der Gnaden= und Tugendreiche Anger,* München 1701, S. 34.

13 Festlegung des Alters auf die 25. Sitzung des Tridentinums »De Regularibus«, Kapitel 15. Zur Dispens vom Geburtsmakel: Konnte eine Postulantin ihre eheliche Geburt nicht nachweisen, war z. B. in Wien ein Eintritt möglich, wenn dem Kloster dadurch »ein grosser nuzen entspringe«: Zwingler 2009, S. 418.

14 Am 2. November 1769 setzte Kurfürst Max III. Joseph durch Generalmandat das Professalter auf 21 Jahre fest: Bernardin Lins, *Geschichte der Bayerischen Franziskanerprovinz zum hl. Antonius von Padua von ihrer Gründung bis zur Säkularisation 1620–1802,* München 1926, S. 187.

15 »Acta, die Aufnahm der Candidatinen bei dem Kloster Anger alhie 1771–1791«: BayHStA KL Fasz. 355/41, Geistlicher Rat 1.

16 Der entsprechende »Ordo Novitias apud sorores nostras induendi« wird hier ausschnittweise und in übertragener Form wiedergegeben. Es handelt sich um eine im Grazer Klarissenkloster Zu Allen Heiligen, einem Tochterkloster der Münchener Klarissen, vorhandene Abschrift: Franziskanerarchiv Wien,

17 »[…] portans manibus Puerulum Jesum. Puero adolescente ad id specialiter ornato, cum hastili, in cuius summitate sit accensa candela […]«: Franziskanerarchiv Wien, Schuber 40, Fasz. B.

18 BayHStA KL Fasz. 353/35, fol. 4r.

19 Für diesen Festtagsschmuck waren die Klarissen dank eines reich bestückten Klostergartens gerüstet. Einer Übersicht vom Lichtmesstag 1750 ist zu entnehmen, dass man im Glashaus 34 Körbe »Rosenmarin sonderbahr« und weitere »3 Trichel mit Rosmarin« besaß: BayHStA KL Fasz. 369/503.

20 BayHStA KL Fasz. 392/1788.

21 »Postquam Sponsa regularibus vestimentis induta fuerit, porrigitur sibi in manus ardens cereus, et Puer Jesus«: Franziskanerarchiv Wien, Schuber 40, Fasz. B.

22 *Solenner Einkleidungs-Act In den strengen Orden, und Habit S. Clarae Der Durchleuchtigsten Princessin und Frauen, Frauen Mariae Annae Carolinae Gebohrner Hertzogin auß Bayrn, etc. etc. So geschehen In dem Loblichen Closter S. Jacob auf dem Anger, Der Chur-Bayrischen Haupt- und Residentz-Stadt München Den 29. Octobris 1719,* München 1719. *In Massaeus Kresslinger, Closter Anger Ein Königlicher Hof, In welchem die Durchleuchtigste Princessin Maria Anna Carolina Hertzogin auß Bayrn etc. mit dem König aller Königen Christo Jesu Königlich vermählet worden. Das ist: Exhortatio Bey solennen Einkleydungs-Act Höchstgedachter Durchleuchtigster Princessin in dem Lobl. Closter bey S. Jacob auf dem Anger Ordinis S. Clarae,* München 1719, S. 10.

23 Ludwig Ferdinand Paz, *Emanuela Therese vom Orden der heiligen Klara, Tochter Kurfürst Max Emanuels von Bayern (1696–1750),* München 1902, S. 56.

24 BayHStA Klosterliteralien München–Anger 4, fol. 11r.

25 BayHStA KL Fasz. 346/8 Anger 2. Äbtissin Maria de Victoria Eckher war die »Muhme« des Freisinger Fürstbischofs Johann Franziskus Eckher von Kapfing und Liechteneck (1695/96–1727).

26 BayHStA KL Fasz. 356/1 1/2.

27 3 Pfund Zucker (zu 30 kr) = 1 fl 30 kr; 2 Pfund Mandeln (zu 22 kr) = 44 kr; 1½ Pfund Speck = 18 kr; 3 Pasteten = 1 fl 20 kr; 17 Pfund Ochsenfleisch (zu 5 kr 2 Pf) = 1 fl 33 kr; 21 Pfund Kalbfleisch (zu 5 kr 1 Pf) = 1 fl 50 kr 1 Pf; 5 Pfund Lammfleisch (zu 5 kr 1 Pf) = 26 kr 1 Pf; 6 Pfund Gemsenfleisch (zu 48 kr) = 4 fl 48 kr; 4 Hennen (zu 18 kr); 22 Hendl (zu 7 kr) = 2 fl 34 kr; ½ Pfund Speck = 8 kr; Blumenkohl = 1 fl 12 kr; 17½ Mass Wein (zu 18 kr) = 5 fl 9 kr; 13 Mass Weißbier = 42 kr 1 Pf; Brot = 1 fl 40 kr; Rosmarinkränze = 1 fl 28 kr: BayHStA KL Fasz. 392/1788.

28 Zwingler 2009, S. 418–422.

29 Als Erbe von ihrem Vater erhielt Schwester Beatrix Grimm z. B. 1690 noch eine Kuh. Sie wurde entweder im Maierhof des Klosters, also dem Hof an der Brudermühle im heutigen Thalkirchen, oder in den Stallungen des Klosterhofes am heutigen Jakobsplatz untergebracht: BayHStA KL Fasz. 348/14.

30 Sabine Arndt-Baerend, *Die Klostersäkularisation in München 1802/03,* München 1986 (= Miscellanea Bavarica Monacensia, Heft 95), S. 179–187.

31 Inventar der Äbtissin Maria Werkmeister: BayHStA Landesdirektion von Bayern in Klostersachen vorläufige Nr. 2665, endgültige Nr. 5265 (Altsignatur: BayHStA KL Fasz. 345/6, Landesdirektion 4, Nr. 16). In der Verlassenschaft der Priorin Johanna Nepomucena von Dockfort († 1805) befand sich kein Christkind, ebenso wie bei weiteren Schwestern: ebd.

32 Das Angerkloster stellt sich damit in eine Reihe mit den Tertiarinnen im Kloster St. Johannes in Gnadenthal, mit dem die Klarissen stets enge Verbindung pflegten. Diese Schwestern des Dritten Ordens des hl. Franziskus pflegten diesen Brauch bis in die Mitte des 20. Jahrhunderts, da ihr Kloster nicht aufgehoben wurde. Das Jesuskind wurde an einen entsprechend kleinen Tisch gesetzt und Geschirr in entsprechender Größe aufgedeckt. Auf das Anbieten von Speisen wurde dort aber verzichtet. Die Kapuzinerinnen in Solothurn jedoch deckten jeden Sonntag den Tisch und setzten dem Kind reale Speisen vor: Gockerell 1997, S. 28–33.

33 Die Aufhebung des Augustinerchorherrenstiftes war im August 1803 abgeschlossen: BayHStA KL Fasz. 184/3 1/4, Landesdirektion in ständischen Klostersachen 4. Im Jahr 1811 lebten noch 23 Klarissen, 1842 lebte noch eine Schwester: Eberhard von Fugger, *Kloster Dietramszell nach Urkunden und Chroniken vom Jahre 1098–1880,* München 1880, S. 60, 63, 78.

34 Schwester M. Ottilia Leydenfrost (1786–1853), aus Trautmannsdorf an der Leitha in Niederösterreich, war als Salesianerin in Wien eingetreten. Vom Wiener Professkloster kam sie 1831 über Indersdorf nach Dietramszell, wo der Konvent einen Trakt bezog. Sie kehrte 1834 wieder in ihr Wiener Professhaus zurück, um von dort aus 1838 in Pielenhofen (Diözese Regensburg) ein

Tochterkloster zu gründen, mit dem Ziel, eine Mädchenschule zu errichten: *Schematismus der Geistlichkeit des Bisthums Regensburg für das Jahr 1841,* Regensburg 1841, S. 127.

35 Schwester Ottilia überlieferte 1831 die Legende vom »Portenkindlein« angesichts ihrer persönlichen Erfahrungen und der ihrer Mitschwester Maria Martha. Beiden war das Jesuskind im Traum erschienen und hatte seine Zweifel geäußert, ob es auch bei ihnen wie in München am Anger seine Speisen bekommen würde, die ja den Armen gehören: Handschriftlicher Bericht, Klosterchronik Bd. 1, S. 156–162, hier zitiert nach Druck. Durch diesen persönlich abgefassten Bericht ist nachgewiesen, dass der Brauch auch im Angerkloster üblich gewesen war. Schwester Kiliana, Salesianerin in Dietramszell, sei für den Hinweis herzlich gedankt, ebenso wie für die Genehmigung, die aus dem Angerkloster stammende Jesuskind-Figur im Glaskästchen zu fotografieren.

36 »Altenhohenau«, in: *LThK* Bd. 3 (32006), Sp. 449 [Meinolf Lohrum]; »Jesuskindverehrung«, in: *LThK* Bd. 5 (32006), Sp. 847 f. [Annemarie Brückner].

37 BayHStA Klosterliteralien München-Anger 4c.

38 Diverse Ausfertigungslisten, Mitte des 18. Jahrhunderts: BayHStA KL Fasz. 346/8 Anger 2.

39 In der Regel war dies ein Tafelreliquiar mit Darstellung eines Ordensheiligen. Eine dieser Tafeln aus dem Anger, die hl. Klara inmitten des mit Klosterarbeit verzierten Bildes darstellend, blieb erhalten und befindet sich heute im Kloster der Salesianerinnen in Dietramszell: *900 Jahre Dietramszell. Geschichte eines Klosters und einer Gemeinde,* Begleitbuch zur Ausstellung, Dietramszell 1998, Abb. F 11.

40 Das Diurnal war aufgrund der Verpflichtung zum Beten der Tagzeiten (Laudes, Prim, Terz, Sext und Non, Vesper, Komplet) nötig, da dort die Tageshoren des gesamten Jahres in einem Band zusammengefasst waren. Das Officium B. M. V. zur Verehrung der Gottesmutter an den Samstagen kam dazu, ebenso wie der alle 150 Psalmen enthaltende »Psalter Davids« und die Passionsbetrachtungen, ein Buch für die Karwoche.

41 Servietten: *Deutsches Wörterbuch.* Elektronische Ausgabe der Erstbearbeitung von Jacob Grimm und Wilhelm Grimm, 1. Auflage, 32 Bde., Frankfurt am Main 2004, Bd. 16, Sp. 629.

42 Fächel als Schleier der Nonnen: Grimm 2004, Bd. 3, Sp. 1221.

43 Kopfbedeckung oder Frauenmütze: Grimm 2004, Bd. 20, Sp. 696.

44 Barchat ist ein aus Leinen und Baumwolle gewebter Stoff: Grimm 2004, Bd. 1, Sp. 1125.

45 Leintücher.

46 Teppich.

47 Gegen Ende des 17. Jahrhunderts wurden ein Pelzmantel und eine Pelzdecke nicht mehr gefordert.

48 Aus »voile« (frz. Schleier) wurden die »Wehyl«, »Weill«, die man in einer Truhe aufbewahren sollte.

49 Ein Gestell und einen Korb mit Deckel.

50 Ein Waschbecken aus Kupfer und ein Kamm aus Elfenbein.

51 Besen und Schaufel.

52 Für den Fall, dass die Kandidatin keine Profess ablegt und während oder nach dem Noviziat wieder austritt.

Frommes Spiel & geistliche Erbauung

Jesuskind-Verehrung in franziskanischen Frauenklöstern des 17. und 18. Jahrhunderts

Christoph Kürzeder

■■ »Der allzuvertrauliche Umgang mit Jesu als einem Kind, Bräutigam, Bruder u. kommt unfehlbar, wie die meisten Aberglauben, aus den Klöstern. In einem gewissen, nun aufgehobenen Kloster führten die Nonnen an Recreationstägen das Jesuskindlein in einem Wägelein an einem rothen Bändelein durch alle Gänge des Klosters; und am Osterdienstage mußte jede Nonne ihr Jesulein auf den Arm nehmen, und ihn gen Emaus spazieren führen. Das weibliche Geschlecht hat einen natürlichen, unwiderstehlichen Trieb, mit Kindern umzugehen. Wenn es keine lebendige hat, so schafft es sich aus Holz und Lumpen. Die Nonne bleibt noch mit fünfzig Jahren selbst ein Kind, das mit einer heiligen Puppe wie ein dreyjähriges Mädchen mit der profanen Docke spielt.«[1] 1783, im Zenit der katholischen Aufklärung verfasst und befeuert von der Josephinischen Kirchenreform, die das klösterliche Leben als Quelle und Nährboden des Aberglaubens unter Generalverdacht stellte, kann dieser Bericht keinesfalls als objektiv verstanden werden. Im Gegenteil, sein Verfasser, der Freiburger Theologe und Jurist Johann Kaspar Adam Ruef (1748–1825), verfolgt damit eine eindeutige Intention. Er will die in vielen Frauenklöstern seiner Zeit geübten Formen der Jesuskind-Verehrung als Prototypen einer kindlich-unreifen und damit naiven Frömmigkeit brandmarken, die sich allein aus der Kinderlosigkeit und geistigen Unreife der Protagonistinnen speist. Diese polemische Perspektive verstellt bis heute sehr oft den Blick auf dieses Kapitel klösterlicher Frömmigkeitsgeschichte, das in seinen Wurzeln bis weit in die hoch- und spätmittelalterliche Inkarnationsmystik zurückreicht. Das dahinterstehende Bedürfnis, das Geheimnis der Menschwerdung Gottes in Christus begreif- und erfahrbar zu machen, hat nicht nur in der frühneuzeitlichen Visions- und Erbauungsliteratur tiefe Spuren hinterlassen, sondern auch ein großes und vielfältiges materielles Erbe hervorgebracht. Die wohl charakteristischsten Zeugnisse dieser spezifischen Inkarnationsfrömmigkeit sind die im 17. und 18. Jahrhundert entstandenen und bis heute zahlreich erhaltenen bekleideten Christuskind-Figuren, die oben zitierten »heiligen Puppen«. Um diese Figuren entwickelten sich besonders in kontemplativen Frauenklöstern Süddeutschlands ganz spezielle Verehrungsformen, die meist von einer sehr engen persönlichen Beziehung geprägt und damit nach Meinung der aufklärerischen Kritik »allzuvertraulich« waren. Wie aber hat diese vertrauliche Beziehung der Schwester zu ihrer persönlichen Jesuskind-Figur, die sie meist schon seit ihrem Klostereintritt als himmlischer Bräutigam begleitete,[2] ausgesehen? In welchen individuellen und gemeinschaftlichen Formen der Verehrung, des Umgangs und Gebrauchs äußerte sich diese Beziehung und durch welches geistig-spirituelle Klima ist sie geprägt?

Abb. 1
Jesuskinder im Kloster Heilig Kreuz,
Mindelheim.

Abb. 2
Jesuskinder im Kloster St. Johann
im Gnadenthal, Ingolstadt.

Die historischen klösterlichen Quellen schweigen mit sehr wenigen Ausnahmen zu diesem Thema. Die Jesuskind-Figuren finden lediglich Erwähnung in Inventarverzeichnissen und bei Besitztumsfragen. Man findet sie deshalb auf Aussteuerlisten, die beim Eintritt einer jungen Schwester verfasst wurden,[3] oder im Zusammenhang mit Besitzwechsel und Verkauf.[4] Wie zahlreich diese Figuren in Klöstern des 18. Jahrhunderts vorhanden waren, lassen die in verschiedenen bayerischen Frauenklöstern erhaltenen Bestände erahnen (Abb. 1 und 2). Und obwohl sie dort als Teil des materiellen historischen Erbes geschätzt und gepflegt werden, spielen sie heute mit wenigen Ausnahmen in der klösterlichen Spiritualität keine Rolle mehr und sind deshalb nicht mehr im Gebrauch. Dafür sind vor allem zwei Tradierungsbrüche verantwortlich: die Auflösung der Klöster während der Säkularisation von 1802/03 und die im Zuge des Zweiten Vatikanischen Konzils durchgeführten Reformen des monastischen Lebens. Ersteres bedeutete nicht nur die Auflösung des ganz spezifischen sozialen Verbundes einer Klostergemeinschaft und damit auch das Ende einer langen kulturellen und spirituellen Tradition, sondern auch den Verlust des gesamten, über Jahrhunderte gepflegten und gewachsenen materiellen Besitzes eines Klosters. Klöster, die von der Auflösung verschont blieben, wie die Franziskanerinnenklöster Heilig Kreuz in Mindelheim[5] und Gnadenthal in Ingolstadt[6], die als sogenannte Zentral- oder Aussterbeklöster bis zur Wiederherstellung durch König Ludwig I. fortbestehen konnten, bieten deshalb mit ihren reichen Beständen an materiellen Zeugnissen barocker Frömmigkeitskultur für die oben skizzierten Fragestellungen ein ideales Forschungsfeld. Neben einer großen Zahl von bekleideten Jesuskind-Skulpturen des 17. und 18. Jahrhunderts haben sich in beiden Klöstern auch viele Requisiten des praktischen Umgangs und der Inszenierung dieser Bildwerke wie Kleider, Perücken, Kleinmöbel, Miniaturaltarvasen, Miniaturgeschirre etc. in situ erhalten, die wiederum Rückschlüsse auf den Stellenwert und Gebrauch dieser persönlichen Andachtsbilder ermöglichen. Dass die Skulpturen teilweise bis in die Mitte des 20. Jahrhunderts auch weiter im Gebrauch waren, dafür sprechen vor allem zahlreiche Reparaturen und Neuerungen im Bereich der textilen Bekleidung. Spätestens mit den Veränderungen und Reformen des Klosterlebens seit der Jahrhundertmitte des 20. Jahrhunderts ist jedoch in beiden Klöstern diese bis ins 17. Jahrhundert zurückgreifende Traditionskette des Umgangs mit den Skulpturen fast vollkommen abgebrochen und bei den heute dort lebenden Ordensfrauen nicht mehr bekannt. Neben den Objekten selbst und den dazugehörigen Requisiten hat jedoch in den Franziskanerinnenklöstern von Mindelheim und Ingolstadt ein weiterer wichtiger Quellenbestand zur klösterlichen Christuskind-Verehrung die

Zeiten fast unbeschadet überstanden: die von den dortigen Ordensfrauen im 17. und 18. Jahrhundert benutzte Erbauungs- und Gebetsliteratur. Wie bereits Mathilde Tobler für eine Reihe Innerschweizer Frauenklöster nachweisen konnte, wurden die barocken Erbauungstexte zur Advents- und Weihnachtszeit bis weit in das 20. Jahrhundert rezipiert und dienten als Anleitung für praktische fromme Übungen innerhalb der Klostergemeinschaft und der angeschlossenen Schulen.[7] Im Folgenden wird nun anhand ausgewählter Beispiele gezeigt, ob und inwieweit die zeitgenössische Erbauungsliteratur des 17. und 18. Jahrhunderts mit den darin enthaltenen Andachtsübungen auch den Umgang der Ordensfrauen mit ihren Christuskind-Figuren besonders in der Advents- und Weihnachtszeit beeinflusst und geprägt hat.

GEISTLICHER KRIPPEN-BAU

In beiden Bibliotheken hat sich eine große Anzahl von Andachts- und Erbauungsbüchern erhalten, in denen der Weihnachtsfestkreis und das Geheimnis der Geburt und Menschwerdung Christi die Hauptthemen bilden.[8] Zahlenmäßig an erster Stelle steht hier das im 18. Jahrhundert wohl populärste Andachtsbuch dieser Art, der *Geistliche Krippen-Bau*[9]. Dieses Büchlein wurde das ganze 18. Jahrhundert hindurch immer wieder neu aufgelegt und ist in beiden Klöstern in verschiedenen Ausgaben zahlreich vorhanden. Die meisten dieser Büchlein weisen starke Gebrauchsspuren auf, was auf eine intensive Verwendung schließen lässt, die laut handschriftlichen Einträgen und eingelegten Gebetszettelchen teilweise bis in den Beginn des 20. Jahrhunderts reicht.[10] In einer mit sechs Kupferstichbildchen illustrierten Ausgabe aus dem Jahr 1741, die sich im Mindelheimer Bestand erhalten hat, ist das spirituelle Grundthema all dieser Erbauungsschriften auch ins Bild gesetzt, nämlich die Aufnahme des göttlichen Kindes in das durch Andacht, Gebet und Sakrament geläuterte und gereinigte Herz der Ordensschwester (Abb. 3). Diese Vorstellung einer mystischen Vereinigung mit Christus, der im Herzen der Menschen immer wieder neu geboren werden muss, wurde bereits vom hl. Augustinus in seinen Predigten zum Lukas-Evangelium als Antithese zur Unwirtlichkeit von Stall (Höhle) und Krippe formuliert. Der hl. Bernhard von Clairvaux konkretisierte diesen Gedanken und brachte ihn auf die eingängige Formel: »Beatus, qui Bethlehem habet in corde, ubi Christus quotidie nascitur«[11] (Selig, der Bethlehem in seinem Herzen hat, wo Christus täglich geboren wird). In der Frauenmystik des Mittelalters wird dieses Thema zu einem zentralen Inhalt monastischer Christusfrömmigkeit, der in der spätmittelalterlichen und frühneuzeitlichen Andachtsgrafik

schließlich auch ganz konkret und anschaulich visualisiert wird. Auf einem Zellenbild aus dem Kloster zum Heiligen Kreuz in Mindelheim wird diese Herzallegorese auf einer Serie von 18 Bildern entfaltet (Kat.-Nr. 37), die ikonografisch auf den 1595 von Antonie Wierix geschaffenen Zyklus *Cor Jesu amanti sacrum* zurückgeht.[12] Sehr anschaulich wird hier vor Augen geführt, wie das Jesuskind das menschliche Herz reinigt und zu seiner Wohnung bereitet. Diese sogenannten Zellenbilder gehörten bei den Mindelheimer Franziskanerinnen neben einem großen Kreuz mit Kruzifixus und einer kleinen Jesuskind-Figur zur Grundausstattung einer Klosterzelle. Das ikonografische Programm der Zellenbilder sollte für die Frauen eine stetige Erinnerung an die in der Ordensprofess gelobten klösterlichen Tugenden sein, die es tagtäglich zu verwirklichen galt (vgl. auch Kat.-Nr. 9 und 37).[13] Das eigene Herz in der Adventszeit zur Aufnahme des an Weihnachten Neugeborenen vorzubereiten, um ihn »in der Krippe meines Hertzens«[14] zu empfangen, darauf zielen alle Andachtsübungen im *Geistlichen Krippen-Bau* und auch in den übrigen Erbauungsbüchern. In der meist sehr bildhaften Sprache stehen der verwahrloste und schmutzige Zustand des Stalles sowie die Härte der Krippe synonym für das Herz des Sünders, das einer »viehischen Krippen«[15], einer »schlechten Leimhütten«[16] und damit »unwürdigen Wohnung«[17] gleicht. Als äußeren Ausdruck der Vorbereitung sollen die Klosterfrauen nicht nur ihr Herz reinigen, sondern auch das »Zimmer, oder Kammer bereiten und zieren«[18]. Dieses Schmücken der Kammer, nicht nur im geistlichen Sinne, war auch eine Vorbereitung für den bis in unsere Tage in manchen Klöstern geübten Brauch der Herbergssuche. Alljährlich werden auch heute noch im Kloster Gnadenthal an jedem Adventsabend nach der Vesper die beiden bekleideten Figuren der hll. Maria und Josef in eine andere Zelle getragen, wo sie dann von der Schwester für eine Nacht beherbergt werden. Dieser Beherbergung ist in der einschlägigen Andachtsliteratur meist ein ganzes Kapitel mit dazugehörigen Gebets- und Erbauungstexten gewidmet,[19] im Bestand des Klosters Gnadenthal sind auch noch zwei für diesen Zweck bestimmte Gebetsheftchen aus dem 18. Jahrhundert erhalten. Das Heftchen mit dem Titel *Anmuthige Unterhaltung mit den zwoen heiligsten Personen Maria und Joseph in ihrer Beherbergung zur heiligen Adventszeit* zeigt im Titelkupfer Maria, einen Korb mit Windeln und einen Pilgerstab in Händen haltend, und Josef, den Esel führend, vor einer barocken Stadtkulisse (Kat.-Nr. 95). Ein Gemälde aus dem Kloster in Mindelheim zeigt fast detailgetreu diese Szene (Kat.-Nr. 93). Die weitgehende ikonografische Übereinstimmung deutet darauf hin, dass ein ähnlicher Kupferstich als Vorlage gedient hat. Der auf älteren Inventaren des Klosters noch verzeichnete und heute nicht mehr vorhandene Krippenkasten aus

dem frühen 18. Jahrhundert, der Maria und Josef in textiler Bekleidung als Pilger in einer Felsenlandschaft gezeigt hat, ist ein Indiz dafür, dass dieser Brauch auch im Mindelheimer Heilig-Kreuz-Kloster gepflegt wurde.[20]

KINDER IN DER KLOSTERZELLE

War es in einem Kloster üblich gewesen, eine Christuskind-Figur zur Einkleidung zu bekommen, so begleitete diese Figur – genauso wie das bereits erwähnte Zellenkreuz – die Schwester ihr ganzes Leben lang.[21] Das Jesulein wurde in der Zelle auf dem halbhohen Aussteuerschränkchen, das auch zur obligatorischen Mitgift gehörte, altarartig inszeniert. Je nach Anlass, dem liturgischen Festkalender folgend, wurden neben das Kind kleinformatige, kunstvoll hergestellte Altarsträuße, sogenannte Maien (Kat.-Nr. 80), und kleine aufwändig gestaltete Altarpyramiden mit Reliquien gestellt (Kat.-Nr. 84, 88), die heute noch im Kloster zahlreich erhalten sind. Diese Aufstellungsform hat sich im Kloster Gnadenthal im historischen Arbeitszimmer der Oberin erhalten; dort wird das wertvolle Elfenbein-Jesuskind (Kat.-Nr. 77) in einem mit Altarvasen geschmückten Schrein aufbewahrt. Ähnliche Altärchen, sogar mit kleinformatigen Antependien ausgestattet, errichteten die Mindelheimer Schwestern in den sogenannten Klausen. Dabei handelt es sich um kleine abgetrennte Andachtsräume auf dem Schwesternchor der Mindelheimer Pfarrkirche, die, den strengen Klausurvorschriften folgend, auch hier den Frauen maximale Abgeschiedenheit garantierten und die auch mit kleinen Miniaturaltären ausgestattet waren. Wie eine große Anzahl erhaltener Beispiele aus verschiedenen Klöstern zeigen, war es auch durchaus üblich gewesen, das Jesuskind in einem mehr oder weniger aufwändig gearbeiteten Schrein (Kat.-Nr. 1) zu präsentieren. Am deutlichsten ist diese altarähnliche Aufstellungs- und Präsentationsform in unzählig erhaltenen Devotionalkopien des Salzburger Loretokindls reproduziert, bei denen oft kleinstformatige Altarvasen und/oder Altarpyramiden (Kat.-Nr. 141 und 142) als Schmuckelemente in die Schreine integriert sind.[22] Wie wir von Mirakelberichten des Salzburger Loretokindls wissen, fanden solche Schreine mit Christuskind-Figuren auch als Hausaltäre außerhalb von Klostermauern eine hohe Wertschätzung. So berichtet das Mirakelbuch von 1754, dass ein gewisser »Herr Jacob Hültzensauer, Advocat und Universitatis Notarius«, wegen eines aufziehenden Gewitters vor dem »Altärl« in seinem Schlafzimmer, »in dessen Mitte ein von Wax poßirtes Lauretanisches Jesus-Kindl in einem verglasten Käpslein stunde«, einen »Wax-Stock« angezündet habe.[23] Erstaunlich ist auch die Anzahl von Jesuskind-Figuren, die sich 1758 im Haus des Münchner »Bürgers und Branntweiners« Joseph Anton Weigl in der Sendlingergasse befinden. Laut Inventar, das anlässlich des Todes des Hausherrn aufgenommen wurde, befanden sich in der vorderen Kammer des Hauses gleich fünf Jesuskindlein, nämlich »1 Hausaltar samt einem lackierten Kästel dann Jesu-Kindel«, »2 Jesu-Kindeln in Kapseln« und »2 Jesu-Kindeln auf denen Kästen«.[24] Auch wenn man diese Angaben durch die intensiven verwandtschaftlichen Beziehungen der Familie zum Kloster Altenhohenau etwas relativieren muss,[25] waren Christuskind-Figuren in bürgerlichen Kreisen als häusliche Andachtsbilder im 18. Jahrhundert sehr verbreitet. In der Klosterzelle waren sie das ganze Jahr hindurch und nicht nur in der Weihnachtszeit als Andachtsbilder aufgestellt. Denn nicht nur in der Weihnachtszeit, sondern das ganze Jahr hindurch wurden verschiedene Kind-Jesu-Andachtsformen gepflegt, wie etwa die »Tagzeiten von dem göttlichen Kindlein Jesu«[26], »das Rosenkräntzlein von 12 Corallen, zu Ehren der Kindheit Christi«[27] oder verschiedene Monatsandachten, die entweder die zwölf ersten Lebensjahre Jesu, jeweils einem Monat zugeordnet, reflektierten oder an jedem 25. eines Monats Geschehnisse um Geburt und Menschwerdung zum Thema haben.[28] Eine Ausnahme bildete jedoch die Adventszeit, in der die Klosterschwester dem Ideal der mystischen *conformatio*, der Gleichsetzung mit Maria, folgend, die geistliche Schwangerschaft, Heimsuchung, Reise nach Bethlehem und Herbergssuche nacherleben sollte. Der himmlische Bräutigam, das »Hertzens-Kind«, war deshalb im Advent normalerweise in der Zelle nicht aufgestellt. Die temporäre Abwesenheit des Kindes sollte dabei als ein bewusster Akt des Verzichtes, ja der Buße verstanden werden. Dass dies auch so empfunden wurde, davon erzählt eine quasi autobiografische Quelle vom Dezember 1701. In einem Brief an ihren Beichtvater berichtet Maria Hueber, die Gründerin der Brixener Tertiarschwestern vom hl. Franziskus, von einem mystischen Erlebnis in ihrer Kammer mit dem von ihr verehrten Gnadenkindl (Kat.-Nr. 18), das bereits vorher schon öfter in Visionen zu ihr gesprochen hatte. Noch aufgewühlt vom Erlebten, berichtet sie in ihrer unmittelbaren, vom Tiroler Dialekt stark gefärbten Sprache, dass sie »in dißer heiligen Äpfendtzeidt«, um sich zu »mordtevyzieren und nach Khirckhen Gebrauch«, das »liebste Jäsulein […] bis Weinochten in Khasten spärren« wollte. Das Kind habe sich jedoch von selbst wieder aus dem Kasten befreit, sich fest an ihren Hals geklammert und »mier zue versten gäben, ich sollt es nun nit mer in Kosthen spären und ich soliches gleich hab mießen versprächen«. In seiner spontanen Geste der Dankbarkeit war es jedoch so ungestüm, dass noch ehe sie das »liebste Khindtl von Halß brocht«, es ihr »mit hester Freidt und Vergniegung mit sein h. Handtl« in ihr rechtes Auge gegriffen habe, »von wällichen ich so grossen Schmerzen 15 Dag erlidten, alls ich vermeindt habe, ich mieße umb das Aug khomben«.[29] Der Bericht Maria Huebers steht stellvertretend für die lange Tradition der mit Jesuskind-Figuren verbundenen Visionen, in denen real Erlebtes und mystisch Erfahrenes ineinander verschmelzen und zu einer eigenen Realität werden. Die bis in die Anfänge dieser mystischen Bewegung reichenden Berichte waren den Ordensfrauen des 17. und 18. Jahrhunderts auch zugänglich und damit bekannt.[30] So fanden etwa die für die Jesuskind-Verehrung extrem einflussreichen Visionsberichte der Dominikanerin Margareta Ebner (1291–1351) aus dem Kloster Maria Medingen Eingang in die populäre Erbauungsliteratur des 17. und 18. Jahrhunderts.[31]

WOCHENBETT UND KINDERPFLEGE

Eine entscheidende Brückenfunktion zwischen mystischem Erleben in Visionen und praktisch geübten Frömmigkeitsformen haben Erbauungsbücher, die sich mit der Vorstellung der Maria *in puerperio*, der Maria im Wochenbett, beschäftigen. Diese bereits im Spätmittelalter verbreitete Literaturform erlebt in nachreformatorischer Zeit eine neue Blüte und zielt im Sinne der mystischen *unio imaginativa* auf eine größtmögliche Identifikation mit Maria und deren Aufgaben als Mutter. Die deshalb fast ausschließlich an ein weibliches Publikum gerichteten Schriften deuten die Akte der Kinderpflege und -fürsorge zwar als spirituelle Tugendschule mit dem Ziel einer moralisch-religiösen Reifung, sie sind jedoch auch laut Intention der Verfasser in Teilen eine praktische Handlungsanweisung für Frömmigkeitsübungen mit einer Jesuskind-Figur.[32] Besonders die in strenger Klausur lebende Ordensfrau erfüllt nach

Meinung der durchweg männlichen Autoren in idealer Weise die notwendigen Voraussetzungen für eine geistliche Mutterschaft. «Zum ersten soll dises Kindlin befolhen werden den klösterlichen Junckfrawen, welche sich umb liebe willen des himmlischen Gesponsen, in die Klöster strengklich einschliessen. Solchen Junkfrawen gehört vor allen dingen zu, diß kindlin aufzuziehen, denn sie seind vor jederman tauglich unnd geschickt darzu, dieweilen sie von der welt abgesundert unnd ledig seind.«[33] Mit dieser Begründung legt der äußerst produktive und populäre Buchdrucker und Erbauungsschriftsteller Adam Walasser (um 1520–1581)[34] sein 1565 in Dillingen erschienenes Werk *Vom zarten Kindlin Jesu […]* seinen geistlichen Leserinnen ans Herz und widmet es deshalb auch der damaligen Äbtissin des Benediktinerinnenklosters Holzen Barbara von Welden. Im Kloster Heilig Kreuz in Mindelheim hat sich ein Exemplar dieser Literaturgattung erhalten, das unmittelbar die Klostergeschichte berührt, das *Puerperium Marianum: Unser lieben Frawen Kindelbeth* des Würzburger Moraltheologen Daniel Mattsperger.[35] Es ist den beiden verschwägerten Gräfinnen Anna Sybilla von Schwarzenberg (1569–1634) und Maria von Fugger (1572–1622) gewidmet. Auf die Vorderseite des aufwändig gestalteten textilen Einbands ist das Wappen dieser Maria Fugger geprägt. Sie stand der Klostergemeinschaft sehr nahe, da laut Klosterchronik eine gewisse »Maria Mengslin von München« (1620 gestorben), ein Mündel der Gräfin, ins Kreuzkloster eingetreten war.[36] Das Buch dürfte ein Geschenk der Gräfin Fugger an ihre Pflegetochter gewesen sein. In der geistlichen Einleitung zum *Puerperium* wird einmal mehr die Hauptintention dieser Literaturgattung deutlich angesprochen, nämlich »daß man die Histori ansihet oder ihme einbildet, gleich als wann man sie vor Augen nit allein inn einem Gemähld, sonder auch leiblich sichtbarlich vor Augen hette«.[37] Orte und Geschehnisse der Geburt Christi sichtbar vor Augen zu haben, dazu hilft nach Überzeugung des Autors das in der Mystik bewährte Konzept der *Compositio loci*[38], der möglichst anschaulichen Beschreibung der Orte, Personen und Situationen, um so eine größtmögliche suggestive Wirkung zu erreichen. An jedem Tag des vierzigtägigen Weihnachtsfestkreises wird deshalb, ähnlich wie im *Geistlichen Krippen-Bau,* ein besonderer Aspekt der Umstände und Ereignisse während und nach der Geburt Jesu betrachtet.

»Wer ein kind hat, der muß es auch fürsehen mit speiß, klaidern und anderer notturfft; also solt du auch dein kindlin Jesum geistlich versorgen […].«[39] Obwohl die Autoren immer wieder die spirituelle Intention ihrer geistlichen Betrachtungen betonen, wird genau dieser Aspekt der Mutterschaft mit den dazugehörigen Fürsorgepflichten von den Klosterfrauen sehr ernst genommen und auch ganz praktisch umgesetzt. Die der *Compositio loci* geschuldeten, sehr plastischen Beschreibungen der einzelnen Aufgaben, mit denen die einzelnen Kapitel überschrieben sind, so zum Beispiel »Wie man dem newgebornen kindlin Jesu ein warms Bädlin soll machen«, »Wie man das süß kindlin JESUS entschläffen unnd wiegen soll«, »Wie man das zarte kindlin Jesus speysen soll« oder was man tun soll, »daß die mucken das Kindlin nit beissen« etc., könnte man denn auch als praktische Handlungsanweisungen verstehen.[40] Während die Zubereitung des »Bädlins« in der praktischen Umsetzung allein schon an der Materialbeschaffenheit der Figuren scheiterte – beim bekanntesten, jedoch legendenhaft überlieferten Bericht über das Baden eines Jesuskindes handelt es sich um eine Elfenbeinskulptur[41] –, wurde das »Entschläffen unnd Wiegen« in den Klöstern durchaus auch praktisch ausgeführt. Dieser als Kindelwiegen bekannte Brauch scheint seit der zweiten Hälfte des 12. Jahrhunderts in Klöstern Teil des in der Weihnachtszeit geübten liturgischen Spielbrauchtums gewesen zu sein. Als allgemein verbreiteter Weihnachtsbrauch, der auch im privaten Bereich gepflegt wurde, ist er seit Ende des 14. Jahrhunderts nachzuweisen.[42] Im *Puerperium Marianum* wird das Kindelwiegen deshalb auch als ein althergebrachter Brauch beschrieben: »Under andern hat man auch das Kindel wiegen so wol in Heusern als in Kirchen, von Kindern, Jungkfreulein, ja auch alten Leuten Reyen angestellt, und Jesusbildlein in Wiegelein gelegt, darbey gesungen, und das lebendige Jesus Kindlein gelobet und gepreyset.«[43] Eine im Kloster Mindelheim erhaltene Kindelwiege, in der eine Devotionalkopie des Münchner Augustinerkindls liegt, ist auf der Unterseite auch mit der Jahreszahl 1647 datiert (Kat.-Nr. 115). Belege für den Gebrauch innerhalb der Klostergemeinschaft gibt es nicht. Eine ungewöhnliche Form des Kindelwiegens ist uns dagegen durch ein sehr seltenes, wenn nicht sogar einmaliges Objekt aus dem Kloster Gnadenthal überliefert. Es handelt sich um eine kleine geschnitzte Marienfigur mit

beweglichen Armen, auf denen das neugeborene Christuskind liegt. Durch leichtes Antippen des Kindes bewegen sich die Arme der Maria auf und ab und wiegen so das Kind in den Schlaf (Kat.-Nr. 116). Laut der im Kloster mündlich überlieferten Tradition bewegt sich das Kind nur dann, wenn das Gegenüber ein reines Gewissen hat. Eine ähnliche Geschichte hat der Volkskundler Rudolf Kriss in den dreißiger Jahren des 20. Jahrhunderts in Pobenhausen bei Ingolstadt aufgezeichnet. Von der in der dortigen Kapelle zur Schmerzhaften Muttergottes bis heute aufbewahrten Christkindlwiege ist überliefert, dass »derjenige, der mit schwerer Sünde beladen sei, die Wiege nicht schaukeln könne«.[44] Beide Überlieferungen reflektieren interessanterweise die eigentliche Intention des geistlichen Kindelwiegens, wie sie auch im »Kindelbeth« des Daniel Mattsperger umschrieben wird. Wieder einmal mehr ist es das Herz des Menschen, »in dem das Kindlein ruhet, als inn einer Wiegen, eintweder durch das hochwürdige Sacrament, oder durch den Glauben und Liebe [...]«.[45] Dieses Beispiel der würdigen oder eben unwürdigen »Herzenswiege« zeigt, dass das spirituelle und moralische Anliegen einer Andachtsübung oft eins zu eins auf die praktischen Gebrauchsformen übertragen wurde. Diese Analogie kommt besonders beim Thema des Bekleidens zum Tragen. War noch in vorreformatorischer Zeit die Nacktheit des Kindes eine theologisch motivierte Grundforderung an die Ikonografie der Kind-Jesu-Skulpturen, um so gemäß der Inkarnationstheologie die menschliche Natur Christi unmissverständlich ins Bild zu setzen, werden die Figuren ab dem 17. Jahrhundert konsequent bekleidet und teilweise reich mit Schmuck, Krone und Zepter ausgestattet. Die Farben der Bekleidung richteten sich dabei nach den liturgisch vorgeschriebenen. Dieses zunehmende Bedürfnis, die Skulpturen zu bekleiden, deutet auch auf einen theologischen Paradigmenwechsel hin. Der Blick auf die Nacktheit Christi wird nun verstärkt durch die Erbsündenlehre bestimmt, nämlich als Resultat der »ersten Eltern Sünde«, weshalb seine menschliche Natur auch »Hitz und Frost, Regen und Wind werde underworffen sein«.[46] Der Grundgedanke der geistlichen Bekleidung ist deshalb auch eschatologisch bestimmt und bezieht sich auf die Worte der Weltgerichtsrede Jesu: »Ich bin nackt gewesen und ihr habt mich bekleidet« (Mt 25,36). Die in den erbaulichen Texten dafür gefundenen Wortbilder finden ihre Entsprechung in der Praxis. So erfüllen beispielsweise die weißen Unterkleider der Skulpturen in Material und Ausführung ganz die Anforderungen des spirituell vorgestellten Ideals (Kat.-Nr. 48). »Will man aber dem Herren das hemmetlin berayten, weyl das edel Kindlin noch jung unnd zart ist, so soll man kein grobs rauchs tuch darzu nemmen, sonder ein schöns, zarts, weiß tuch, das wol gemanget unnd geglet sey: das bedeut die höchste rainigkeit des leibs und gemüts.«[47] Eine weitere Fürsorgepflicht der geistlichen Kindbetterin ist das Speisen des Kindes: »Wann du zu dem Tisch gehest, so gedencke, wie lieblich das edle Kindlin geessen hat, setz es zu dir, und laß es mit dir essen. Lad dasselbig Kindlin, unnd sprich: O du mein edles Kindlin, sitz bey mir zu essen und zutrincken.«[48] In der klösterlichen Frömmigkeitspraxis gab es dafür eine dem gemeinschaftlichen Leben angepasste Form. Stellvertretend für die vielen persönlichen Jesuskind-Figuren saß im Refektorium vieler Klöster ein sogenanntes Speiskindl[49]. Im Kloster Gnadenthal war dies eine lebensgroße Figur (Abb. 5), die an einem eigenen Tisch im Refektorium saß, zuerst bedient wurde und die Gemeinschaft der Schwestern und die aufgetragenen Speisen mit seiner Anwesenheit segnete. Auch hier bedingen sich geistliche Texte und geübte Praxis gegenseitig, wie folgender Text aus Walassers Erbauungsschrift zeigt: »So man dir ein Richt fürtregt, beut sie erstlich dem kindlin Jesu dar, bit es umb seinen Segen, und sprich: Durch den eingebornen Sun Gottes wird mir gesegnet diese Speiß.«[50] Im Kloster Mindelheim saß man sogar mit der ganzen Heiligen Familie sowie Anna und Joachim, den Großeltern Jesu, im Refektorium beim Essen. In einer als Kastenkrippe gestalteten Szenerie sitzen die fünf am Tisch, der mit fein gearbeitetem Miniaturgeschirr aus Silber und Zinn gedeckt ist (Kat.-Nr. 75 und 76). Mit dieser »Speisung« des Kindes verband sich aber auch eine Form der Armenfürsorge, da die dem Jesuskind symbolisch aufgetragenen Speisen anschließend an der Klosterpforte an Arme und Bedürftige verteilt wurden.

HIMMLISCHER HAUSHALTER

Diese Vorstellung, dass die Klostergemeinschaft mit Christus in einer Art geistlichen Hausgemeinschaft lebe[51] und er damit auch der »Hausherr« des Klosters sei, führte dazu, dass in vielen Klöstern eine Christuskind-Figur als »göttlicher Haushalter« eine ganz besondere Verehrung genoss. Oft steht dieser Haushalter mit der Gründungsgeschichte des jeweiligen Klosters in Verbindung, weshalb es sich dabei meist um eine der ältesten erhaltenen Kind-Jesu-Skulpturen in einem Kloster handelt. Das heute nicht mehr genau bestimmbare »Haushalterl« des Klosters Reutberg wurde bereits zur Gründung 1618 von der ersten Oberin, Mutter Franzisca Mog, aus dem Kloster St. Maria der Engel in Pfanneregg (Kanton St. Gallen) mitgebracht.[52] Im Kloster Altenhohenau wurde das spätgotische Columba-Jesulein (Kat.-Nr. 172) von den Schwestern liebevoll »Hauserl« genannt.[53] Und vom ebenfalls spätgotischen Haushalter des Klosters Gnadenthal (Kat.-Nr. 49) wird erzählt, dass es sich des Nachts vom Schwesternchor auf den Weg gemacht habe, um die Schwestern in den Zellen zu besuchen, da es im Chor nicht allein bleiben wollte. Ob Schwesternchor oder Noviziat, wie im Falle von Altenhohenau, normalerweise war der göttliche Haushalter im gemeinschaftlich genutzten Bereich eines Klosters zu finden. In Mindelheim hat sich dagegen eine andere, sehr sinnfällige Tradition erhalten, die bis vor wenigen Jahren auch noch gepflegt wurde. Das dort als »Haushälterle« verehrte Jesuskind, eine kleine, auf einem Kissen sitzende Figur aus dem 14. Jahrhundert, die in einem prächtigen Rokokoschrein aufbewahrt wird (Kat.-Nr. 89), durfte jede Woche von einer anderen Schwester in ihre Zelle mitgenommen werden. Diesem »Haushälterle« konnte sie dann eine Woche lang ihre Sorgen und Nöte anvertrauen. Laut im Kloster mündlich tradierter Überlieferung soll dieses Andachtsbild im Zuge der Säkularisation aus dem aufgelösten Franziskanerinnenkloster aus Leutkirch im Allgäu nach Mindelheim gekommen sein. Diese bisher als legendenhaft geltende Überlieferung konnte der Autor nun im Zuge der Auswertung der im Kloster befindlichen Erbauungsliteratur auch verifizieren. Der Augsburger Franziskanerpater Dominicus Gleich hat nämlich in seinem Erbauungsbuch *Das Göttliche Kind von Bethlehem* die Ursprungslegende dieses ganz besonderen Jesuskindes festgehalten: »Als zu Leutkirchen im Allgeu, Oberteuscher oder Straßburger Provinz, die dortmahlen neu eingesetzte Ordensschwesteren, des zum 3ten Ordens S. P. Francisci, einen sehr grossen Mangel leydeten, und gar nichts zu essen hatten: ist ihr Wohlwürdige Mutter in tief gegründeter Unschuld, gutherzig und getreulich vor der hölzenen Bildnuß ihres auf einem Kiß sitzenden Jesu-Kindlein (welches sie in dem ausgestorbenen Clösterlein allein gefunden, und auch heut noch Haußhalter nennen) niedergefallen auf ihre Knye, bittend: O Vatter der Armen! O mein Haußhalter! Wirst du dann das Leyd ansehen, daß deine verpflichte Dienerinnen vor Hunger sterben? Sehet

Wunder! Da kommt ein schönes Knäblein für die Porten; leitet an, und als die Portnerin hervorkame, gab es ihr ein wohlgeschmacktes gantzes Brod, und verschwande. Das Brod wird unter die Closter-Schwesteren ausgetheilet, welche darvon lieblich ersättiget worden; noch wird zu ewiger Gedächtnuß ein Stücklein von diesem Himmel-Brod alldorten aufbehalten.«[54] Dass es sich beim Mindelheimer »Haushälterle« eindeutig um dieses hier beschriebene handelt, steht außer Zweifel. Allein die seltene Ikonografie des auf einem Kissen sitzenden Jesuskindes ist ein erster Hinweis. Der eigentliche Beweis findet sich jedoch im Sockel, auf den Kissen und Skulptur montiert sind. Hier ist die oben genannte Brotreliquie, das »Stücklein von diesem Himmel-Brod«, befestigt und mit einer wie folgt beschrifteten Cedula aus dem 17. Jahrhundert gekennzeichnet: »Das brod hat das Kindlae Jesu unsere Ersten Schwestern bracht.« Ob sich das Wissen um Herkunft und Geschichte des Mindelheimer »Haushälterles« auf mündlichem Weg oder durch die schriftliche Fixierung in der Erbauungsliteratur erhalten hat, wissen wir nicht. Erstaunlich ist jedenfalls, dass sich in der klösterlichen Gemeinschaft trotz säkularisationsbedingten Traditionsbruchs und vielfältiger Veränderungen der klösterlichen Lebensweisen im 19. und 20. Jahrhundert die spirituelle Bedeutung und Wertschätzung des Andachtsbildes als göttlicher Haushalter und persönlicher Seelentröster erhalten hat. Dass es jedoch überhaupt zu einem festen Bestandteil des kulturellen Gedächtnisses der Klostergemeinschaft werden konnte, ist sicherlich auch dem theologischen Bedeutungshintergrund geschuldet. Der legendenhafte Bericht, der sich in der Ikonografie des Schreines bildhaft verdichtet, zielt auf den Kern klösterlicher Jesuskind-Verehrung. Der bekrönende Aufsatz des Rokokoschreins wird von einem geschnitzten, weiß gefassten Engel gebildet, der mit seiner rechten Hand auf einen ebenfalls geschnitzten und vergoldeten Korb mit Broten zu seinen Füßen deutet. Hier wird, vordergründig mit den künstlerischen Mitteln des 18. Jahrhunderts, nochmals auf die Legende der himmlischen Brotspende angespielt. Die eigentliche Aussage von Legende und ikonografischer Umsetzung zielt jedoch auf das eucharistische Grundaxiom schlechthin: Christus als Brot des ewigen Lebens. Dies beginnt gemäß exegetischer Tradition bereits am Ort des heilsgeschichtlichen Geschehens, in Bethlehem. Das »Kindelbeth« von 1601 stellt die etymologische und theologische Entschlüsselung dieser Tradition an den Anfang der vierzigtägigen Betrachtungen: »Bethlehem, heißt ein Brothauß, darumben hat Christus wöllen allda geboren werden, daß wir erkenten, daß er der were, der das gantze menschliche Geschlecht speisen würde [...]«.[55] Es ist kein Zufall, dass wir mit dem Schrein des Mindelheimer »Haushälterles« ein Brothaus im Kleinen vor uns haben, in dem Christus in sehr naturalistisch kindlicher Haltung, mit übereinandergeschlagenen Beinen und an seinem rechten Zeigefinger saugend, dargestellt ist. Die Ikonografie steht aber nur scheinbar im Widerspruch zum theologischen Anspruch. Ganz im Gegenteil, die sehr betonte unschuldige Kindlichkeit soll überdeutlich den Menschen Jesus Christus zeigen. Seine Göttlichkeit offenbarte dieses Kind dagegen laut Legende durch die wunderbare Speisung der Leutkircher Klosterfrauen, die auf die biblische Erzählung der Speisung der Fünftausend anspielt. Dass Christus jedoch selbst diese Speise ist, er selbst sich hingibt als unschuldiges, ja kindliches Opferlamm, daran werden die Klosterfrauen nicht nur im Blick auf ihr »Haushälterle« erinnert, sondern auch bei jedem Empfang des Altarsakramentes: »Und weil Christus als ein Kindlein in unserem Hertzen ist, in dem heiligen Sacrament, so müssen wir ihme an Statt eine Mutter sein [...].«[56] Damit schließt sich der Kreis zur eingangs formulierten Grundidee der geistlichen Mutterschaft und Herzenswohnung, die hier nochmals die entscheidende sakramentale Deutung bekommen hat. Der auf den Boden des Mindelheimer Haushälterschreins geklebte handschriftlich beschriebene Zettel aus dem Jahr 1848 greift mit einem Herrenwort aus der bereits zitierten Weltgerichtsrede diesen Grundgedanken nochmals auf und erinnert zugleich an die Aufnahme des durch die Auflösung des Leutkircher Klosters heimatlos gewordenen »Haushälterles«. Er zeigt, dass nicht nur kindliche Spielfreude den Umgang der Schwestern mit ihrem Bräutigam und Seelentröster bestimmte, sondern ein tiefes Bewusstsein um die Bedeutung der menschlichen Natur Christi in der Frage nach Heil und Erlösung. Dieses persönliche Zeugnis der Frömmigkeit einer Mindelheimer Franziskanerin soll deshalb am Ende der Ausführungen stehen: »Ich bin fremd gewesen, ihr habt mich beherberget. Math. 25,1848.«

1 Johann Kaspar Adam Ruef, »Ueber einige unächte Mittel, zur höhern Tugend zu gelangen«, in: *Der Freymüthige*, Bd. 3.1, Ulm/Freiburg 1783, S. 87–192, S. 106, Anm. 8. Der Artikel ist mit dem Kürzel »eu« gekennzeichnet, was für die Autorenschaft Ruefs spricht, da er für die von ihm selbst verfassten Texte das Pseudonym »Speusipp« benutzte, das er in die Buchstabenpaare »sp«, »eu«, »si« und »pp« zerlegte. Speusippos war ein griechischer Philosoph sowie der Neffe und Schüler Platons.

2 Vgl. den Beitrag von Steffen Mensch in diesem Band.

3 Vgl. den Beitrag von Irmgard Zwingler in diesem Band.

4 So verkauften etwa zwei Schwestern des Münchner Püttrichklosters im Jahr 1664 ihr eigenes Jesuskindlein, um sich mit dem erzielten Erlös an den Kosten für den aufwändigen Schmuck des für die Klosterkirche bestimmten Katakombenheiligen St. Hyacinth zu beteiligen, vgl. John 1995, S. 18.

5 Pörnbacher 2006.

6 Hufnagel 1961.

7 Tobler 1988, hier auch eine detaillierte Inhaltsangabe mit textkritischen Anmerkungen.

8 Dabei handelt es sich um folgende Titel: *Anmuthige Unterhaltung mit den zwoen heiligsten Personen Maria und Joseph in ihrer Beherbergung zur heiligen Adventszeit*, München o. J.; *Geistlicher Krippen-Bau 1730*; Dominicus Gleich, *Das Göttliche Kind von Bethlehem Christus Jesus, von dem Seraphischen H. Vatter FRANCISCO also genennet; Von Maria der unbefleckten Jungfrau zu Nazareth empfangen; Im armen Stall zu Bethlehem geboren […] Zweyter Theil*, Augsburg 1760; *Die Hauß-Genossenschafft Deß Heiligen Kind Jesu, seiner H. Mutter, und deß Heiligen Jopseph. Dero Satzung, Geist, Ubungen, sambt verschiedenen Andachten zu den Geheimnussen der Kindheit Jesu*, Wien 1723; *Heilige Christ-Nacht-Metten. Das ist: Sonderbare Andacht in der Heiligen Nacht hindurch, samt denen drey heiligen Messen, von Wort zu Wort, wie solche von denen Priestern gelesen werden; Samt Geistlicher Lesung von der Geburt JESU Christi, nebst vorhergehenden Morgen- wie auch zu End folgenden Versper-Beicht und Communion-Gebettern*, Wien 1721; Liborius Siniscalchi, *Zartes Geheimnuß der Menschwerdung Jesu Christi in Geist- Lehr- und Trostvollen Betrachtungen beweglichen Exempeln zarten Anmuthungen Theologisch-Critisch- und Historischen Abhandlungen dieses grosse Geheimnuß betreffend*, Augsburg und Innsbruck 1757; Daniel Mattsperger, *Puerperium Marianum: Unser lieben Frawen Kindelbeth. Das ist: Ein Vorrat außerleßnen Betrachtungen und Gebett, deren man sich nit allein inn den frölichen Weyhenacht Predigen, sonder auch zu Entzündung eigner Andacht gebrauchen möge. Gerichtet, Auff die viertzig Tage von der freudenreichen Geburt Jesu Christi an, biß auff den H. Liechtmeß Tag, welche Zeit unsere fromme altteutschen, Unser Lieben Frawen Kindelbeth genennet haben*, Konstanz 1601.

9 Für den Artikel wurde die in Anm. 8 genannte Ausgabe benutzt.

10 In einer Ausgabe aus dem Jahr 1768 fand sich ein Kalenderblatt aus dem Jahr 1921, das als Lesezeichen benutzt wurde.

11 Siniscalchi 1757, S. 224.

12 Zur Wirkungsgeschichte dieser mit Bilderklärungen, Andachts- und Erbauungstexten kommentierten und begleiteten Grafikfolge, die auch in Form einzelner Andachtsbildchen weite Verbreitung fand, vgl. Spamer 1930, S. 151–154. Für das Mindelheimer Zellenbild stammten die ikonografischen Vorlagen aus der ersten deutschsprachigen Ausgabe von 1630, vgl. Carl Stengel, *Daß Gott zugeeignete Hertz Jesu, des fridsamen Salomonis königlicher Thron*, Augsburg 1630. Hier sind auch die Bildtitel mit dem Mindelheimer Zellenbild identisch.

13 Diese spezielle Tradition der Zellenbilder war auch im Crescentiakloster in Kaufbeuren üblich, vgl. Karl Pörnbacher, *Crescentia Höß. Eine Heilige für unsere Zeit*, Lindenberg/Allgäu 2002, Abb. S. 16.

14 Geistlicher Krippen-Bau 1730, S. 12.

15 Heilige Christ-Nacht-Metten 1721, S. 90.

16 Gleich 1760, S. 29.

17 Geistlicher Krippen-Bau 1730, S. 12.

18 Ebd., S. 7.

19 Vgl. etwa in Gleich 1760, das 2. Kapitel »Reiß der unbefleckt-Jungfräulichen Gebährerin Gottes Maria nacher Bethlehem«, S. 32–56, oder *Geistlicher Krippen-Bau 1730*, »Eine kurtze und einfältige Weiß und schöne Übung, die hochgebendeyteste glorwürdigste Mutter Gottes, das H. Advent hindurch auf den Reiß nach Bethlehem zu beherbergen«, S. 7–21.

20 Im Kloster Reutberg wird die Herbergssuche auch heute noch gepflegt, jedoch mit einem Schenkbrauch verbunden, da die Schwester bei der Weitergabe der Figurengruppe der reisenden Maria und Josef ein kleines Geschenk für die nächste »Herbergsmutter« dazulegt, vgl. Hoidn 2001, S. 212 und Abb. 79.

21 In manchen Klöstern, wie im Dominikanerinnenkloster Altenhohenau, war es auch möglich, beim Klostereintritt gegen eine finanzielle Ablöse eine bereits im Kloster vorhandene Christuskind-Figur zu übernehmen, vgl. Steffan 2008, S. 220.

22 Bei den Devotionalkopien des Salzburger Loretokindls wird der Schrein, der oft dem Originalschrein im Loretokloster nachgebildet wurde, als ein integrativer Bestandteil verstanden, vgl. auch den Beitrag von Nina Gockerell in diesem Katalog.

23 *Lauretanischer Gnaden-Schatz, Oder: Das in seiner Bildnuß kleine, In seinen Wundern grosse Sogenannte Saltzburger-Kindl, Welches in dem Loblichen Frauen-Closter Maria Loreto in Salzburg Tert. Ord. S. Franc. Cap. zu offentlicher Andacht ausgesetzet, mit sonders grossen Gnaden leuchtet. Wie solches neben einem kurtzen Vorbericht von dessen Ankunfft in allhiesiges Frauen-Closter, aus nachfolgenden Begriff immer neuen Wunderwercken erhellet. Sambt einer Verzeichnuß verschidner Opffer und Verehrungen, die bey dem heiligen Kindlein abgestattet worden. Deme noch beykommet ein formlicher Auszug deß Anno 1751. feyerlichst abgehalten- und beschribnen Ersten Jahr-Hundert*, Salzburg 1754, S. 65.

24 Ivo Striedinger, »Altbayerische Nachlaß-Inventare«, in: *Altbayerische Monatsschrift 1* (1899), S. 101–116, hier S. 108.

25 Beim Verstorbenen handelt es sich um den Bruder der Mystikerin und Dominikanerin Columba Weigl (1713–1783) aus dem Kloster Altenhohenau. Vier Jahre vor seinem Tod war auch eine Tochter aus erster Ehe als Schwester Maria Claudina ins selbe Kloster eingetreten, vgl. dazu John 1995, Anm. 28. Bei den »2 Jesu-Kindeln in Kapseln« könnte es sich um zwei Devotionalkopien des seit den vierziger Jahren des 18. Jahrhunderts als Gnadenbild verehrten Altenhohenauer Kindl handeln. Diese wurden auch im Kloster hergestellt und ähnlich wie das Salzburger Loretokindl in kleinen Schreinen präsentiert, vgl. Steffan 2008, S. 220 f.

26 Geistlicher Krippen-Bau 1730, S. 98 ff.

27 Die Hauß-Genossenschafft Deß Heiligen Kind Jesu 1723, S. 52–67.

28 Den umfassendsten Überblick dieser Andachtsformen bietet: Die Hauß-Genossenschafft Deß Heiligen Kind Jesu 1723.

29 Gelmi 1993, S. 404. Dass hier die Protagonistin sozusagen mit einem blauen Auge davongekommen ist, stellt innerhalb der Jesuskind-Visionsliteratur eine Ausnahme dar und kann als Kuriosum gelten. Ein gegenteiliger Topos, nämlich der Kuss des Jesuskindes mit einem meist bleibenden Mal auf der Haut, ist jedoch ein häufiges Motiv, so etwa bei der heiligen Katharina von Bologna, vgl. Siniscalchi 1757, S. 591.

30 Ausführliche Kompendien der zahlreichen Christuskind-Visionen durch die Geschichte des Christentums bieten, Gleich 1760 und Siniscalchi 1757.

31 Ein monografisches Werk, das zum ersten Mal 1688 erschien und explizit auf die Christuskind-Visionen eingeht, ist auch in der Bibliothek des Klosters Gnadenthal erhalten: *Kurtzer Begriff Deß Wunderlichen Lebens, Heroischen Tugenden, Himmlischer Gnaden und Einflüsse, Auch vil-werthen Tods der seeligen Jungfrauen Margarethä Ebnerin, Deß berühmten Jungfrauen Closters Maria-Medingen, Prediger-Ordens Professin*, Augsburg 1717.

32 So etwa beim Thema Kindlwiegen, vgl. Mattsperger 1601, S. 121.

33 Walasser 1565, S. 28 f.

34 Einen Überblick über das erstaunlich umfangreiche Werk Walassers gibt der ADB Artikel von 1896, dort ist jedoch das hier behandelte Werk nicht aufgeführt, vgl. Wilhelm Bäumker, »Walasser, Adam«, in: *Allgemeine Deutsche Biographie 40* (1896), S. 640–643 [Onlinefassung], abgerufen unter http://www.deutsche-biographie.de/pnd104160039.html?anchor=adb. Mit seinen Schriften, die meist von ihm bearbeitete Übertragungen spätmittelalterlicher Handschriften und Inkunabeln sind, hat er zur Tradierung und Popularisierung mittelalterlicher Frömmigkeitsformen in die frühe Neuzeit einen entscheidenden Beitrag geleistet.

35 Mattsperger 1601. Der in Ingolstadt und Würzburg als Professor für Ethik und Moraltheologie tätige Mattsperger verfasste dieses Werk aufgrund eines Krankheitsgelöbnisses und veröffentlichte es unter seinem Pseudonym Christoph Marianus. 1625 erschien es in Ingolstadt mit einem veränderten Titel *Stella Natalitia. Das ist: Ein Schatz, voller Christlicher, Catholischer, ausserlesener, fewriger Betrachtungen und Gebett, […]; Gerichtet Auff die viertzig Täg von der Frewdenreichen Geburt Jesu Christi an, biß auff den H. Liechtmeß-Tag, […]*, Ingolstadt 1625.

36 Das vollständige Zitat aus der Klosterchronik lautet: »Maria Mengslin von München. Frau Maria Christoph Fuggerin hat sie auferzogen. Sie gab ihr 200 fl., + 1620«, zit. in: Nebinger 1949, S. 91.
37 Mattsperger 1601, Bl. A.
38 Mattsperger 1601, Bl. A1.
39 Walasser 1565, S. 35 f.
40 Walasser 1565.
41 Es handelt sich dabei um den Kapuzinerpater Johannes Chrysostomos Schenk von Castell, vgl. dazu den Beitrag von Nina Gockerell in diesem Band. Mathilde Tobler berichtet von einem Innerschweizer Frauenkloster, in dem es bis um 1950 üblich war, am Heiligen Abend eine Jesuskind-Skulptur aus Holz zu baden, vgl. Tobler 1988, S. 27.
42 Einen ausführlichen Überblick zur Thematik bietet Keller 1998, hier vor allem S. 108–154, vgl. auch Gockerell 1979.
43 Mattsperger 1601, S. 120. Der Begriff »Reyen« bedeutet hier Chor.
44 Rudolf Kriss, Die Volkskunde der Altbayerischen Gnadenstätten, Bd. 1, München 1953, S. 144. Das Wiegen in Pobenhausen war laut Kriss Bestandteil eines Wallfahrtsbrauches, der besonders von Frauen bei Unfruchtbarkeit, Kinderwunsch oder bevorstehender Geburt geübt wurde. Von einem ähnlichen Brauch berichtet Kriss aus der Wallfahrtskirche Schildthurn. Dort wurden im 18. Jahrhundert sogar silberne Miniaturwiegen als Votivgabe gestiftet, vgl. ders., Die Volkskunde der Altbayerischen Gnadenstätten, Bd. 2, München 1955, S. 5.
45 Mattsperger 1601, S. 120.
46 Mattsperger, 1601, S. 31.
47 Walasser 1565, S. 163.
48 Ebd., S. 189. Hier wird anhand eines Exempels explizit der Brauch der Speisung einer Jesuskind-Figur beschrieben und auch propagiert. Dem Bericht zufolge hatte ein Karthäuser aus Trier in seiner Zelle »ein besonders Tischlin, faciletlin, leffelin, unnd dellerlin für das edle Kindlin Jesus« und gab dem Kind auch bei jeder Mahlzeit etwas auf den Teller. Eines Tages kam ihm dies als »eytel kinderwerck« vor und »gewann ein missfallen ob dieser übung«. Nach drei Tagen jedoch weinte die Jesuskind-Figur und sprach zum Karthäuser »mich hungert: wiltu mir nimmer zuessen geben«. Daraufhin bereute der Karthäuser seinen Entschluss und gab dem Kind nach alter Gewohnheit wieder zu essen, vgl. ebd., S. 190–193.

49 Ein solches Speiskindl ist auch für das Angerkloster in München überliefert, vgl. den Beitrag Irmgard Zwingler in diesem Band.
50 Walasser 1565, S. 189.
51 Diese Vorstellung findet sich auch explizit in der Andachtsliteratur, so z. B. in: Die Hauß-Genossenschafft Deß Heiligen Kind Jesu 1723.
52 Hoidn 2001, S. 290.
53 Steffan 2008, S. 221.
54 Gleich 1760, S. 425 f. In der spätmittelalterlichen Legendenüberlieferung ist die wunderbare Speisung durch eine der göttlichen Personen ein weit verbreitetes Erzählmotiv und findet sich auch in mehreren Heiligenviten. Auch aus dem Kloster Gnadenthal in Ingolstadt ist eine ähnliche Legende aus dem späten 15. Jahrhundert überliefert. Dort soll es die Gottesmutter selbst gewesen sein, die in größter Not der Schwester Pförtnerin eine Pfanne mit Milchmus für die hungernden Schwestern übergeben hatte. Laut der Klosterchronik hätten »neben der Oberin alle beteuert, sie hätten ihr Lebtag lang kein wohlgeschmackteres, besseres und kräftigeres Mus gegessen, sie hätten auch hernach niemals mehr so einen großen Hunger an sich verspürt«, zit. in: Hufnagel 1961, S. 252 f.
55 Mattsperger 1601, S. 12 f.
56 Ebd., S. 51.

»Heilige Puppen«?

Zur Materialität barocker Jesuskind-Figuren

Anna-Laura de la Iglesia y Nikolaus

■ Als »buppen werck« bezeichnete der elsässische Prediger Johann Geiler von Kaysersberg im frühen 16. Jahrhundert die Jesuskind-Figuren, mit denen sich die Nonnen des Straßburger Katharinenklosters beschäftigten.[1] 1783 werden die klösterlichen Jesuskinder mit »heiligen Puppen« verglichen, mit denen die erwachsene Nonne aus einem dem weiblichen Geschlecht natürlichen Trieb »wie ein dreyjähriges Mädchen mit der profanen Docke« spiele.[2] Als »frommes Spielzeug« und »Puppen zur Andacht« werden die Jesuskind-Figuren des 17. und 18. Jahrhunderts, die aufgrund von Machart, Gebrauchsspuren oder Provenienz fast immer dem klösterlichen Kontext zuzuordnen sind, bis heute beurteilt.[3]

Im Begriff »Puppe« schwingen zwei Bedeutungsebenen mit: zum einen die funktionale Definition als Mädchenspielzeug, also als deutlich geschlechtsbezogener Gebrauchsgegenstand; zum anderen die technische Definition, die insbesondere zur Abgrenzung gegenüber der Skulptur herangezogen wird: »Die Puppe [ist] beweglich gegliedert oder auf irgendeine Weise manipulierbar gedacht (zum Beispiel zum An- und Auskleiden)«.[4] Diese zweite Definition hat den Vorteil, dass sie auch jene zahlreichen puppenähnlichen Objekte umfasst, die keineswegs als Spielzeug dienten, wie Modepuppen, Anatomiepuppen, Votivbildwerke, Schandpuppen und eben auch barocke Jesuskind-Figuren.

Bei den erhaltenen klösterlichen Jesuskind-Figuren des 17. und 18. Jahrhunderts handelt es sich zum überwiegenden Teil um Kompositfiguren, das heißt Bildwerke aus verschiedenen Materialien: Es sind meist gefasste Holzskulpturen, die mit Glasaugen, beweglichen Gelenken, textiler Bekleidung und Perücken ausgestattet sind. Gemeinsam mit verschiedenen anderen Arten von Großskulpturen, auf die weiter unten noch eingegangen werden soll, weisen die Jesulein also alle äußeren Merkmale einer Puppe auf: das Bekleiden, die beweglichen Gelenke, die Anstückung von Augen und Haar aus Fremdmaterial. Dies hat fatalerweise dazu geführt, dass solche Bildwerke – wenn sie denn als Bestandteil von Privatsammlungen oder kulturhistorischer Museen überhaupt einmal ins Blickfeld der Öffentlichkeit geraten – nicht als Kunstwerke (»Skulptur«), sondern als infantilisierter Gebrauchsgegenstand (»Puppe«) wahrgenommen werden. Interessanterweise spricht die Literatur die nicht als Kompositfiguren gestalteten, sondern vollplastisch geschnitzten Jesuskind-Figuren des Spätmittelalters, wie etwa das berühmte, Nikolaus Gerhaert von Leyden zugeschriebene *Jesuskind mit Weintraube* im Bayerischen Nationalmuseum in München, selbstverständlich als Kunstwerke an. Man beschäftigt sich mit diesen Bildwerken aus kunsthistorischer Perspektive, mit Fragen nach Stil, Ikonografie, Fassungstechnik, Datierung, Künstler- oder Werkstattzuweisungen usw.

Die bekleideten barocken Jesuskind-Gelenkfiguren werden dagegen nicht dem Bereich der Skulptur, sondern der Volksfrömmigkeit zugeordnet und so in erster Linie über ihre Funktion definiert. Die Auffassung und Ansprache bekleideter Gelenkfiguren – nicht nur der barocken »Trösterlein« – als »Puppen« hat dazu geführt, solche Skulpturen, ob bewusst oder unbewusst, von vornherein nicht als autonome Bildwerke ernst zu nehmen und damit automatisch auch den Gebrauch, zu dem sie geschaffen wurden, zu entwerten.

Im Folgenden werden die barocken Jesuskinder deshalb anhand der Exponate der Ausstellung im Hinblick auf ihre Gestaltung, ihre Materialität und ihre technische Anfertigung untersucht.[5] Es soll versucht werden, unterschiedliche Typen von Jesuskind-Figuren zu erfassen und chronologische Entwicklungen innerhalb des Zeitraums »Barock« zu verfolgen, insbesondere den Wandel von den vollplastischen Bildwerken des Spätmittelalters hin zu den Gliederpuppen des 17. und 18. Jahrhunderts. Daraus ergeben sich Rückschlüsse auf die Funktion, im Sinne des konkreten Umgangs mit diesen Figuren, die das Aussehen der Jesuskind-Figuren bestimmt. Neben der tatsächlichen Funktion ist weiterhin zu fragen, welche Betrachtererwartungen, welche ästhetischen wie emotionalen Bedürfnisse diese Bildwerke mit ihrem spezifischen Aussehen bedienen mussten.

DAS NACKTE JESUSKIND UND SEINE HEILSGESCHICHTLICHE BEDEUTUNG

In seiner eingangs erwähnten Predigt schreibt Johannes Geiler den elsässischen Nonnen und Beginen eine heute fast schon befremdlich wirkende Sorge bezüglich eines ganz bestimmten Körperteiles ihrer Jesuskind-Figuren zu: »kein maler kann kein iesus knabe[n] ietz malen, on ein zeserlin es muoß ein zeserlin habe[n], also sprechen[n] vnsere begeine[n] vnd nunne[n], vn[d] wen[n] ma[n] ein iesus knabe[n] in ein closter gibt, hatt es kein zeserlin so sol es nüt«.[6] Ein »Zeserlin« haben tatsächlich auch fast alle spätmittelalterlichen Jesuskind-Figuren des deutschsprachigen Raumes. Sie sind meist stehend in leichtem Kontrapost dargestellt, mit allen anatomischen Details holzgeschnitzt und durchgehend polychrom gefasst (vgl. Kat.-Nr. 44).[7]

Die nackten, sich unbedarft präsentieren Jesusknaben des Spätmittelalters mit ihren durch die Fassmalerei noch betonten rosigen Rundungen und fleischigen Speckfalten scheinen zunächst ein niedliches, unschuldiges Kleinkind zu zeigen. Nun ist dies kein normales Kind, sondern der Sohn Gottes, der Erlöser, der ja tatsächlich »Fleisch« geworden ist. Das nackte Jesuskind, dessen Menschlichkeit auf einen Blick erfassbar ist, verkörpert den zentralen Aspekt christlicher Heilsgeschichte: die Inkarnation, die Menschwerdung Gottes.[8]

Untrennbar mit der Menschwerdung Christi ist aber noch ein zweiter Aspekt verbunden, der in der frühneuzeitlichen Frömmigkeitsgeschichte eine kaum zu unterschätzende Rolle spielte und auch in der klösterlichen Geisteswelt breiten Raum einnimmt: die Passion Christi. Heute mag der Anblick eines nackten Kleinkindes nicht mehr unbedingt Assoziationen an den grausamen Leidensweg Christi wecken, der gerade in Klöstern durch visionäre Leidensschauen, beispielsweise die »fünfzehn geheime Leiden« der Freiburger Klarissin Magdalena Beutler (gest. 1458), um immer neue grässliche Details ergänzt wurde.[9] Aber bereits in der mittelalterlichen Andachtsliteratur findet sich immer wieder die Fokussierung auf die Nacktheit Christi während seiner Passion. In den in der ersten Hälfte des 14. Jahrhunderts entstandenen *Meditationes Vitae Christi*, die als ein Werk des hl. Bonaventura galten, wird die völlige Nacktheit Christi sowohl während der Geißelung als auch bei der Kreuzigung thematisiert und durch die Reaktion Mariens zusätzlich reflektiert: »Jetzt erst sieht die Mutter ihren Sohn, dergestalt zugerichtet und mit den Schmerzen des Todes ringend. Auch die Art und Weise, wie sie Ihn entkleidet hatten, schmerzte sie tief und machte sie erröten; denn nicht einmal eine Schürze hatten sie Ihm gelassen.«[10] Für den elsässischen Kartäuser Ludolf von Sachsen (um 1300–1377/78), dessen *Vita Christi* zu den am meisten verbreiteten Erbauungsbüchern des Spätmittelalters zählt, ist die Nacktheit der erste Aspekt, unter dem die Leiden Christi zu betrachten sind; erst danach folgen der Spott und die körperlichen Leiden.[11] Beeinflusst von solchen heilsgeschichtlichen Betrachtungen der völligen Entblößung des leidenden Christus, finden sich im 15. und frühen 16. Jahrhundert dann tatsächlich zahlreiche

Bildwerke sowie vereinzelt auch Gemälde des Gekreuzigten, die ihn in völliger Nacktheit und – im Falle der Skulpturen – sogar mit ausgearbeiteten und gefassten Genitalien zeigen.[12]

Die Verbindung des nackten Kindes und des nackten Gekreuzigten, des ersten und des letzten Moments der irdischen Existenz Christi, werden zusammengefasst in der Szene der Schleierbekleidung Christi durch Maria auf Golgota. In ihren Schleier hatte Maria laut den *Meditationes* mangels Windeln bereits das neugeborene Jesuskind zu Bethlehem gewickelt.[13] Mit diesem Bild im Hinterkopf erhält selbst eine so vermeintlich liebevoll-idyllische Szene wie das Wickeln des Jesuskindes durch Maria (vgl. Kat.-Nr. 104) eine unheilvolle Vorausahnung.

Die deutlich sichtbaren Genitalien des Jesusknaben verweisen zudem auf einen zentralen Punkt des Heilsgeschehens, die Beschneidung Christi. Dieser Moment, an dem das Blut des irdischen Jesus zum ersten Mal vergossen wird, markiert den Beginn seiner Leidensgeschichte und damit unserer Erlösung.[14] In den Darstellungen des nackten Jesusknaben ist somit von vornherein die passionstheologische Aussage mit enthalten.

Mit der verstärkten Diskussion um Bildergestaltung und Bilderverehrung im Zuge der katholischen Reform geraten im Umfeld des Tridentiner Konzils im ausgehenden 16. Jahrhundert auch die Darstellung des nackten Jesuskindes und die Auswirkungen solcher Bilder ins Blickfeld der Bildertheologen.[15] Ihre Bildertraktate dürften als symptomatisch gelten für einen Bewusstseinswandel, der es zunehmend erschwerte, selbst ein Kleinkind völlig entkleidet darzustellen. Seit dieser Zeit dürften ältere, weiterhin im Gebrauch stehende vollständige Jesuskinder bisweilen zum Problem geworden sein.[16] Manchem älteren Jesuskind (vgl. Kat.-Nr. 85) wurde der betreffende Körperteil abgehobelt. Andere mittelalterliche Jesuskinder (Kat.-Nr. 172) wurden durch das Anstücken eines Lendenschurzes »zensiert«.

Interessant ist in diesem Zusammenhang, dass gerade in Frauenklöstern noch bis weit in das 18. Jahrhundert hinein das Bewusstsein der heilsgeschichtlichen Bedeutung der Nacktheit Christi in einer kondensierten Form erhalten blieb, wie es die zahlreichen Andachtsbücher und Gebetsanleitungen zeigen, in denen das nackte Jesulein im Zentrum steht, das mit Gebeten »bekleidet« werden soll.

DER BEKLEIDETE KÖRPER: ZUM AUFBAU DER BAROCKEN JESUSKINDER

Schon früh lässt sich der Brauch nachweisen, Jesuskind-Figuren nicht nur geistig, sondern wirklich zu bekleiden. Von den fast schon seriell angefertigten »Mechelner Kindern«, die im 15. Jahrhundert aus Brabanter Werkstätten europaweit exportiert wurden, sind ganze Aussteuern nicht nur aus Quellen bekannt, sondern in Einzelfällen auch erhalten.[17] An den vollplastischen Jesuskindern der Spätgotik weisen manchmal Abriebspuren auf das (spätere?) Bekleiden hin.[18] Doch seit dem 17. Jahrhundert werden die süddeutschen Jesuskind-Figuren (und andere Bekleidungsbildwerke) mit beweglichen Gelenken hergestellt, die das An- und Auskleiden erleichtern. Auch ältere vollplastische Bildwerke (Abb. 1) konnten zu diesem Zweck umgearbeitet werden.[19] Jesuskinder wurden zunächst mit Armgelenken in Schultern und Ellenbogen ausgestattet, der Körper dieser Figuren ist aber oft immer noch vollständig ausgeschnitzt und gefasst (vgl. Kat.-Nr. 47). Könnte dies darauf hinweisen, dass diese Jesuskinder tatsächlich gelegentlich – etwa am Neujahrstag – in unbekleidetem Zustand präsentiert wurden? Mangels Quellen lässt sich dies nicht mehr feststellen.

Im 18. Jahrhundert ändert sich dies: Der Körper ist nun nur noch an den sichtbaren Teilen, an Kopf, Schulteransatz, Unterarmen und Schenkeln gefasst; die holzsichtigen Partien sind summarischer modelliert, sodass die Figur in unbekleidetem Zustand eine Ruine ist. Interessanterweise sind diese Jesuskinder (z. B. Kat.-Nr. 59) meist mit einem Lendentuch geschnitzt und weisen trotz der gröberen Modellierung des ungefassten Holzkörpers immer noch die typischen Speckfalten an den Oberschenkeln auf. Später werden auch die Beine der Jesuskinder mit beweglichen Gelenken versehen. Diese zusätzliche Modifikation offenbart eine Änderung im Gebrauch: Diese Kinder können sowohl stehen als auch thronen. Der dreh- und senkbare Kopf deutet auf eine Aufstellung an unterschiedlichen Orten (Kat.-Nr. 72). Verschiedene Arten der Präsentation, wie zu bestimmten Festtagen, klingen hier an. Bei diesen

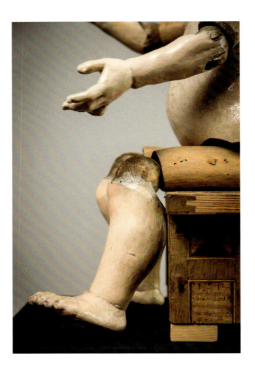

Abb. 1
»Laufendes« Jesuskind aus Gnadenthal
(Kat.-Nr. 49) mit nachträglich eingesetzten
Gelenken in Armen und Beinen.

vollständig als Gliederpuppen gestalteten Kindern wird auf eine anatomische Modellierung des Unterkörpers verzichtet; er dient allein der Befestigung der Kugelgelenke.

Durch die sukzessive Reduktion des Holzkörpers ist das Bekleiden zur Hauptfunktion der barocken Jesuskinder geworden. Weit entfernt von bloßem »Puppenspiel«, muss der Vorgang des An- und Umkleidens eines Nonnen-Jesuskindes vielmehr als Meditationsübung gesehen werden, in welcher der Betrachterin weniger liebliche oder mütterliche Gefühle, sondern vielmehr die Vorausahnung größter Leiden vor Augen standen. Eine konkrete Anleitung hierzu gibt die Gottesmutter selbst, wenn sie in den *Offenbarungen* der hl. Birgitta von Schweden (7,8) sagt: »Ich selbst, die ich denselben wahren Gott geboren, lege Zeugnis ab, wie derselbe Jesus Christus, mein Sohn, ein einziges Eigentum und in Besitz gehabt hat, und dieses war jener Rock, den ich mit eigenen Händen gefertigt hatte. […] Du sollst auch wissen, daß, so oft ich ihm diesen Rock zum Dienste seines heiligsten Leibes anlegte, meine Augen alsbald sich mit Thränen füllten und mein ganzes Herz mit Trübsal und Schmerz gepeinigt und von heftiger Bitterkeit gequält ward, und zwar deshalb, weil ich die Art gar wohl kannte, wie inskünftige dieser Rock von meinem Sohne geschieden werden sollte, nämlich zur Zeit seines Leidens, als er selber nackt und unschuldig gekreuzigt ward; es ist ja dieser Rock das Kleid gewesen, um das seine Kreuziger das Los geworfen haben.«[20]

WIE AUS FLEISCH UND BLUT: DIE GESTALTUNG DES ÄUSSEREN

Zu lebendigen Kindlein werden die geschnitzten Holzfiguren erst durch ihre äußerst realistische Fassung. Das weißrosa Inkarnat, mehrschichtig über weißem Kreidegrund aufgebaut, wird durch rötliche Akzente zusätzlich modelliert, besonders an den Wangen und anderen Rundungen. Augenbrauen und Wimpern sind auf die glatte, auf Hochglanz polierte Gesichtsoberfläche aufgemalt. Damit entsprechen die Kinder dem barocken Schönheitsideal, das auch dem Jesuskind mit seinen »holdselige[n] zarte[n] Gliedlein«[21] zugeschrieben wurde.

Neben den holzgeschnitzten Jesuskindern existieren einige wenige Figuren (Kat.-Nr. 63, 77), die aus Elfenbein geschnitzt sind. Allerdings sind lediglich die sichtbaren Teile wie Kopf, Hände und Füße aus dem exotischen Werkstoff gefertigt, während der Figurenkörper selbst holzgeschnitzt ist.[22] Das Material wurde sichtbar belassen, nur einige leichte Farbakzente wie rote Lippen oder aufgemalte Augenbrauen beleben das Gesicht. Das kostbare Elfenbein war wegen seines hohen Materialwertes und der schwierigen Bearbeitung auch bei Kunstkammer-

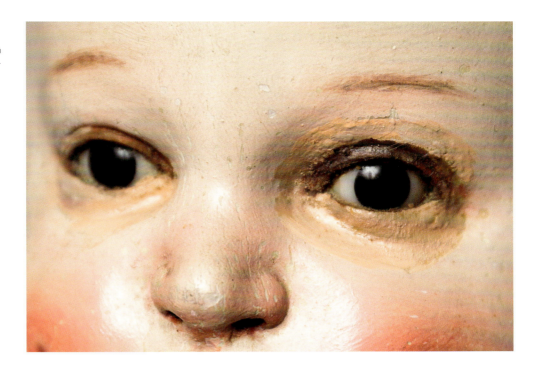

Abb. 2
Jesuskind aus Mindelheim (Kat.-Nr. 83),
Detailaufnahme: Die Glasaugen wurden von
vorne in das holzgeschnitzte Gesicht eingesetzt, verkittet und die Kittung überfasst.

objekten beliebt; die Elfenbeinkinder dürften das innerklösterliche Prestige ihrer Besitzerin-
nen bedeutend gesteigert haben. Wachsköpfe scheinen dagegen bei der Anfertigung barocker
Jesulein relativ selten benutzt worden zu sein (Kat.-Nr. 62), was möglicherweise den häufigen
Umgang mit diesen Figuren berücksichtigt, für den das robustere Holz geeigneter war.

Um den Realitätsgrad einer Skulptur zu steigern, wurden bereits im Spätmittelalter
Perücken aus verschiedenen Naturhaarmaterialien wie Werg, Rosshaar oder sogar Wild-
schweinhaar verwendet.[23] Die allgemeine Verbreitung von Echthaarperücken bei Jesuskind-
Figuren im 17. und 18. Jahrhundert dürfte jedoch mit der zeitgleichen Entwicklung in der
Mode zusammenhängen. Unter dem Sonnenkönig Ludwig XIV. wurde die lange Allonge-
perücke zum unverzichtbaren Bestandteil des Versailler Hofzeremoniells und ist ab der Mitte
des 17. Jahrhunderts an allen mitteleuropäischen Fürstenhöfen verbreitet. Das Tragen einer
Perücke war durch Kleiderordnungen allein den höheren Ständen vorbehalten. Selbst Kindern wurden entsprechend dem vorherrschenden Schönheitsideal weiß gepuderte Perücken
aufgesetzt. In der Malerei wird das Jesuskind im 18. Jahrhundert oft mit weißblonden Locken
dargestellt, die der Perückenästhetik dieser Zeit durchaus entgegenkommen. Die Haarteile der
Jesuskinder sind oft jüngeren Datums, aber die grauen originalen Perücken aus Mindelheim
(vgl. Kat.-Nr. 79) weisen Formen auf, die sich deutlich in der Herrenmode der ersten Hälfte
des 18. Jahrhunderts wiederfinden lassen. Auch die graue Haarfarbe entspricht dieser Zeit;
die Perücken des 18. Jahrhunderts wurden weiß gepudert und erscheinen auf Porträtgemäl-
den meist hellgrau.

Bei den Perücken der Jesuskind-Figuren der Ausstellung sind unterschiedliche Materialien verwendet worden, wie Werg bzw. Flachs (Kat.-Nr. 136), Wolle (Kat.-Nr. 20) oder Mohair
(Kat.-Nr. 59), die entsprechende Hinweise auf das Alter der Haarteile geben. Menschenhaar
wurde dagegen nur sehr selten verwendet, beispielsweise bei dem thronenden Trösterlein aus
Kloster Seligenthal (Kat.-Nr. 73). Es wäre verlockend zu fragen, ob es die bei der Profess ab-
geschnittenen Haare der Besitzerin selbst waren, die hierfür genutzt wurden.[24]

In der barocken Andachtsliteratur wird nicht nur immer wieder die Schönheit des Jesuskindes, des »Brunnen[s] aller erschaffener Schönheit« und »Ursprung höchster Süßigkeit«,[25]
hervorgehoben, sondern die Heilige Familie wie auch die Heiligen generell als Verkörperun-
gen des höchsten Ideals in Verhalten, Sprache und Aussehen aufgefasst werden. Insofern
erscheint es nur konsequent, wenn auch das Jesuskind mit dem konkreten zeittypischen
Kennzeichen eines schönen und hochadligen Kindes, eben der Perücke, ausgestattet wird.

Abb. 3–5
Jesuskind-Figur aus dem 18. Jahrhundert
(Diözesanmuseum Freising, ehemals
Sammlung Gantenhammer 3826).
Bei Abnahme des Hinterkopfes wird die
Befestigung der von hinten in den aus-
gehöhlten Schädel eingesetzten und
mit Bienenwachs verklebten Glasaugen
sichtbar.

Als höchste Steigerung des Verismus sind die Jesulein des 17. und 18. Jahrhunderts fast durch-gängig mit Glasaugen versehen. Allerdings sind die Augen in den meisten Fällen nur sehr ein-fach gestaltet: Auf einer weißen, konvexen Grundfläche, die dem Augapfel entspricht, sitzt eine dunkle Mittelscheibe, ohne dass zwischen Iris und Pupille differenziert würde. Es kam offenbar in erster Linie auf die feuchten, naturalistisch wirkenden Lichtreflexe auf der Glas-oberfläche der Augen an. Nur vereinzelt wurden diese genauer ausgeführt, etwa bei dem Jesus-kind aus Landshut (Kat.-Nr. 85), bei dem die Augengestaltung mit brauner Iris und schwarzer Pupille als Hinterglasmalerei rückseitig aufgetragen wurde. In einigen Fällen ließen Beschädi-gungen des Gesichtsinkarnates Rückschlüsse auf die technische Anbringung der Glasaugen zu. Bei dem großen Jesuskind aus Mindelheim (Abb. 2) sind die Augen deutlich von vorne in das Gesicht eingesetzt und dann verkittet worden, wobei die Kittung später durch das Inkar-nat überdeckt wurde. In zahlreichen Fällen ist aber zu erkennen, dass zunächst der Kopf auf-gesägt, dabei meist der Hinterkopf abgetrennt wurde, um ihn von innen auszuhöhlen und so Gewicht und Trockenschwund der Figur zu reduzieren. Dabei wurden die Augen von hinten in die ausgehöhlte Gesichtsmaske eingesetzt (Abb. 3–5).[26] Die Sägenaht am Hinterkopf überdeckte später ohnehin die Perücke. Die in zeitgenössischen Quellen »venezianisch« genannten Glas-augen sind neben Krippenfiguren, Keroplastik und Kunstkammerobjekten auch in barocken Großskulpturen des deutschsprachigen Raums relativ häufig anzutreffen; ihre Verwendung und Einsetzung entspricht der anhand der Jesuskind-Figuren gemachten Beobachtungen.[27]

Welche Zwecke hatten nun die solchermaßen ausgestatteten Trösterlein der Kloster-frauen zu erfüllen? Da ist zum einen die konkrete Beschäftigung mit den Figuren: Das Kind muss dem Kirchenjahr entsprechend an- und umgezogen werden, die Kleidung ist zu pflegen und in Abständen neu anzufertigen, die Armhaltung muss je nach den beigefügten Attributen verändert werden, der Kopf in eine neue Blickrichtung gedreht werden. Hinzu kommen die aus Quellen bekannten klösterlichen Umgangsformen mit Jesuskindern: wiegen, liebkosen, baden oder spazieren tragen, Tätigkeiten also, die sich durchaus unter dem Begriff »Puppen-spiel« zusammenfassen ließen. Neben diesen spielerischen Umgang mit den Jesuskind-Figu-ren tritt jedoch noch eine zweite Dimension der Beschäftigung mit ihnen: das Trösterlein als Meditationsobjekt. In der barocken Andachtsliteratur wird die Klosterschwester, die »Braut Christi«, immer wieder aufgefordert, das Jesuskind zu »betrachten«, es geistig zu »schauen« oder mit ihren Gebeten zu »bekleiden«. Zur Verstärkung solcher Andachtsübungen können die konkret in jeder Klosterzelle vorhandenen Jesulein durchaus gedient haben.

Eine dritte Ebene der Betrachtererwartungen, die die Jesuskinder mit ihrem spezifischen Aussehen zu bedienen hatten, lässt sich schließlich aus ihnen selbst ablesen. Was die barocken Jesulein in ihrer breiten Formenvielfalt verbindet, ist der Ausdruck von Lebendigkeit. Die Kinder scheinen sich meist lächelnd einer Betrachterin zuzuwenden, mit leicht geöffneten Lippen zum Sprechen anzusetzen und ihrem Gegenüber die geöffneten Arme entgegenzustrecken. Die barocken Figuren sind hierfür stets mit geöffnetem, meist auch tatsächlich ausgehöhltem Mund wiedergegeben; gelegentlich werden Mundhöhle und Zähne auch nur durch die Fassung vorgetäuscht, was aber denselben Effekt ergibt. Dieser Zug der sprechenden Zuwendung, der den Jesulein gegeben ist, macht aus der einseitigen Andacht vor dem Bildwerk einen wechselseitigen Dialog. Die Jesulein verschließen sich nicht ihrer Betrachterin, sondern bieten sich an als direkte Bezugspersonen, mit denen eine menschliche Beziehung gepflegt werden kann. Dies deckt sich mit den zahlreichen Visionsberichten verehrter oder heiliger Klosterfrauen, in denen nicht das Jesuskind selbst erscheint, sondern eine Jesuskind-Figur spricht oder sich bewegt. Wenn Maria Hueber (1653–1705), die Begründerin der Brixener Tertiarschwestern, berichtet, wie ihr Jesulein lebendig wird und ihr die Arme um den Hals schlingt,[28] kann man sich diese Szene durchaus mit einem der ausgestellten Jesuskinder mit ihren ausgebreiteten Ärmchen vorstellen. Auch ein Erlebnis wie das der Schwester Maria Schererin im Münchner Bittrich-Kloster, deren Tod 1628 aus dem Mund des Bittrich-Kindls angekündigt wird,[29] erscheint angesichts der durchweg »sprechend« dargestellten Jesuskinder nicht ganz abwegig. Und das große Gnadenthal-Kind soll seinen Klosterschwestern sogar nachgelaufen sein – was man sich bei seinen mit Gelenken versehenen Beinchen durchaus vorstellen mag. Wie die von Visionsberichten durchsetzten Biografien heiliger Mönche und Ordensschwestern, so dürften auch die so »ansprechenden« Jesuskinder ihre Besitzerinnen regelrecht darauf konditioniert haben, Ähnliches wenn nicht selbst zu erleben, so doch zumindest zu erwarten und zu erhoffen.

BEKLEIDETE BILDWERKE IM DIENST DES GLAUBENS: JESUSKINDER UND ANDERE KOMPOSITFIGUREN

Die charakteristischen Eigenschaften der barocken, bekleideten Jesulein lassen sich bei verschiedenen Arten von Großskulpturen wiederfinden, die ebenfalls als Kompositfiguren gestaltet sind. Bereits seit dem 14. Jahrhundert wurden Kruzifixe – teilweise mit Perücke und textilem Lendentuch ausgestattet – mit Scharniergelenken in den Schultern hergestellt, um am Karfreitag auf höchst realistische Weise vom Kreuz abgenommen und mit angelegten Armen in ein Heiliges Grab gelegt werden zu können.[30] Mariengnadenbilder werden bis heute textil bekleidet, Kleiderstiftungen von Fürstinnen waren hierfür eine beliebte Form der Votivgabe.[31] Einen großen Anteil an der barocken Bilderwelt Süddeutschlands hatten zudem Prozessionsfiguren, die als bekleidete, mit Echthaar und Glasaugen versehene Gliederfiguren die dargestellten Heiligen mit größtmöglichem Realismus vor Augen führen sollten.[32] Namhafte Münchner Hofkünstler wie Andreas Faistenberger[33], Johann Baptist Straub[34] oder Ignaz Günther[35] schufen solche Bildwerke, die mit den Prozessionsverboten um 1800 im Zuge der Aufklärung meist in Sakristeien und Dachkammern abgeschoben wurden. Aber auch nichtprozessionale Altarbildwerke konnten zur Verstärkung des Effekts auf die Betrachter als hyperrealistische Bekleidungsbildwerke gestaltet sein.[36] Krippenfiguren, die im 18. Jahrhundert mit der Blüte des Weihnachtskrippenbaus eine hohe künstlerische Qualität aufweisen konnten, sind oft in ganz ähnlicher Weise wie die Jesulein als Gelenkfiguren gestaltet. Hinzu kommt der große Bereich der Keroplastik: Lebensgroße, bekleidete Wachsvotivfiguren waren in Vertretung ihrer Ebenbilder in ewiger Anbetung in vielen Wallfahrtskirchen aufgestellt, ein Brauch, der sich regional vereinzelt bis weit in das 20. Jahrhundert gehalten hat.[37]

Diese Aufzählung macht deutlich, dass Kompositfiguren in erster Linie im Bereich der kirchlich-religiösen Skulptur eingesetzt wurden. Durch die Bejahung der Schaufrömmigkeit mit dem Tridentinum wurden im Barock alle Künste herangezogen, um die Gläubigen mit sämtlichen Sinnen emotional zu bewegen, und die lebensechten Haare, Glasaugen, Kleider und Inkarnate waren Teil dieser Strategie. Mit der Aufklärung wurden solche Bildwerke mit ihrer starken Wirkung auf die Menschen suspekt; zudem dürften durch die schwierige und aufwändige Erhaltung von Perücken und Textilien viele Bildwerke bereits in dieser Zeit unansehnlich gewirkt haben. Die fehlende Wertschätzung von veristischen, in Mischtechnik angefertigten Skulpturen dürfte zu einem bedeutenden Substanzverlust geführt haben, der unser Bild von der barocken Plastik heute verzerrt. Zusätzlich wurden gerade Elemente wie Perücken und Glasaugen bei Restaurierungen des vergangenen Jahrhunderts teils aus Unkenntnis, teils bewusst aus ästhetischen Gründen entfernt.

Die spanische Barockplastik, an der bekleidete, veristische Prozessionsfiguren einen beträchtlichen Anteil ausmachen, wird seit einigen Jahrzehnten in der Kunstgeschichte zunehmend differenzierter beurteilt: Der Anteil der Bildschnitzer und Fassmaler an der Entstehung einer Skulptur wird gleichermaßen gewürdigt, Glasaugen und Anstückungen aus kaschierter Leinwand werden eigenständige Untersuchungen gewidmet, und der Verlust der originalen, der Skulptur an Wert und künstlerischem Aufwand ebenbürtigen barocken Kleidung nicht mehr begrüßt, sondern beklagt. Insbesondere aber hat ein Paradigmenwechsel stattgefunden, indem diese Bildwerke innerhalb des religiösen und frömmigkeitsgeschichtlichen Kontextes betrachtet werden, für den sie geschaffen wurden.[38] Für die Beurteilung der barocken Jesulein wäre eine ähnliche Einstellung wünschenswert. Die klösterlichen Jesuskinder sind keine Puppen, ebenso wenig wie die Klosterfrauen, denen sie als Beschäftigung, Bezugsperson und Ansprechpartner dienten, kleine Mädchen waren. Vielmehr lässt sich an diesen Bildwerken beispielhaft ablesen, was überhaupt hinter der Inszenierung von Bildwerken in einem religiösen Kontext steht. Wenn Kunstwerke in kultische Handlungen miteinbezogen werden, so liegt dem fast immer die Motivation zugrunde, dem Unsichtbaren, das ja jenseits der menschlichen Wahrnehmung steht, ein Gesicht zu geben. In Gottesbildern wird Gott für den Menschen überhaupt erst sichtbar, und dies umso mehr, je menschennäher diese Bilder sind. Das Jesuskind bietet sich hierfür in besonderem Maße an: Allein in der irdischen Inkarnation Jesu Christi, für die die Darstellung des Jesuskindes steht, ist es möglich, sich ein Bild des dreieinigen Gottes zu machen. Wenn die spirituellen Anforderungen, die an diese Figuren herangetragen wurden und ihr spezifisches Aussehen bestimmt haben, heute eher befremden mögen, so ist dies nicht den Bildwerken an sich anzulasten. Es sollte vielmehr zum Anlass genommen werden, das religiöse Grundbedürfnis der Menschen nach der Gottesschau und seine über die Jahrhunderte sich wandelnden Ausdrucksformen auch im Bereich der Kunst zu erkennen und ernst zu nehmen. ▬

1 Johannes Geiler von Kaysersberg, Der Haß im Pfeffer, in: *Das Buch Granatapfel,* Straßburg 1511, S. 209, zit. nach Irmgard Zwingler, Anm. 6, in diesem Katalog.

2 Johann Kaspar Adam Ruef, »Ueber einige unächte Mittel, zur höhern Tugend zu gelangen«, in: *Der Freymüthige,* Bd. 3.1, Ulm/Freiburg 1783, S. 106, zit. nach Christoph Kürzeder, Anm. 1, in diesem Katalog.

3 Krafft 1991: Kapitel »Puppen zur Andacht«; die beiden ausgestellten Trösterlein-Jesuskinder unter der Überschrift »Frommes Spielzeug«.

4 Krafft 1991, S. XII.

5 Aus konservatorischen Gründen wurden die in der Ausstellung vertretenen Jesuskind-Figuren bis auf wenige Ausnahmen nicht entkleidet, da die Kleidungsstücke häufig auch festgenäht waren. Bei den konservierenden und restauratorischen Arbeiten zur Ausstellungsvorbereitung wurden die Schnitzkörper unter der Kleidung jedoch so weit wie möglich untersucht und dokumentiert.

6 Johannes Geiler von Kaysersberg, *Evangelia mit Auslegung,* Straßburg 1517, zit. nach Metzger 2011, S. 69–70.

7 Zusammenfassend zu den frühen Jesuskind-Figuren des deutschsprachigen Raumes siehe Weniger 2010.

8 Siehe hierzu das kontroverse, aber immer noch lesenswerte Werk von Steinberg 1996.

9 Zu den Leidensvisionen Magdalena Beutlers siehe Gockerell 1990, hier S. 147 ff.

10 Bonaventura, S. 302.

11 Ludolf von Sachsen, Bd. 4, S. 463.

12 Steinberg 1996, S. 135–139.

13 Bonaventura, S. 24 (Wickeln), S. 302 (Golgota). Bildbeispiele bei Steinberg 1996, S. 30, 33.

14 »Heute fängt Er an, der keine Sünde gethan hat, Strafe für uns zu leiden.«, Bonaventura, S. 31.

15 So etwa in dem weitverbreiteten Traktat *De Picturis et Imaginibus Sacris* (1570) des flämischen Theologen Johannes Molanus, siehe Christian Hecht, *Katholische Bildertheologie im Zeitalter von Gegenreformation und Barock. Studien zu Traktaten von Johannes Molanus, Gabriele Paleotti und anderen Autoren,* Berlin 1997, S. 275–276.

16 Steinberg 1996, S. 185–187, nennt zahlreiche Belege für Übermalungen »allzu nackter« Jesuskinder und anderer Christusdarstellungen, die vom 16. Jahrhundert bis in die Gegenwart reichen. Die Datierung von Überarbeitungen ist naturgemäß äußerst schwierig.

17 Weniger 2010, S. 152, mit weiterführender Literatur.

18 So bei dem Nikolaus Gerhaert von Leyden zugeschriebenen Jesuskind im Maximiliansmuseum Augsburg (Leihgabe aus Privatbesitz), Metzger 2011, S. 57.

19 Zu Gelenkfiguren sei verwiesen auf das laufende Promotionsvorhaben von Beate Fücker (Nürnberg) über *Bekleidete Skulptur im deutschsprachigen Raum 1600–1850,* der an dieser Stelle herzlich für ihre Hilfe gedankt sei.

20 *Leben und Offenbarungen der heiligen Brigitta,* neu bearb., übers. u. hrsg. von Ludwig Clarus, Regensburg 1888, S. 234–235.

21 Mattsperger 1601, S. 187.

22 Im hispanischen Kulturraum sind zahlreiche barocke, zum Teil über 40 cm große Jesuskinder bekannt, die vollständig aus Elfenbein geschnitzt sind, was daran liegt, dass das Material dort über Indien und die Philippinen in größeren Mengen zur Verfügung stand, siehe verschiedene Beispiele in Ramos 2010.

23 Zusammenfassend zur Entwicklung der Perückenmode siehe Jochen Luckhardt, *Lockenpracht und Herrschermacht. Perücken als Statussymbol und modisches Accessoire,* Ausst.-Kat. Herzog Anton Ulrich-Museum Braunschweig, Leipzig 2006 (Wildschweinhaar bei Kruzifixen nachgewiesen: S. 76). Kruzifixe mit Haar- und Bartperücken in Johannes Taubert/Gesine Taubert, »Mittelalterliche Kruzifixe mit schwenkbaren Armen. Ein Beitrag zur Verwendung von Bildwerken in der Liturgie«, in: Johannes Taubert, *Farbige Skulpturen. Bedeutung, Fassung, Restaurierung,* München 1978, S. 38–50; Tripps 1998 (Abb. 10 e, 10 f).

24 Belege hierfür liefern z. B. Rechnungen für ein im Kloster Nonnberg in Salzburg erhaltenes Jesuskind, ein Geschenk ihrer Familie an die Gräfin Anna Ernestine von Thun bei ihrer Profess 1704: »[…] Das haar-paregel (perrücke) ist von ihrem eignen harr im closter gemacht worden.«, aus Gockerell 1979, S. 32, Anm. 30.

25 Geistlicher Krippen-Bau 1730, S. 49.

26 Bei dem abgebildeten Jesuskind aus Museumsbestand (18. Jahrhundert) konnte der Hinterkopf abgenommen und die Augenbefestigung genauer untersucht werden (siehe Abb.). Die Glasaugen sind auf der Rückseite der Gesichtsmaske deutlich als geblasene Kugeln zu erkennen, deren abgebrochenen Stifte aus der Wachsmasse herausragen, mit denen sie in der Augenhöhle befestigt sind.

27 »Venezianische Augen« ist nicht als Herkunftsangabe, sondern als technischer Begriff synonym für »Glasaugen« zu verstehen. Zur Verwendung von Glasaugen in der deutschen Barockskulptur sei verwiesen auf die ausführliche Studie von Beate Fücker, *Geschichte, Herstellung und Verwendung von Glasaugen an barocker, polychromer Großplastik im deutschsprachigen Raum* (erscheint demnächst in der *Zeitschrift für Kunsttechnologie und Konservierung* 26, 2012, H. 2).

28 Gelmi 1993, S. 404.

29 *Bittrich voll deß himmlischen Manna und süssen Morgenthau. Das ist: Historischer Discurs von dem Ursprung … Deß Löbl. Frauen-Closters … bey Sanct Christophen im Bittrich genannt,* München 1721, S. 177.

30 Grundlegend zu Gelenkkruzifixen und ihrem Gebrauch immer noch Taubert/Taubert 1978 (wie Anm. 23). – In Spanien wird die Kreuzabnahme mit einem Gelenkkruzifix im Kontext der Karwochenprozessionen seit dem 16. Jahrhundert vollzogen und an vielen Orten bis heute ausgeübt.

31 Zahlreiche Beispiele hierfür in Gerhard P. Woeckel, *Pietas Bavarica. Wallfahrt, Prozession und Ex-voto-Gabe im Hause Wittelsbach in Ettal, Wessobrunn, Altötting und der Landeshauptstadt München von der Gegenreformation bis zur Säkularisation und der »Renovatio Ecclesiae«,* Weissenhorn 1992.

32 Zu barocken Prozessionsfiguren siehe Krafft 1991, S. 102 ff.

33 Prozessionsfigur der hl. Maria von 1732, die laut rückwärtig aufgeklebtem Zettel von »H. Faistenberger hoff bildhauer« angefertigt wurde (Privatbesitz München), Krafft 1991, Kat. 102, S. 105–106.

34 Prozessionsfigur (Madonna) von Johann Baptist Straub, um 1750, im Diözesanmuseum Freising (D 2001-94).

35 Zu einer lebensgroßen, offensichtlich im Brustbereich abgesägten Ecce Homo-Christusbüste (Kunsthandel), die Glasaugen und Bekleidungsspuren aufweist und Ignaz Günther und Werkstatt zugeschrieben wird, Gerhard P. Woeckel, »Christusdarstellungen von Ignaz Günther«, in: *Das Münster 20,* 1967, S. 369–388.

36 Die beiden dramatischen, lebensgroßen Passionsgruppen der »Geißelung Christi« und der »Verspottung« in der Hl.-Kreuz-Kirche in Schönbrunn (Lkr. Dachau) mit ihren heute leider modern bekleideten Bildwerken, die wohl aus dem Faistenberger Umkreis stammen und deren Christusfiguren mit Glasaugen und Perücke ausgestattet sind, waren Altarstiftungen des Kirchenbauherrn und Hofbeamten F. X. Joseph von Unertl von 1724, siehe Sabine John, »Zwei barocke Passionsgruppen in der Hl.-Kreuz-Kirche in Schönbrunn. Streiflichter zu religiös-künstlerischem Umfeld und denkmalpflegerischer ›Entdeckung‹«, in: *Bayerisches Jahrbuch für Volkskunde,* 2004, S. 47–67.

37 Bekannte Beispiele sind die beiden knienden Kurprinzen Ferdinand Maria (1640) und Maximilian Philipp (1644) in der Münchner Frauenkirche oder die bekleidete Wachsvotivfigur der Anna Bruggmayer von 1776 im Creszentia-Kloster in Kaufbeuren. Zur lebensgroßen Wachsfigur siehe Susann Waldmann, *Die lebensgroße Wachsfigur: eine Studie zur Funktion und Bedeutung der keroplastischen Porträtfigur vom Spätmittelalter bis zum 18. Jahrhundert* (= Schriften aus dem Institut für Kunstgeschichte der Universität München 49), München 1990. In Franken wurden noch bis in die Mitte des 20. Jahrhunderts lebensgroße Kinder-Wachsvotive in Kirchen gestiftet, siehe Gislind M. Ritz, *Die lebensgroßen angekleideten Kinder-Wachsvotive in Franken* (= Volksglaube Europas 3), Volkach 1981.

38 Exemplarisch hierfür steht der Katalog zu der Londoner Ausstellung: Xavier Bray, *The Sacred made Real. Spanish Painting and Sculpture 1600–1700,* Ausst.-Kat. The National Gallery, London 2009. Bei Susan Verdi Webster, *Art and ritual in Golden-Age Spain. Sevillian confraternities and the processional sculpture of Holy Week,* Princeton 1998, sind auf S. 9–12 die sich wandelnden Positionen innerhalb der spanischen Kunstgeschichte prägnant zusammengefasst.

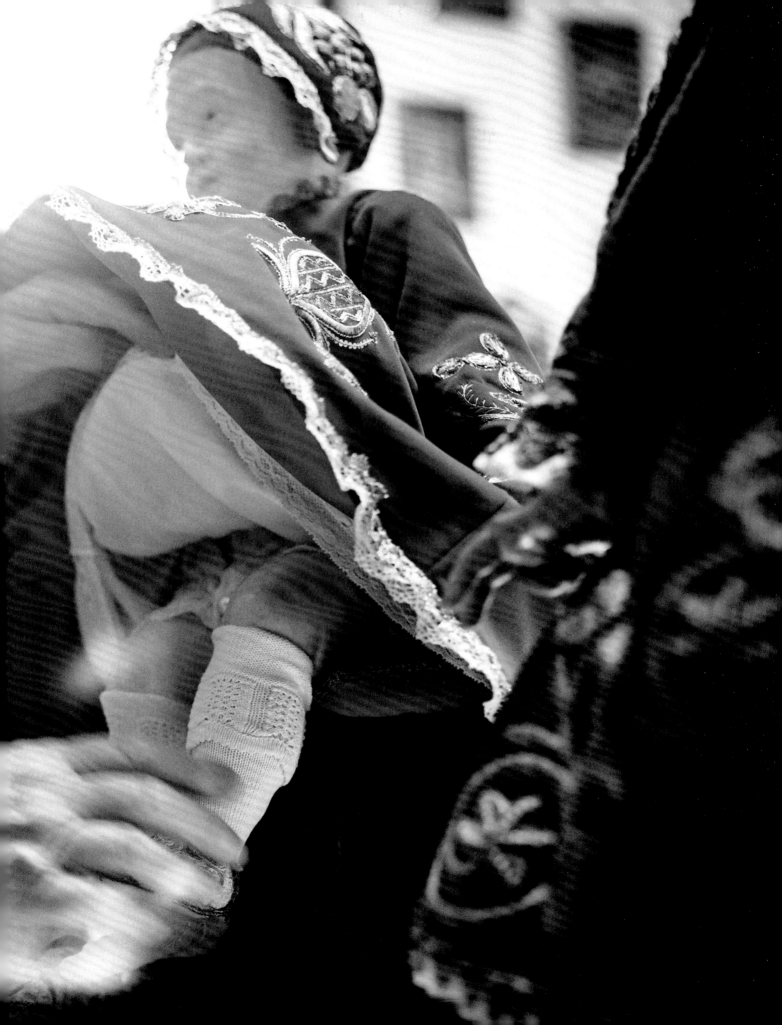

In Gold und Seide gehüllt –

Gewänder für Jesuskind-Figuren

Andrea Mayerhofer-Llanes

■ Anhand von schriftlichen Quellen und erhaltenen Textilien lässt sich das Bekleiden von Bildwerken bis in das späte Mittelalter hinein zurückverfolgen. Wertvolle Textilien wurden vor allem Gnadenbildern, kultisch verehrten Darstellungen der göttlichen oder heiligen Personen, gestiftet und nicht nur zum Schmuck umgelegt, sondern gleichfalls, um den fürsorglichen Schutz Mariens oder des Heiligen auf den Stifter zu lenken.[1] Die nachweislich frühesten Hinweise beziehen sich auf Marienmäntel, die in der zweiten Hälfte des 14. Jahrhunderts an das Gnadenbild der Lübecker Marienkirche geschenkt wurden.[2] Frühe erhaltene Gnadenbildkleider sind meist keine rundum genähten Kleider, sondern eindimensionale, trapezförmige Textilien, die schürzenähnlich der Statue vorgebunden werden. Die Arme der Figuren können durch einfache Schlitze hindurchgeführt werden. Überaus prächtige Beispiele sind die beiden Gnadenbildgewänder, die die spanische Infantin Isabella Clara Eugenia als Statthalterin der Niederlande 1629 neben zahlreichen weiteren Paramenten für das Aachener Münster gestiftet hat: »[…] In Anno 1629. gleich vor der angehenden Heiltumsfahrt diesem Gotteshaus verehret hat. Nemlich unser L. Frauen einen göldene Kron, von 3. Pfund Golds, voller Diamanten und schöner Perlen, daran die Arbeit 4000. Brab. fl. Gekostet, desgleichen dem Kindlein auch eine goldene Kron. Noch Unser L. Frauen ein Rock daran 72. Diamanten, Perlen aber Gold und Silber ohne Maß, item von selbiger Arbeit ein Röcklein dem Jesu Kindlein von 32. Diamanten […].«[3] Beide Kleider sind beinahe identisch, lediglich in unterschiedlichen Proportionen gefertigt.[4] Die Gewänder für Jesuskind-Figuren wurden schon sehr früh zum An- und Ausziehen gefertigt. Eines der ältesten bekleideten Gnadenbilder ist das Jesuskind im Benediktinerinnenkloster, das sogenannte Sarner Kindli, in Sarnen (Schweiz) aus der Zeit um 1360.[5] Der Bestand an Paramentenschätzen ist heute in allen katholischen Ländern allerdings durch die Werke der Barockzeit bestimmt. Dies nicht nur, weil sich aus diesen Jahrhunderten weit mehr erhalten hat als aus dem Mittelalter, sondern auch weil gerade in dieser Zeit Messgewänder in besonderer Fülle erworben oder an die Kirchen und Klöster geschenkt worden sind. Für bekleidete Jesuskind-Figuren, die junge Mädchen beim Eintritt ins Kloster meist als »Trösterlein« erhielten und sich aus dieser Zeit zahlreich überliefert haben, hat dies gleichermaßen Gültigkeit. Die ausgestellten Jesuskind-Gewänder zeigen einen umfassenden Überblick sowohl von der gesamten Bekleidung der Jesuskind-Figuren als auch der Seidengewebe aus der Zeit vom Beginn des 18. Jahrhunderts bis heute. Vierundzwanzig der Gewänder kleiden die jeweiligen Jesuskind-Figuren aus dem Kloster Heilig Kreuz in Mindelheim – das vor allem die erste Hälfte des 18. Jahrhunderts vertritt –, dem Kloster St. Johann im Gnadenthal, dem

Abb. 1
Detail aus dem Kleid des Elfenbein-
Jesuskindes (Kat.-Nr. 77).

Ursulinenkloster in Landshut, den Klöstern Altenhohenau, Altomünster, Seligenthal und der Sammlung des Diözesanmuseums Freising. Weitere knapp zwanzig Kleider sowie zusätzliche Accessoires ergänzen die häufig sehr umfangreichen Garderoben der Figuren. Die Gewänder der Jesuskinder wurden stets aus kostbaren Materialien gefertigt: Seidenstoffe, häufig mit Gold- und Silberfäden, Lahn und bunten Seidenfäden aufwändig broschiert oder lanciert. Spitzen und Borten aus Gold- und Silberfäden, feine Klöppelspitzen aus Leinen, Seiden- oder Goldfadenstickereien, aufgenähte Perlen, Pailletten und Glassteine kamen meist zur weiteren Dekoration großzügig hinzu (Abb. 1).

Gewänder aus frühen Zeiten haben sich jedoch nur sehr wenige erhalten, da Kultbilder über die Jahrhunderte hinweg immer wieder neu eingekleidet wurden. So sind die Jesuskind-Figuren in vielen Fällen deutlich älter als die erhaltenen Kleider, die sie tragen. Das ist auch der Fall bei dem Jesuskind aus Altenhohenau (Kat.-Nr. 172), das ins 15. Jahrhundert datiert, jedoch ein Kleid aus dem 18. Jahrhundert trägt und zudem über eine umfangreiche weitere Garderobe aus neuester Zeit verfügt. Bisweilen wurden im 19. Jahrhundert ältere Stoffe nach historischen Schnitten verarbeitet, wie bei dem Kind aus der Sammlung des Diözesanmuseums in Freising (Kat.-Nr. 63). Es wurden aber auch Gewänder aus neuen Stoffen nach Vorbildern und Schnitten des 17. und 18. Jahrhunderts genäht und verziert. Ein schönes Beispiel hierfür ist das rote Ensemble aus dem Kloster Heilig Kreuz in Mindelheim (Kat.-Nr. 65).

Angefertigt wurden die Kleidungsstücke für die Jesuskinder in aller Regel in den Klöstern selbst, wo die Schwestern in den verschiedenen Handarbeitstechniken meist sehr versiert waren. In einigen Klöstern, wie im Kloster St. Johann im Gnadenthal, ist das Wissen und Können der Näh- und Verzierungstechniken bis heute lebendig geblieben. Ältere Klosterfrauen bewahren dort Stoffe und Materialien aus früheren Zeiten sorgsam auf und haben die Tradition der Anfertigung und Reparatur von Jesuskind-Gewändern ungebrochen bis in die heutige Zeit fortgesetzt. Namentlich sind in Deutschland vielerorts die Ursulinen für ihre Paramentstickereien bekannt.[6] In den Frauenklöstern wurden kunstvoll gestickte Messgewänder angefertigt. Dieses Können fand augenscheinlich auch bei der Bekleidung der Jesuskind-Figuren im Ursulinenkloster in Landshut umfangreichen Ausdruck (vgl. Kat.-Nr. 22, 24, 87 und Abb. 2).

Die wertvollen Seidengewebe für Gewänder und Paramente stammen bis ins ausgehende 17. Jahrhundert überwiegend aus den Herstellungszentren in Norditalien. Im 18. Jahrhundert importierte man die kostbaren Stoffe überwiegend aus Frankreich, wo die Seiden-

weberei in Lyon, Tours und Paris seit dem späten 17. Jahrhundert allmählich die Führung vor Italien übernommen hatte. Bei der Herstellung von Seidengeweben unterschied man im 18. Jahrhundert zwar zwischen schweren Geweben mit großformatigen Motiven, die man für die Bespannung von Wänden und Möbeln verwendete, und leichteren Seidenstoffen, die zu Kleidern verarbeitet wurden; eine Differenzierung hingegen zwischen profanem oder kirchlichem Zweck gab es nicht. Erst im Verlauf des 19. Jahrhunderts kam im Zuge des Historismus der Begriff des speziellen Kirchenstoffes auf.[7] In dieser Zeit wurden Motive mit sakralem Kontext in Gewebe übertragen. Symbolische Darstellungen wie Weintraubenreben waren dabei bevorzugte Motive. Allerdings wurden die kostbaren Seidenstoffe für die Jesuskind-Bekleidungen wohl überwiegend, wenn nicht durchgängig in einer Zweitverwendung verarbeitet. Abgetragene Messgewänder konnten hierfür ebenso eine neue Bestimmung finden wie ein nicht mehr getragenes Damenkleid, das einem Kloster gestiftet wurde.[8] Nahtspuren an zahlreichen Jesuskind-Gewändern zeugen deutlich von ihrer früheren Nutzung. Und bei vielen Kleidchen lässt sich beobachten, wie auch kleinste Stücke der kostbaren Seidengewebe gewinnbringend zu einer Gesamtheit gestückelt worden sind. Ob der Fadenlauf dadurch auf einem Schnittteil mehrfach wechselte, spielte eine untergeordnete Rolle. Aus der Praxis, auch kleinste Fragmente zu verarbeiten, und der Tatsache, dass es sich bei den Jesuskind-Kleidchen ohnehin um kleinformatige Kleidungsstücke handelt, resultiert der Umstand, dass der gesamte Dekor eines Gewebes und der jeweilige Rapport einer Musterung nur in den wenigsten Fällen zu erkennen ist.

 Meist fertigten die Schwestern für ihre Jesuskind-Figuren mehrere, den liturgischen Farben entsprechende Gewänder an, die dann im Verlauf des Kirchenjahres passend zur Altarausstattung und den Priestergewändern ausgewählt und angezogen wurden. Vor allem bei Jesuskind-Gnadenbildern wurde dieser Ritus des Umkleidens geübt. Im Zuge der Tridentinischen Reform waren im *Missale Romanum* auch die Farben für die Paramente festgeschrieben worden. In Deutschland wurden die römischen Vorschriften 1570 zuerst in Bayern übernommen.[9] Zu den Hochfesten wie Weihnachten und Ostern, zu Herrenfesten und Marienfesten sowie zu Festen der Heiligen, die kein Martyrium erlitten, wird bis heute ausschließlich Weiß, als Farbe des Lichtes, gewählt. Dabei sind Gold und Silber als besonders festliche Varianten der weißen Farbe zu verstehen. Rot, die Farbe des Blutes, Feuers und Sinnbild des Heiligen Geistes, wird Pfingsten, am Palmsonntag, Karfreitag, zur Firmung und zu den Festen der Märtyrer getragen. Die Jesuskind-Figur Kat.-Nr. 68 trägt ein blaues Kleid, und im Kloster Heilig Kreuz in Mindelheim haben sich zwei weitere blaue Gewänder erhalten (Kat.-Nr. 69, 70). Diese Farbe steht für die Reinheit und galt früher für Marienfeste, wurde aber durch Weiß ersetzt. Im 18. Jahrhundert wurde Violett aber auch mit unterschiedlichen Varianten von Blau gleichgesetzt und ist in Kircheninventaren des 18. und frühen 19. Jahrhunderts unter der Rubrik Blau verzeichnet.[10] Die Trauerfarbe Violett gilt als Sinnbild für den Übergang und die Verwandlung und wird in der Fastenzeit und im Advent getragen. In aufgehellter Form, als Rosa, wird sie nur zum dritten Adventssonntag *(Gaudete)* und zum vierten Fastensonntag *(Laetare)* gewählt, um die Hälfte der Bußzeit hervorzuheben. An den Sonn- und Werktagen des Jahreskreises, auf die kein Heiligenfest fällt, wird Grün, die Farbe des Wachstums und der Hoffnung, getragen. Die großformatigen, bunt gemusterten Gewebe vor allem des 18. Jahrhunderts zeugen jedoch davon, dass in der Praxis die Stoffe der Paramente, die ja zugleich auch die allgemeinen modischen Farb- und Mustertrends widerspiegeln, nicht immer streng nach den kirchlichen Farbregeln ausgelegt waren. Besonders augenfällig führen dies die Gewebe des frühen 18. Jahrhunderts mit ihren bizarren Mustern oder vielen bunten Farben vor, wie sie auch für die Jesuskind-Gewänder in Mindelheim (Kat.-Nr. 58, 61, 67) gewählt worden sind. Im Zweifel galt hier wohl die Farbe des Grundes oder bisweilen der überwiegende Anteil von Metallfäden. Für Jesuskind-Figuren, die im häuslichen Bereich als Andachtsfiguren Verwendung fanden, waren diese Vorgaben ebenso wenig von Bedeutung wie ein regelmäßiges Umkleiden. Diese Gewänder wurden liebevoll von Laien gefertigt oder bei den Nonnen in den Klöstern und bisweilen wohl bei professionellen Stickern in Auftrag gegeben.

Die Form der Jesuskind-Gewänder zeigt beinahe durchgängig eine trapezförmige Silhouette mit weit ausgestelltem Rocksaum. In Schnitt und Anfertigung variieren sie hingegen etwas nach Herstellungszeitraum und -ort beziehungsweise auch je nach Art und Weise der jeweiligen zu bekleidenden Jesuskind-Figur. Ob diese bewegliche Gliedmaße, eher gestreckte oder abgewinkelte Arme hat, musste beim Ankleiden und Anfertigen eines Gewandes berücksichtigt werden. So sind beispielsweise die Ärmel der Kleider von der Jesuskind-Figur aus Altenhohenau (Kat.-Nr. 172) nur dreiviertellang und am Oberarm kürzer als an der unteren Ärmelseite geschnitten und zudem mit Haken zu schließen, da das Kind beide Arme weit angewinkelt hat. Die vordere Mitte der Kleider, meist trapezförmig begrenzt oder als breiter Streifen hervorgehoben, ist durchgängig besonders verziert und häufig durch Schmuckstücke betont. Einige Gewänder sind wie richtige Kleider gearbeitet. Innen wurden sie meist mit einem gewachsten Leinengewebe gefüttert, das den leichteren Seidengeweben Stand und Festigkeit verlieh. Zugleich entspricht dies auch den römischen Vorgaben für die Anfertigung von Messgewändern, nach denen der Oberstoff stets aus Gold-, Silber- oder Seidenstoffen sein sollte und einfachere Materialien wie Leinen nur für das Futter der Gewänder erlaubt waren. Bisweilen verwendeten die Nonnen auch einen weiteren Seidenstoff als Futter, wie bei dem blauen Damastkleid aus Mindelheim (Kat.-Nr. 70). Zwischen dem Oberstoff und dem Futterstoff wurde häufig ein trapezförmiges festes Papier oder ein Karton zur zusätzlichen Versteifung und Formgebung des Vorderteils in das Kleid eingenäht. Einige Kleider, wie ein blaues Kleid aus Mindelheim (Kat.-Nr. 68) und das des Kindes aus Altomünster (Kat.-Nr. 21), sind gar vollständig mit einem festen Papier unterlegt worden, um den leichten Seidenstoffen Form geben zu können. Der gleiche Effekt konnte mit einem groben Leinengewebe als Einlage erzielt werden, wie das bei dem reich bestickten Gewand eines Jesuskindes aus dem Landshuter Ursulinenkloster (Kat.-Nr. 85) zu beobachten ist. Bei dem elfenbeinfarbenen, ärmellosen Kleid aus Mindelheim (Kat.-Nr. 57) ist darüber hinaus ein fester Draht in den vorderen Saum des Kleides eingenäht worden, damit der sehr weite Rock dauerhaft aufgespannt werden konnte. Die Ärmel wurden vielfach an der unteren Naht zugenäht und die Kleider nur in der hinteren Mitte mit häufig in jüngerer Zeit ergänzten Haken und Ösen geschlossen. Einige Kleider weisen zum Schließen Seidenbänder auf, die zu Schleifen gebunden werden konnten. Aber auch Stecknadeln wurden im 18. Jahrhundert verwendet, um Gewandstücke zu fixieren. Um das An- und Ausziehen der Jesuskind-Kleidchen zu erleichtern, sind einige Kleider, vor allem aus Mindelheim, an der unteren Ärmelnaht offen und nur mit meist drei oder vier Metallhäkchen zu schließen. Gerade für Jesuskinder, deren Gliedmaßen nicht beweglich waren, ermöglichte diese Verarbeitungstechnik, die kleinformatigen Kleidchen einfacher zu wechseln. Noch leichter in der Handhabung waren Kleider, die gar

keine Ärmel aufwiesen und schürzenartig jeweils mit am Vorderteil befestigten Bändchen um den Hals im Nacken zu binden waren. Zusätzlich sind die Kleidchen häufig an der Innenseite mit einem Taillenband versehen worden, das am Rücken des Jesuskindes zu binden war. So lag das Kleidchen am Oberkörper des Kindes an und öffnete von der Taille ab den weiten Rock trapezförmig bis zum Saum. Über solch ärmellosen Kleidern bekam die Figur noch einen Mantelumhang, der halbkreisförmig geschnitten war. Mit einem Kleid aus broschiertem Seidendamast und dem Goldlamé-Kleid, beide aus Mindelheim (Kat.-Nr. 57, 58), haben sich zwei frühe Vertreter dieser Art erhalten. Das rote, zweiteilige Ensemble aus dem 19. Jahrhundert (Kat.-Nr. 65) desselben Klosters zeigt, wie diese Kleider später als historische Vorlage gedient haben.

Bei vielen Gewändern geben die Form, vor allem aber die verwendeten Seidenstoffe und Dekorationstechniken ein gutes Bild der herrschenden Kleidermode, insbesondere der Damenmode, des 18. Jahrhunderts wieder. Im 18. und weit bis ins 19. Jahrhundert hinein gab es noch keine spezifische Kinderkleidung und Jungen wurden die ersten beiden Lebensjahre gleichermaßen wie Mädchen in bodenlange Kleider gehüllt. Die Jesuskind-Figuren stellen meist den etwa ein- bis zweijährigen Jesusknaben dar und es wundert daher wenig, dass die erkennbaren modischen Bezüge der kleinen Kleidchen sich von zeitgenössischen Damengewändern herleiten lassen.

Zu Beginn des 18. Jahrhunderts nahm die Veränderung der Damenmode mit dem neuen Kleidertypus der *Robe volante,* auch Schlender oder fließendes Kleid genannt, ihren Anfang. In ihrer Nachfolge steht die *Robe à la française,* die zum offiziellen Hofkleid und wichtigsten Kleidertypus des 18. Jahrhunderts wurde. Die Kleidung der Frauen bestand das ganze 18. Jahrhundert über im Wesentlichen aus den gleichbleibenden drei Grundelementen eines Überkleides *(Manteau),* dem, was man heute als Rock bezeichnen würde *(Jupe),* und einem dreieckigen Stecker *(Pièce d'estomac),* der die vordere Öffnung des Kleides am Oberkörper schließt. Diese Kleidungstücke wurden über einem Leinenhemd, dem Korsett und einem Reifrock getragen. Letztere formten die eigentliche Silhouette der Damen, eine schmale Taille, weit ausladende Hüften und einen weiten Rockumfang. Diese beiden Kleidertypen des 18. Jahrhunderts lassen sich in der Kontur, partiell auch in Schnitt und Faltenlegung der Jesuskind-Kleidchen wiederfinden. Aber auch Details und vertraute Bekleidungsgewohnheiten der Damenmode übertrugen die Nonnen zum Teil auf die Miniaturkleider der Jesuskinder. Einige Kleider, wie jenes des »kleinen Königs« aus Mindelheim (Kat.-Nr. 136), sind ohne Falten schmal auf den Oberkörper geschnitten und öffnen A-förmig den Rock zum Saum hin. Bei der weitaus größeren Zahl der Gewänder entsteht der trapezförmige Umriss mit weitem Rockumfang durch zwei bis drei Falten, die am Vorderteil parallel zur Mitte in die Schulternaht oder den Halsausschnitt eingelegt, in der Taille nur durch einige Heftstiche fixiert sind und sich von dort zum Saum hin öffnen. In Silhouette und Faltenlegung dieser Kleider spiegelt sich der Schnitt der *Robe volante* vom Beginn des 18. Jahrhunderts wider (vgl. Kat.-Nr. 61). Das französische Wort *volant* bezieht sich auf das von den Schultern bis zum Boden weich herabfallende und sich über einem Reifrock kegelartig erweiternde Kleid. Von diesen frühen Damenkleidern haben sich nur sehr wenige erhalten. Ein schönes Exemplar dieses Typs befindet sich in der Sammlung des Kyoto Costume Institute.[11] Wurden den Jesuskind-Figuren auch keine Reifröcke mit Fischbeinverstärkung wie den Frauen angelegt, so halfen Papiereinlagen und festes Leinenfutter, die weiten Röcke der Kleidchen zum Saum hin zu öffnen. Bei der Figur im blauen Damastkleid (Kat.-Nr. 23) wurde mit einem fest gesteiften, faltig eingereihten Unterrock, der einem Reifrock gleichkommt, ganz unmittelbar ein Element der Frauenmode übernommen.

Unter den Kleidern trugen die Figuren langärmelige Hemdchen aus feinem Leinengewebe, die an den Säumen und dem Halsausschnitt mit Klöppelspitzen aus Leinengarn verziert wurden (vgl. Kat.-Nr. 48). Kostbare Spitzen erlangten im späten 17. Jahrhundert in der gesamten Ausstattung eine sehr große Bedeutung und schmückten großzügig die Bekleidung von Frauen und Männern. Die Leinenhemdchen der Jesuskind-Figuren sind stets weit geschnitten und in der hinteren Mitte offen. Wie bei den zeitgenössischen Hemden von Männern ist die Weite des Untergewands am Halsausschnitt zu kleinen Fältchen zusammengerafft und mit einem Bändchen zum Binden eingefasst. Die Ärmel sind gerade angesetzt und am Saum mit

Abb. 3
Schuhe des Columba-Jesuleins aus
Altenhohenau.

Abb. 4
Detail des bestickten Kleides eines
Landshuter Jesuskindes (Kat.-Nr. 87).

Klöppelspitzen verziert. Diese wertvollen Verzierungen durften an den bekleideten Jesus-kind-Figuren unter dem seidenen Übergewand am Saum und an den Ärmeln hervorsehen. Vereinzelt wurden an den Hemdchen wie auch bei einzelnen Obergewändern die ursprünglichen Leinenspitzen durch neuere Baumwollspitzen ersetzt. Die erhaltenen Jesuskind-Kleider verfügen darüber hinaus fast durchgängig über zusätzliche weiße Klöppelspitzen, die unmittelbar an den Säumen der Seidenkleider angenäht sind. Breite und Volumen der Spitzen können durchaus verschieden sein und tragen nicht zuletzt auch zum Gesamterscheinungsbild des Gewandes bei. So wirken die Ärmel des elfenbeinfarbenen Kleidchens des Jesuskindes aus Mindelheim (Kat.-Nr. 83) mit den breiten Spitzen am Ärmelsaum und den darunter sichtbaren Spitzen des Leinenhemdchens wie die mehrstufigen Spitzenvolants, die *Engageants,* der zeitgleichen Damenmode.

In den Kirchen und Klöstern hat sich auch eine Vielzahl an Accessoires für die Jesus-kinder erhalten. Perlenketten, Kronen, Schmuckbänder, Schmuckstücke, Gürtelbändchen, Strümpfe und Schuhe zählen dazu. Vielfach zieren fein gestrickte Seidenstrümpfe, die mit seidenen Strumpfbändern über dem Knie gehalten werden, und Schühchen aus Leder oder kostbaren Seidengeweben mit Seidenstickereien die Füße der Jesuskinder. Wie Miniaturausführungen von echten Schuhen und Strümpfen der Zeit sind diese Preziosen gearbeitet (Abb. 3).

Die Paramentenstickerei erlebte im Barock in Deutschland eine große Blütezeit. Diese kunstvollen Stickereien verzierten nicht nur die Gewänder der Priester, die später ohnehin in den kleinen Kleidchen auch weiter Verwendung finden konnten, sondern wurden häufig eigens auf die wertvollen Seidenstoffe der Jesuskind-Bekleidungen aufgebracht (Abb. 4). In Spreng- und Anlegetechnik sowie Seidenmalerei entstanden prächtige plastische Kunstwerke mit bisweilen hochreliefierten Ornamenten. Im Gegensatz zur Seidenweberei ist die Stickerei an keinen vorgegebenen Rapport gebunden und in der Mustergestaltung dadurch sehr viel freier. Mit dieser Technik war es auch möglich, Gewändern einen besonderen kirchlichen, religiösen Charakter zu verleihen und in Muster und Komposition entsprechende Motive, wie ein IHS-Monogramm, aufzunehmen, wie es das rote Seidenkleid mit Goldfadenstickerei in Sprengtechnik aus Mindelheim (Kat.-Nr. 67) zeigt. Die besprochenen Jesuskind-Kleidchen, allen voran jene der Ursulinen aus Landshut, führen eine große Bandbreite unterschiedlicher Sticktechniken und -materialien vor Augen, sodass sie nicht nur einen umfassenden Überblick über die Gewebe und Bekleidungsformen der Jesuskind-Figuren des 18. und 19. Jahrhunderts leisten, sondern gleichfalls die dekorativen Möglichkeiten dieses Kunsthandwerks präsentieren. ▬

ANLEGETECHNIK

Sticktechnik, die vor allem in der Gold- und Silberstickerei angewendet wird: Gold- oder Silberfäden werden auf der Oberfläche des Grundgewebes angelegt und mit Überfangstichen (meist in feinem Seidengarn) fixiert. Wenn Überfangstiche aus farbiger Seide so dicht gesetzt sind, dass die Metallfäden nur noch als schimmernder Untergrund sichtbar sind, spricht man von Lasurtechnik oder Lasureffekten.

ATLASBINDUNG

Grundbindung auf einer Basis von mindestens fünf Kett- und fünf Schussfäden. Bei einem Kettatlas dieses Typus bindet jeder Schuss über einem Kettfaden und wird dann unter den folgenden vier Kettfäden geführt. Die Bindungspunkte berühren einander nicht. Die Verteilung der Bindungspunkte wird durch die Steigungszahl angegeben.

BINDUNG

Kreuzung von Kett- und Schussfäden im Gewebe.

BROSCHIERSCHUSS

Musterschuss, der nur über die zu musternde Breite im Gewebe verläuft. Er ermöglicht den sparsamen Verbrauch kostbarer Webmaterialien (zum Beispiel Seide oder Metallfäden).

DAMAST

Gewebe mit einem Kett- und einem Schusssystem, bei dem sich das Muster durch den Wechsel von Kett- und Schussbindung – meist derselben Bindungsart – bildet.

FRISÉ

Siehe: Metallfaden

GOLDFADEN

Siehe: Metallfaden

GROS DE TOURS

Eine abgeleitete Leinwandbindung, in der der Schuss jeweils aus zwei Fäden gebildet wird.

KANTILLE

Feine Spirale aus Gold- oder Silberlahn oder -draht. Für die Metallstickerei werden Kantillen in der passenden Länge zugeschnitten und aufgenäht, indem man einen Seidenfaden durch die Spiralwindung wie durch ein Röhrchen führt.

KETTE

Gesamtheit der für ein Gewebe bestimmten Längsfäden, wie sie auf dem Webstuhl aufgezogen werden. Der einzelne Faden wird Kettfaden genannt. Nach ihrer Funktion im Gewebe unterscheidet man Hauptkette, Bindekette und Polkette.

KLÖPPELSPITZE

Technik, bei der auf Klöppel aufgewickelte Fäden durch Verdrehen und Verflechten eine durchbrochene oder dichtere Spitze bilden. Die Klöppelspitze wird auf einem Klöppelkissen, auf das eine grafische Darstellung der Spitze montiert wurde, gearbeitet.

KNÖTCHENSTICH

Stickstich, bei dem der Stickfaden um die Nadel gewickelt wird, bevor diese wieder in den Stoff gestochen wird; dient zur Herstellung von kleinen Reliefeffekten.

LAHN

Schmaler, flacher Metallstreifen.

LANCIEREN

Eintrag eines Musterschusses, der von Webkante zu Webkante über die gesamte Breite des Gewebes verläuft.

LEINWANDBINDUNG

Grundbindung mit einem Rapport aus zwei Kett- und zwei Schussfäden. Die Kettfäden liegen abwechselnd über beziehungsweise unter einem Schussfaden. Die Verkreuzungsart wechselt von Faden zu Faden. Ober- und Unterseite des Gewebes sehen gleich aus.

METALLFADEN

Faden, bei dem ein Seidenfaden (Seele) mit einem feinen Metalllahn (Gold- oder Silberlahn) umsponnen wurde. Wenn die Windungen des Lahnstreifens so weit auseinanderliegen, dass die Seidenseele sichtbar ist, nennt man den Faden *riant* (frz. lachend). Wird der Lahnstreifen um ein welliges Garn (Ondégarn) gesponnen, nennt man den Faden *frisé*. Metallfäden werden meistens in Anlegetechnik verarbeitet.

NADELMALEREI

Sehr feine Seidenstickerei, bei der Plattstiche so ineinandergreifen, dass malerische Farbübergänge erreicht werden können.

PLATTSTICH

Stickstich (zumeist in der Seidenstickerei angewendet), bei dem Fäden dicht nebeneinander die Fläche des Stickgrundes überspannen.

RAPPORT

Mustereinheit eines Gewebes (auch: einer Spitze oder Stickerei), die sich regelmäßig wiederholt.

RIANT

Siehe: Metallfaden

SCHUSS

Querfaden in einem Gewebe, der mit den Kettfäden eine recht-winklige Fadenverkreuzung eingeht.

STIELSTICH

Stickstich, bei dem die Nadel schräg wieder zurückgeführt wird; ergibt einen schnurartigen Effekt.

SPRENGARBEIT

Metallfadenstickerei, die über einer Einlage gearbeitet wird, sodass ein deutliches Relief entsteht. Als Einlage können geschnittene Formen aus Karton, Pergament oder Leder dienen, aber auch Fäden oder Fadenbündel. Die Metallfäden werden in parallelen Linien über die Einlage gespannt und mit Seidenfa-den befestigt.

1 Gockerell 1997, S. 30.
2 Wentzel 1953, Sp. 219 ff.
3 Vroon/Urbanek 2000, S. 25.
4 Ebd., Abb. S. 39.
5 Gockerell 1997, S. 30.
6 In Deutschland haben sich vor allem in Köln, Düsseldorf und Neuburg an der Donau Paramentstickereien der Ursulinen erhalten, vgl. Stolleis 2001, S. 37.

7 Dora Heinz, *Der Paramentenschatz der Stadtpfarrkirche in Linz,* München 1962, S. 14.
8 Josiane Pagnon, *File le temps – reste le tissu, ornaments liturgiques de la Manche,* Saint-André-de-Bohon 2007, S. 116 ff.
9 Stolleis 2001, S. 26.
10 Ebd., 40.
11 Fukai 2002, Abb. S. 38.

Nina Gockerell

Bayern und Österreich sind bis heute reich an Marienwallfahrtsorten, deren Gnadenbild meist eine Darstellung der Muttergottes mit dem Jesusknaben auf ihrem Schoß, seltener eine Pietà oder eine Maria Immaculata ist. Dagegen gab und gibt es nur einige wenige Wallfahrtskirchen, in denen die Figur eines liegenden oder stehenden Jesuskindes von den Pilgern aufgesucht wird. München und Wien scheinen in früheren Jahrhunderten die Zentren der süddeutschen Jesuskind-Verehrung gewesen zu sein, doch auch von diesen einstmals beliebten Pilgerzielen ist nur ein kleiner Rest noch lebendig.[1] Auffallend ist, dass es in erster Linie Frauenklöster in der Nachfolge des hl. Franz von Assisi waren, die sich zu Wallfahrtsorten mit einem Jesuskind-Gnadenbild herausgebildet haben, pflegten sie doch die Verehrung des Kindes nach dem Vorbild des hl. Franziskus besonders intensiv. In vielen süddeutschen Frauenklöstern sind noch heute teils überaus kostbare Kleinskulpturen des Jesuskindes vorhanden, die als »Trösterlein«, »Himmlischer Bräutigam« oder »Seelenbräutigam« von Novizinnen bei ihrem Eintritt in den Konvent mitgebracht worden waren.[2] Nur um eine Handvoll solcher Figuren hat sich eine Wallfahrt mit überregionaler Ausstrahlung entwickelt, was meist erst im 17. oder 18. Jahrhundert geschah. Dann allerdings lassen sich alle Merkmale beobachten, die zu einem florierenden Wallfahrtsort gehören: die Ausgabe von gedruckten Bildchen, die Aufzeichnung von Gebetserhörungen, die Darbringung von Bitt- und Dankvotiven und die Anfertigung von meist originalgroßen Nachbildungen des Gnadenbildes als private häusliche Andachtsbilder. Als besonderen Ausweis ihrer Authentizität wurden diese Devotionalkopien meist am Gnadenbild »anberührt«, was eigens auf den Figuren vermerkt wurde.[3] Überraschend mag sein, dass einige der liegenden Jesuskind-Figuren noch bis in das 19. Jahrhundert hinein zur Weihnachtszeit aus ihren meist kostbaren Glasschreinen genommen wurden, um das Zentrum einer Altarkrippe zu bilden.

In Bayern und Österreich pilgerten vor allem besorgte Mütter stellvertretend für ihre erkrankten oder verunglückten Kinder, Paare, denen der Kindersegen bisher verwehrt geblieben war, aber auch Gläubige in anderen Sorgen und Nöten als denjenigen um den Nachwuchs vertrauensvoll zu Gnadenbildern des Christuskindes und erbaten himmlische Hilfe für sich und ihre Familien. Die vergleichsweise späte Entstehung dieser Wallfahrten infolge der Gegenreformation und ihre Blüte im 18. Jahrhundert führten zu einem recht einheitlichen Bild der Wallfahrtspropaganda, der Verehrungsformen und der Filiationen.

Abb. 1
Wallfahrtsbild mit Gnadenbild des
Altenhohenauer Jesulein und Ansicht
des Klosters Altenhohenau. Kupferstich
von Johann Michael Söckler, München,
um 1770.

Abb. 2
Wallfahrtsbildchen mit Reutberger Jesulein
als Krippenkind. Kupferstich, Mitte 18. Jahrhundert.

ZWEI HOCHVEREHRTE JESUSKINDER IN ALTENHOHENAU

Eines der ältesten Jesuskind-Gnadenbilder in Bayern ist das sogenannte Columba-Jesulein
im Dominikanerinnenkloster St. Peter und Paul in Altenhohenau, südlich von Wasserburg
am Inn. Die anmutige Schnitzfigur stellt den im 15. Jahrhundert beliebten, aber nur in wenigen Beispielen erhaltenen Typus des Jesuskindes mit der Weintraube dar (Kat.-Nr. 172). Zum
Pilgerziel wurde diese Figur, die im 18. Jahrhundert im strengen Klausurbereich des Klosters
höchste Verehrung genossen hatte, allerdings erst sehr viel später, nämlich im frühen 20. Jahrhundert. Wenn vom Altenhohenauer Jesuskind die Rede ist, dann ist damit auch meist ein nur
9 cm großes, wohl alpenländisches Schnitzfigürchen mit beweglichen Armen aus dem frühen
18. Jahrhundert gemeint. Dieses ist stets mit hoher Krone und einem kostbaren, im Saum weit
abstehenden Kleid angetan und hält in seiner Rechten ein Zepter, in seiner Linken ein langes,
bis zu seinen Füßchen reichendes Stabkreuz. Es war das ursprüngliche Gnadenbild von Altenhohenau, auch wenn es viel später entstanden ist als die spätgotische Figur, die es an Beliebtheit überflügelte und schließlich als Wallfahrtsziel ablöste. Seit etwa 1740 hatte eine rasche
Verbreitung des Kultes und der Verehrung dieses kleinen Kindleins eingesetzt, das die stigma-
tisierte Mystikerin Columba Weigl, die 1730 in Altenhohenau eingetreten war, innig verehrte
und von dem sie durch künstlerisch und handwerklich begabte Mitschwestern Nachbildungen anfertigen ließ, die an Gönner des Klosters verschenkt wurden. Der Propagierung der im
Entstehen begriffenen Wallfahrt zu dieser kleinen Figur, von der berichtet wurde, sie sei an
den Heiligen Stätten in Palästina anberührt, dienten auch eine erstaunliche Zahl von kleinen Andachtsbildchen (Abb. 1), die von den bedeutendsten Kupferstechern der Zeit herausgegeben wurden, sowie die Aufnahme des Altenhohenauer Jesuleins in die Reihe der zwölf
bedeutendsten Wallfahrtsorte in Bayern auf einem Kupferstich von Johann Michael Soeckler
um 1775.[4] Kostbare Drucke auf Seide und handgemalte Pergamentminiaturen dienten als
Geschenke für geistliche wie weltliche Würdenträger. Aus der Zeit zwischen 1749 und 1794
haben sich zehn Votivtafeln erhalten (vermutlich waren sie ursprünglich deutlich zahlrei-
cher), die dem kleinen Jesulein von Altenhohenau zum Dank für Gebetserhörungen darge-
bracht worden waren (Kat.-Nr. 177, 178).[5] Nach der Säkularisation verstummen die Nachrichten über das Kindlein in Altenhohenau nahezu ganz. Die zahlreichen Nachbildungen des
zarten Figürchens im Rokokokleid sind meist in kostbare geschnitzte und vergoldete Schreine
eingeschlossen.[6] Das Altenhohenauer Jesulein ähnelt dem aus derselben Zeit stammenden
Lorettokindl sehr (Kat.-Nr. 139–155) und wird oft mit ihm verwechselt. Beide Figürchen stel-

len einen in der ersten Hälfte des 18. Jahrhunderts in Bayern und dem angrenzenden Salzburger Land äußerst beliebten Typus des »Himmlischen Bräutigams« dar, wie er mit großem finanziellen und künstlerischen Aufwand angefertigt und den oftmals adligen Novizinnen mit ins Kloster gegeben wurde.[7]

Kunsthistorisch und in seiner Ikonografie höchst bedeutsam ist das Altenhohenauer Columba-Kind (Kat.-Nr. 172). Es wird in der Ausstellung als einziges wirkliches Gnadenbild präsentiert – alle anderen gezeigten Jesuskinder sind Nachbildungen von Gnadenbildern, die zum häuslichen Gebrauch von Geistlichen wie von einfachen Gläubigen bestimmt waren.

Die 52 cm hohe, aus Lindenholz geschnitzte Skulptur wurde von Theodor Müller dem Meister von Seeon zugeschrieben und um 1430 datiert.[8] Die ursprünglich unbekleidete Figur ist mit einem später hinzugefügten schmalen Lendentuch versehen und wird stets in kostbaren Gewändern gezeigt. Sie trägt nicht, wie sonst üblich, in der Linken den Reichsapfel und formt auch nicht mit der rechten Hand den Segensgestus – sie trägt vielmehr in ihrer linken Hand eine Weintraube und bietet dem Betrachter zwischen Daumen und Zeigefinger ihrer rechten Hand eine einzelne Weinbeere dar. Die große Traube in der Hand des Jesusknaben nimmt unmittelbar Bezug auf die Eucharistie, auf das Wort Jesu vom wahren Weinstock (Joh 15,1–11) und auf die überdimensionale Traube, die die Kundschafter aus dem Gelobten Land zurückbrachten (Num 13,23). Mit der einzelnen Weinbeere in seiner rechten Hand bietet sich das Christuskind seinem Gegenüber, dem gläubigen Menschen, unmittelbar dar. Schon in der Frühzeit der Kirche galt die Traube als Symbol für Christus und seinen Opfertod.[9]

Ursprünglich war die spätmittelalterliche Figur, deren Herkunft völlig ungeklärt ist, in der Sakristei aufgestellt gewesen. Dann hatte Columba Weigls Mitschwester Johanna Zunhammer sie sich von der Priorin für ihre Zelle erbeten und schließlich dafür gesorgt, dass sie nach ihrem Ableben 1734 in die Obhut der Schwester Columba gegeben wurde, die schon in ihrem Noviziat eine innige Beziehung zu dem Jesuskind aufgebaut und mit ihm Erscheinungen erlebt hatte. Nun hegte und pflegte sie es und nannte es ihr »Hauserl«, ihren göttlichen Haushalter. Sie muss in den Äußerungen ihrer in Ekstase geschauten Vorstellung davon, dass das Jesulein leibhaftig mit ihr in ihrer Zelle lebte und sie es versorgte, so überzeugend gewesen sein, dass nicht nur ihre Mitschwestern in der Klausur, in der sich die Verehrung des »Hauserls« weitgehend abspielte, sondern auch fromme, meist adlige Besucherinnen des Klosters an all die Wundergeschichten glaubten, die von ihm erzählt wurden.[10] Von einer soll auch hier berichtet werden. Die Nonnen kleideten das Jesulein, wie bei diesen Figuren des »himmlischen Bräutigams« üblich, in kostbare, reich verzierte Gewänder, von denen es noch heute fünfzehn ebenfalls aufwändig geschmückte besitzt, und zogen ihm Schuhe aus Stoff an (Kat.-Nr. 173–176). Diese zeigten eines Tages zur größten Verwunderung der Schwestern durchgelaufene Sohlen. Als eine von ihnen nachts nicht schlafen konnte, entdeckte sie den Grund: Der »kleine Haushalter« lief jede Nacht von Zelle zu Zelle, um nach dem Rechten zu sehen. Solche Erzählungen trugen nicht wenig zu der allmählich auch außerhalb des Klosters stärker werdenden Verehrung der Jesuskind-Figur bei. Nach dem Tod der Mutter Columba aber wurde es still um sie. Erst im Rahmen der Säkularisation gibt es wieder Nachrichten über die nicht nur für die Frömmigkeitsgeschichte des Klosters, sondern auch für die Kunstgeschichte höchst bedeutende Figur: Die damals amtierende Priorin Claudia Weigl, eine Nichte der Mutter Columba, übergab sie im Jahr 1803 in großer Sorge um ihre Erhaltung ihrer leiblichen Schwester zur Aufbewahrung. In deren Familie wurde sie in Ehren gehalten und weitervererbt, aber auch auf besonderen Wunsch an Klöster und sogar an Privatpersonen verliehen, und so kam der »kleine Haushalter« aus Altenhohenau im Lauf des 19. Jahrhunderts weit herum in Bayern, zuletzt zu den Kapuzinern von St. Anton in München. Erst 1925, zwei Jahre nachdem das Dominikanerinnenkloster Altenhohenau von amerikanischen Schwestern neu begründet worden war, kehrte das Columba-Jesulein auf Vermittlung des Kardinals Michael Faulhaber dorthin zurück, wohin es auf unbekannte Weise Jahrhunderte zuvor gelangt und im 18. Jahrhundert so besonders verehrt worden war. Heute gelten die meisten Besuche der Wallfahrtskirche – auch seiner kunsthistorischen Bedeutung wegen – dem Columba-Kindl, das in einem Glasschrein an der linken Seitenwand aufgestellt ist. Von ihm gibt es lediglich moderne Andachtsbildchen mit Foto; die wenigen bekannten Nachbildungen sind ebenso wie die Ölgemälde aus dem 18. Jahrhundert, die die Figur ins Zweidimensionale übersetzen, in Klosterbesitz. Kunstvolle Nachbildungen des kleinen Jesuskind-Figürchens, die meist mit zierlicher, sogenannter Schöner Arbeit ausgeschmückt und in einen Schrein eingestellt sind, befinden sich dagegen noch immer recht zahlreich in öffentlichem wie in privatem Besitz.

DAS BETHLEHEMITISCHE JESULEIN IM KLOSTER REUTBERG

Liebevoll verehrt wird im Tölzer Land und weit darüber hinaus bis heute das Reutberger Jesulein im Franziskanerinnenkloster Mariae Verkündigung (Loreto- auch Lorettokloster). Seine Geschichte führt an den Ursprungsort der Jesuskind-Verehrung, nach Bethlehem. Die vollplastisch aus Holz geschnitzte Figur mit der so natürlich wirkenden polierten Farbfassung und den glänzenden Glasaugen stellt mit einer Länge von 60 cm einen Säugling in Lebensgröße dar. Sie ist wohl italienischer Herkunft und stammt aus dem Frühbarock. Etwa ein Jahrhundert lang diente sie den ortsansässigen Geistlichen wie den zahlreichen Pilgern aus aller Welt in der Geburtsgrotte in Bethlehem der anschaulichen Vergegenwärtigung der Geburt Jesu. Der Text auf einem kleinen Kupferstich des 18. Jahrhunderts mit ihrem Abbild beschreibt das so: »Wahre Abbildung deß Gnadenreichen Jesus Kindlein, welches bey 100 Jahr am Fest der Geburt Christi zu Bethlehem in das Kripplein gelegt: und aus sonderbahrer Schikhung Gottes ao. 1743 dem Frauen-Closter Maria Loretho auf dem Reitberg in Ober Bayern als ein Großer Schaz übergeben worden« (Abb. 2). Zu verdanken haben dies die Franziskanerinnen des Loretoklosters auf dem Reutberg, mit dessen Errichtung im Jahr 1617 begonnen worden war, einem jungen Dingolfinger Franziskaner, dem Malersohn Nicephorus Vischer. Dieser war 1731 für acht Jahre als Kaplan zu ihnen geschickt und im Anschluss daran auf seinen eigenen Wunsch hin ins Heilige Land versetzt worden. Dort stieg er bis zum Guardian in Bethlehem auf und durfte in dieser Eigenschaft alljährlich das besonders anrührende Hochamt der Heiligen Nacht zelebrieren. In einem schon 1719 in Eger publizierten Büchlein werden die Vorbereitungen und die Feierlichkeiten selbst ausführlich beschrieben. Im Gegensatz zu dem kahlen Raum, den heutige Bethlehempilger vorfinden, war die Geburtsgrotte damals mit Teppichen, Wandbehängen, silbernen Ölampeln und weißen Wachskerzen reich ausgeschmückt, »dass es mehr einem König- oder Fürstlichen Saal, als einem Stall zu vergleichen wäre.« [11] Um zwölf Uhr in der Heiligen Nacht wurde der Guardian in feierlicher Prozession aus seiner Zelle abgeholt, »damit er mit Bischöfflichen Ornat, großen Comittat und Geleit das Neugebohrne JESUlein in dem Orth seiner Geburt auff seine Armb empfange und nach höchst andächtiger Procession in das Kripplein lege«. Auf diese Weise durfte auch Pater Nicephorus das Weihnachtsfest begehen, bis der Ausbruch der Pest in den Vierzigerjahren des 18. Jahrhunderts eine Verlegung der Feierlichkeiten nach Jerusalem erforderte, wo die Figur in der Anastasis in das Grab Jesu gelegt wurde. Danach machten Stiftungen anderer Jesuskind-Skulpturen aus dem französischen und dem spanischen Königshaus der kleinen Figur Konkurrenz und sie geriet beim gläubigen Volk in Vergessenheit. Nicht aber bei Pater Nicephorus, der seinen Ordensoberen um das Jesulein bat, um es dem Kloster zu schenken, in dem er als junger Mann Kaplan war. Drei Authentiken bekam das Kindlein noch mit, eine vom Guardian des Zionsberges, eine von einem Minoritenpater und eine von Pater Nicephorus selbst. Sein Text beginnt mit dem Satz: »Ich, der am Ende Unterschriebene, bezeuge und schaffe bei allen, die diesen Brief lesen werden, verbürgten Glauben, dass diese holzgeschnitzte Figur mit Glasaugen in der Größe eines lebenden Kleinkindes unseren Erlöser Jesus in der Kindheit, der zu Bethlehem aus der seligsten und unbefleckten Gottesgebärerin, der Jungfrau Maria, für das Heil des Menschengeschlechts der Welt geboren wurde, in Windeln gewickelt und in eine Krippe gelegt wurde, darstellt.« 1743 kann Pater Nicephorus das kostbare Geschenk sorgfältig verpacken, mit einem Schiff nach Venedig und dann weiter zum Kloster Reutberg bringen lassen, wo auch er zwei Jahre später wieder eintrifft und sich in der Folgezeit mit großem Engagement der Förderung der Verehrung des Jesuskindes widmet. So knüpft er mit der Ausgestaltung des Weihnachtshochamtes deutlich an die Gepflogenheiten in Bethlehem an, denn auch aus der Loretokirche auf dem Reutberg heißt es jetzt, dass er das Gnadenkind alle Jahre in der Weihnachtsnacht von der Sakristei in die Kirche trägt und in die Krippe legt. War das Jesulein

zunächst vor allem zu Weihnachten von den Gläubigen aufgesucht worden, entwickelte sich bald ein wenn auch zögerlicher Wallfahrtsbetrieb, über den jedoch wenig bekannt ist, denn das Mirakelbuch mit den Aufzeichnungen der Wunder, die das Gnadenbild gewirkt haben soll, ist verloren gegangen. Über die Jahrhunderte haben die Schwestern den »kleinen König« mit kostbaren Gewändern ausgestattet und ihn in ihrem Betchor aufgestellt (Kat.-Nr. 166, 167). Zu Weihnachten jedoch verschwindet noch heute die Pracht von Brokat, Seide und Spitze, dann liegt das Jesuskind nackt und bloß, nur mit einer leinernen Windel angetan, auf Stroh in einer Krippe. Nur dann sieht man die für einen Säugling typische Haltung seiner angewinkelten Beine. Diese Beinhaltung ist die Ursache dafür, dass das Jesuskind vom Reutberg, wenn es stehend und in reichen Gewändern präsentiert wird, im Vergleich zu seinem Kopf und Oberkörper eindeutig zu kurze Beine zu haben scheint.

Neben einer großen Zahl von Trösterlein und Seelenbräutigamen, die in den Reutberger Nonnenzellen noch heute aufbewahrt und zu bestimmten Zeiten zum Gebet in den Chor getragen werden, beherbergt das Kloster das sogenannte Bittrich- (oder Pütrich-)Kindl. Die 67 cm große, geschnitzte Figur ist süddeutsch und wohl bald nach 1600 geschaffen worden. Sie wurde schon im 17. Jahrhundert im Münchner Bittrich-Regelhaus als Gnadenbild verehrt, worauf ein erhaltenes kleines Andachtsbild unzweifelhaft hinweist (Abb. 3), und kam schließlich bei der Klosteraufhebung 1802 mit den Franziskanerinnen nach Reutberg, wohin diese zum »Aussterben« geschickt worden waren.

DAS PRAGER JESULEIN

Kein anderes Jesuskind-Gnadenbild hat jemals so weite Verbreitung gefunden wie das Prager Jesulein (Abb. 4), das um 1520 entstanden und im Hochaltar der Karmeliterkirche Santa Maria de Victoria auf der Prager Kleinseite zur Verehrung ausgesetzt ist. Nachbildungen dieses Kindleins (Kat.-Nr. 161–165) sind heute die Gnadenbilder von Wallfahrten in Deutschland, Österreich, Frankreich, Polen, Ungarn und vielen anderen europäischen Ländern, auf den Philippinen, in Vietnam und in China. Die Geschichte des Kindes in Prag ist durch bedeutende Ereignisse der Weltgeschichte geprägt, seine Herkunft ist jedoch bis heute ungeklärt. Vermutlich aus einem spanischen Kloster stammend, gelangte die 47 cm hohe, über einen Holzkern modellierte Wachsfigur im frühen 16. Jahrhundert in die Hände einer Doña Isabella Manrique de Lara y Mendoza. Als ihre Tochter Maria 1556 den böhmischen Adligen Vratislav von Pernstein heiratete, gab sie dieser die Figur als Brautgeschenk mit. So tat es auch Maria, als ihre Tochter Polyxena im Jahr 1587 zunächst den ebenfalls böhmischen Adligen Wilhelm von Rosenberg und später in zweiter Ehe Sidonius Adalbert von Lobkowitz, den höchsten Kanzler des Königreichs Böhmen, heiratete. Bevor Polyxena nach dem Tod ihres Mannes Prag verließ, schenkte sie die Jesuskind-Figur im Jahr 1628 dem Kloster der Unbeschuhten Karmeliter der Siegreichen Jungfrau Maria auf der Kleinseite. Die Legende kennt auch die Worte, mit denen sie das Kindlein übergab: »Ich gebe Euch das mir teuerste, bewahrt die Statue in Ehrfurcht hier und dass es Euch wohlergehe.«[12]

Zunächst wurde die Figur, die der Prior im Oratorium aufstellen ließ, vornehmlich von den Novizen verehrt. Als sächsische Soldaten 1631 in Prag einfielen und auch das Karmeliterkloster plünderten, blieb das Jesulein mit zerbrochenen Gliedmaßen unbeachtet hinter dem Altar liegen. Vermutlich ebendort überstand es den Überfall der Schweden und die vorübergehende Flucht des Noviziats nach München, denn erst im Jahr 1638 wurde es von einem nach Prag zurückgekehrten Pater Cyrill dort aufgefunden. Nach der Neuanfertigung seiner Arme und Hände konnte es wieder zur öffentlichen Verehrung ausgestellt werden. Der Mönch soll beim Gebet vor der kleinen Statue in einer Vision die Worte vernommen haben: »Je mehr ihr mich ehrt, umso mehr werde ich euch segnen«.[13] Dieser Text ist auf zahlreichen Gebetbuchbildchen aus Prag zu finden. Im Jahr 1651 verfügte der Karmelitergeneral, dass künftig alle Ordensangehörigen zur Verehrung des Kindleins beitragen sollten. Damit begründete er die weltweite Verbreitung des Gnadenbildes. Schon in der zweiten Hälfte des 17. Jahrhunderts erhielt es zahlreiche äußerst wertvolle Stiftungen aus dem böhmischen Adel. Kaiser Ferdinand III. war einer der ersten Beter vor dem Kind. Die Familie Martinic tat sich in der Vereh-

Abb. 3
Andachtsbildchen mit Gnadenbild
aus dem ehemaligen Pütrichkloster
in München. Kupferstich von 1757.

Abb. 4
Andachtsbild mit Prager Jesulein.
Kupferstich, Mitte 18. Jahrhundert.

rung des Jesuleins besonders hervor: 1651 veranstaltete sie mit der Figur eine Prozession durch
die Kirchen von Prag, bald danach schenkte Bernard Ignaz Martinic dem Gnadenbild ein wert-
volles Krönchen. Die offizielle feierliche Krönung aber fand erst 1655 durch den Weihbischof
O. Josef Corta statt. Auch die hierzu verwendete, mit Edelsteinen und Perlen besetzte Gold-
krone war von Bernard Ignaz Martinic gestiftet worden; sie war allerdings nicht – wie es das
Zeremoniell eigentlich vorschrieb – vom Papst geweiht. Der Ruhm des »Liebreichen Jesuleins«, des *Gratiosus Jesulus Pragensis*, wie die Figur bald genannt wurde, verbreitete sich in
ganz Europa durch die Schrift *Pragerisches Gross und Klein* des Priors Emerich a S. Stephano,
die 1736 in deutscher und 1749 in tschechischer Sprache erschien. In dem Kapitel über die
Wunder, die das Jesulein gewirkt hatte, berichtet der Autor auch über den Bildhauer Johann
Georg Schlansovsky, der bereits 1739 etwa einhundert Kopien der Figur in drei Größen angefertigt hatte, die in ganz Europa verteilt wurden. Im weiteren 18. und im 19. Jahrhundert dienten die zumeist von Prager Stechern hergestellten Kupferstiche des Jesuleins der Verbreitung
seines Ruhmes und der persönlichen Andacht ihrer Besitzer. Bei vielen dieser Kleingrafiken
wurden die Gewandteile in der Manier der Spickelbilder aus dem Papier ausgeschnitten und
mit kostbaren Stoffstückchen hinterlegt; ähnlich wurde mit dem Sockel der kleinen Statue
und dem Nimbus verfahren, die meist mit Goldfolie unterfüttert wurden.

Als die kleine Kapelle die herandrängenden Pilger nicht mehr fassen konnte, erhielt
das Jesulein seinen Platz in einem Silberschrein auf dem dem hl. Joachim und der hl. Anna
geweihten Seitenaltar. Auf dem Höhepunkt seiner Verehrung erhielt das Prager Jesulein zahllose kostbare Votiv- und Weihegaben. Doch als nach dem Tod der Kaiserin Maria Theresia, die
eine Verehrerin des Gnadenkindes gewesen war, ihr Sohn Joseph II. an die Macht kam, wurde
1784 der Karmeliterorden aufgelöst und die Kleinseitner Kirche an die Malteser übergeben.
Erst gegen Ende des 20. Jahrhunderts kehrten einige Karmeliter zurück. Doch auch in den Zeiten, als der Zustand von Kirche und Kloster erbarmungswürdig war, blieb die Verehrung des
Jesuskind-Gnadenbildes ungebrochen.

Bereits im 19. Jahrhundert wurde das Prager Jesulein, das zunächst vor allem im Habs-
burger Reich und in Bayern verehrt worden war, in der ganzen Welt bekannt. Aus entlege-
nen Ländern kommt auch ein erheblicher Teil der Garderobe der Figur, die stets mit Textilien
bekleidet ist. Dabei ist sie gar nicht nackt, sondern mit einem langen weißen Hemd, dem Kolobion, dargestellt. Und genauso sind alle in Prag hergestellten, authentischen Kopien gestaltet; anderswo entstandene Figuren zeigen oft nur die typische Kopfhaltung und den Umriss,

Abb. 5
Spickelbild mit Münchner
Augustinerkindl. Kupferstich
von J. A. Zimmermann, um
1760.

Abb. 6
Münchner Seminarikindl.
Kupferstich von Johann
Michael Söckler, München,
Mitte 18. Jahrhundert.

während sie unter der textilen Bekleidung als Gliederpuppe oder lediglich als Drahtgestell gearbeitet sind. Das originale Gnadenbild pflegte über dem Kolobion immer wieder unterschiedliche Gewänder zu tragen, die nach dem Wechsel der liturgischen Farben im Kirchenjahr aus seiner umfangreichen Garderobe ausgewählt wurden; das bekannteste dürfte das rotsamtene Kleid mit Hermelinkragen sein. Seit einiger Zeit wird es wegen seiner Fragilität jedoch nicht mehr verwendet. Das älteste bis heute erhaltene Kleid des Jesuskindes soll aus dem Jahr 1700 stammen; ein halbes Jahrhundert später erhielt es von Kaiserin Maria Theresia mehrere prächtig verzierte Gewänder zum Geschenk. Später kamen äußerst fein gestickte Seidenkleider aus Shanghai, von den Philippinen und aus Vietnam hinzu, die – wie auch die ungarischen oder die lateinamerikanischen – stets mit den für ihr Herkunftsland typischen Motiven und in den dort üblichen Handarbeitstechniken verziert sind. Porzellan und Gips waren im 19. und 20. Jahrhundert die bevorzugten Materialien für meist kleinformatige Nachbildungen des Prager Jesuleins im Prunkgewand, heute werden verschiedene Kunststoffe verwendet; die zahlreichen Gebetbuchbildchen sind mit Farbfotos bedruckt, die das Gnadenbild in einigen seiner schönsten Kleider zeigen.

DAS AUGUSTINERKINDL IM MÜNCHNER BÜRGERSAAL

Für Oberbayern und speziell für München hat das bis heute alljährlich nur zu Weihnachten in der Bürgersaalkirche in der Neuhauser Straße präsentierte so genannte Augustinerkindl eine ganz besondere Bedeutung.[14] Es stellt den Typus des liegenden, gewickelten (»gefatschten«), lebensgroßen Säuglings dar. Auch von ihm weiß die Legende Wundersames zu berichten. Sein Ursprung ist nicht bekannt, vermutet wird lediglich, dass italienische Patres das wohl in der ersten Hälfte des 17. Jahrhunderts in ihrer Heimat entstandene Wickelkind mit seinem so lebendig wirkenden Wachskopf und seinen tiefdunkel leuchtenden Glasaugen mitgebracht haben, als sie das schon im 13. Jahrhundert gegründete, aber in nachreformatorischer Zeit beinahe erloschene Kloster mit neuem Leben erfüllten. Erst ab 1634 wurde dort das Jesuskind mit dem fast unmerklich lächelnden Knabengesicht, das es dem Betrachter in einer leichten Drehung zuwendet, als Gnadenbild verehrt, und das kam so: Im Jahr zuvor soll es dem Pater, der die Aufgabe hatte, es zu Mariä Lichtmess nach der Weihnachtszeit wieder wegzuräumen, aus den Händen geglitten und sein Wachskopf auf dem Steinboden der Sakristei zerbrochen sein. Fast ein Jahr lang hielt er sein Missgeschick geheim, berichtete seinem Prior aber schließlich davon, als die vorweihnachtliche Zeit zum Aufstellen des Jesuleins wieder nahte. Wunderbarerweise, so erzählt die Legende, hatten sich die Scherben, die er in einem Schrank verwahrt hatte, wieder zusammengefügt. Das Jesulein erstrahlte in gewohnter Schönheit, lediglich kleine Sprünge seitlich des rechten Auges und an der Schläfe sind geblieben, und diese Narben weisen auch viele Nachbildungen der Figur auf. Im Laufe der Jahre erhielt das Augustinerkindl von seinen gläubigen Verehrern kostbaren Schmuck, Silberherzen, Taler und goldene Kreuzchen geschenkt. Die charakteristischen silbernen Spangen, die als Wickelbänder dienen, sind eine Gabe des Augsburger Silberschmieds Johann Jakob Schoap aus der Zeit um 1761/63. Ausgestellt wurde das Augustinerkindl über lange Zeit stets zu Weihnachten in einer bühnenartigen Kulisse, deren Aussehen durch zahlreiche kleine Andachtsbildchen aus den Offizinen der bedeutendsten Kupferstecher und Drucker des 18. Jahrhunderts überliefert ist. Das Kind lag, dem Betrachter zugewandt, in der Mitte auf einem Kissen, links eine Figur der knienden, anbetenden Muttergottes, rechts eine Figur des hl. Josef mit andächtig vor der Brust gekreuzten Armen. Ochs und Esel waren hinter dem Kind in einer Stallruine zu erkennen, über der auf Wolken Gottvater mit der Taube des Heiligen Geistes, umschwirrt von Putten, dargestellt war (Abb. 5). Das Augustinerkindl bildete also den Mittelpunkt einer Krippe mit lebensgroßen Figuren. So wird es auf unzähligen Kupferstichen oft hoher künstlerischer Qualität dargestellt, so hat es auch Ignaz Günther in einer lavierten Federzeichnung von 1755 wiedergegeben.[15] Es wird auch berichtet, dass die Figur zum Brauch des »Kindlwiegens« aus der Anbetungsszene herausgenommen und in einer hölzernen Wiege unter dem Gesang der Gläubigen gewiegt wurde.[16] Zahlreiche Nachbildungen des Augustinerkindls wurden, meist in Originalgröße, angefertigt und, wie auch die vielen Gebetbuchbildchen, mit einer Authentik und dem Vermerk »ist anberührt« versehen.

Als das Kloster im Jahr 1803 aufgehoben und die Augustinerkirche profaniert wurde,[17] kam das wächserne Jesuskind mit allen Teilen der Krippenkulisse zu den Elisabethinerinnen, die für ein Weiterleben seiner Verehrung sorgten. Doch schon 1817 mussten sie es zu ihrem großen Kummer auf allerhöchste Weisung wieder hergeben, und das hatte politische Gründe. Am 12. Februar des genannten Jahres nämlich erbat sich das Konsilium der Marianischen Männerkongregation in einem Schreiben an den Kronprinzen Ludwig, den späteren König Ludwig I., den »ehemaligen Gnadenschatz der hiesigen Augustinerkirche, nämlich das im Wachs wirklich schön und künstlich bousirte Jesukind«, für seine Kirche, den sogenannten Bürgersaal. Der Brief an den jungen Prinzen war ein kluger Schachzug, denn das Haus Wittelsbach war nicht nur der Marianischen Kongregation eng verbunden – die Bitte hatte ganz andere Hintergründe: Alljährlich nämlich hatte vor der Säkularisation im Anschluss an die Christmette vor dem Gnadenkindl ein vierzigstündiges Gebet und danach eine vierzigtägige Andacht zur »Erhaltung des edlen Stammhauses Wittelsbach in Bayern« stattgefunden, an der stets die gesamte Herrscherfamilie teilnahm. Es verwundert also nicht, dass die Elisabethinerinnen das wächserne Kindlein mitsamt der Krippenbühne an den Bürgersaal abgeben mussten, wo es ohne die Begleitfiguren bis heute alljährlich zu Weihnachten aufgestellt wird. Wallfahrtsziel ist es nicht mehr. Es wird vielmehr als liebevoll gehegtes Requisit der Weihnachtszeit wahrgenommen, als ein Kulturgut, dem sich besonders Münchner mit langer Familientradition verbunden fühlen. Galt es doch einstmals als charmante Schmeichelei gegenüber jungen Eltern, wenn man ihr Neugeborenes als »schön wie das Augustinerkindl« bezeichnete.

DAS MÜNCHNER SEMINARIKINDL

Nur wenige Nachbildungen sind vom sogenannten Seminarikindl der 1646 errichteten ehemaligen Gregoriuskirche des Seminars der Sängerknaben von St. Michael in der Münchner Neuhauser Gasse bekannt; ganz selten wurde diese Jesuskind-Darstellung dreidimensional ausgeformt. Das Original nämlich ist ein Gemälde, das als Motiv häufiger in der Möbelmalerei des 18. Jahrhunderts in der Region südlich von München, zwischen Isar und Inn, vorkommt als in Form eines verzierten Schreins mit einer Schnitzfigur (Kat.-Nr. 169).[18] Allerdings hat die Geschichte des Seminarikindls in jüngster Zeit eine so schöne Wendung erlebt, dass auch diesem ehemaligen Münchner Gnadenkindl hier ein Abschnitt gewidmet werden soll.

Viel weiß man nicht über seinen Ursprung. Das etwa 70 auf 60 cm große Ölgemälde dürfte um 1720 entstanden sein und wird Jacopo Amigoni, der ab 1717 für den kurfürstlichen Hof in München tätig war, zugeschrieben, wobei der Künstler auf einen Darstellungstypus zurückgreifen konnte, der vor allem in den Niederlanden schon im 17. Jahrhundert ausgebildet worden war. Vermutlich ist das Bild von einem besonderen Gönner der Sängerknaben, möglicherweise sogar von Kurfürst Max Emanuel selbst oder von der Kurfürstin, in Auftrag gegeben worden. Karl Trautmann beschrieb 1914 in seinen Kulturbildern aus Alt-München, für die er Joseph Martin Forsters *Das gottseelige München*, 1895, und die Werke von Westermayer als Quellen benutzte, das Seminarikindl als ein Gnadenbild, »zu dem die Familienmütter der Nachbarschaft so gerne im Gebet ihre Zuflucht nahmen bei allen Nöten und Sorgen ihres jungen Nachwuchses.«[19]

Das Bild zeigt das mit einem über seine Schultern und seine Beine gelegten weißen Mantel bekleidete Kind in sitzender Haltung, wobei kein Sitzmöbel zu erkennen ist, umgeben von Rosen und Puttenköpfen. Der aus der Sicht des Betrachters leicht nach rechts geneigte, von blonden Locken umrahmte kindliche Kopf ist von einem Strahlennimbus hinterfangen. Das Kind weist mit seiner rechten Hand auf das auf seiner entblößten Brust erscheinende, von Flammen umgebene, durchstoßene Herz. Sein linkes Ärmchen ist in einer einladenden Geste mit geöffneter Hand nahezu waagrecht vom Körper weggestreckt. Das anmutige Gemälde ist in einen kostbar geschnitzten und vergoldeten Rahmen eingefügt. Die Herz-Jesu-Verehrung geht auf die Salesianerin Margaretha Maria Alacoque um die Jahre 1673/75 zurück, doch erst Papst Klemens XIII. gestattete 1765 das Herz-Jesu-Fest für einige Diözesen, 1856 wurde es für die ganze Kirche vorgeschrieben. Herz-Jesu-Bruderschaften gab es allerdings schon früher: in Rom 1729 und in der Diözese München-Freising, etwa in Hohenpeißenberg, bereits 1709.

Seit der Säkularisation, der auch das Seminar der Sängerknaben von St. Michael zum Opfer gefallen war, galt das originale Gemälde des Seminarikindls als verschollen. Im Jahr 2010 ist eine Version des Gemäldes im Münchner Kunsthandel aufgetaucht, und es gibt gute Gründe, in diesem Bild das verschollene Original zu sehen. Das Kunstwerk konnte für das Albertinum, das Nachfolgeinstitut des Internats der Sängerknaben, des Domus pauperum studiosorum S. Gregorii Magni, erworben werden.

Äußerst qualitätvolle Kupferstiche mit der Darstellung des Seminarikindls, so etwa von Franz Xaver Jungwi(e)rth und seinem Schüler Johann Michael Söckler (Abb. 6), haben in der zweiten Hälfte des 18. Jahrhunderts zu seiner recht weiten Verbreitung beigetragen. Sie weisen in ihrem Text entweder auf den Standort des Gemäldes »bei St. Gregor in der Neuhauserstraße« hin oder deuten mit ihrer Unterschrift auf Lukas 12, Vers 49: »Ich bin gekommen, ein Feuer auf die Welt zu senden.«

Vermutlich bildete aber schließlich eine Kopie des Münchner Bildes aus den Jahren um 1765/70 von einem unbekannten Maler den Ausgangspunkt für seine weitere Verbreitung in Oberbayern, denn dieses Bild wurde in einem reichen Rokokorahmen auf dem Hochaltar der Jakobskirche des Augustiner-Chorherrn-Stifts Weyarn aufgestellt, für den Ignaz Günther in den Jahren 1763/64 Figuren geschaffen hatte. 1795 bildete sich am Ort eine Herz-Jesu-Bruderschaft, die ganz offensichtlich die Verehrung des Jesuskindes durch das Veranstalten von Wallfahrten nach Weyarn nachhaltig beförderte. In den 1780er- bis 1790er-Jahren dann hat das Münchner Seminarikindl über die Weyarner Kopie Eingang in die Miesbacher Möbelmalerei gefunden. Vorzugsweise auf den erhöhten Betthäuptern von ländlichen Himmel- wie von Aufsatzbetten findet man das in einer blühenden Wiese sitzende Kind mit dem brennenden Herzen auf der Brust. Die Worte »Cor meum vigilat« (mein Herz wacht) sind dem Bild meist als beziehungsreicher Hinweis auf den Schlaf des Menschen beigegeben. Über die weitverbreiteten Kupferstiche hat das Motiv auch Eingang in die oberbayerische Hinterglasmalerei, vorzugsweise in Oberammergau, gefunden, wo das Herz-Jesu-Kindlein noch in der ersten Hälfte des 19. Jahrhunderts in Serie gemalt und über Wanderhändler vertrieben wurde.

Im süddeutschen Raum am bekanntesten und in originalgetreuen Nachbildungen am weitesten verbreitet dürfte das kleine Jesuskindlein des Kapuzinerinnenklosters St. Maria Loretto in Salzburg sein. Zahllose kostbare oder auch weniger aufwändig gestaltete Kopien im reich verzierten Schrein, im schlichten Holzkästchen oder als kleines Andachtsbild sind bis heute in Kirchen-, Kloster- und Privatbesitz zu finden (Kat.-Nr. 139–159). Das von einem Unbekannten äußerst fein aus Elfenbein geschnitzte, nicht einmal ganz 10 cm große Figürchen hatte Mater Euphrasia Silberath im elsässischen Kloster Ensisheim um das Jahr 1620 von einer Gräfin von Oettingen als Geschenk erhalten. Vermutlich war es kurz zuvor geschnitzt worden und zeigte zunächst eine feine Bemalung der Augen, der Wangen und des Mundes, die später ebenso verloren ging wie die Goldfassung der Locken. Das Jesuskind neigt sein Köpfchen ein wenig nach rechts unten – so, als wolle es damit seine Zuneigung zu den Menschen, die es verehren, anzeigen. In seiner rechten Hand hält es ein Zepter, in seiner linken ein Kreuz.

Wegen seiner übergroßen Liebe zum Jesuskind, in der er mit seinem Ordensvater, dem hl. Franz von Assisi, wetteiferte, und weil sie selbst mit dem Aufbau ihres noch jungen Klosters sehr beschäftigt war, überließ Mater Euphrasia das Figürchen auf seine inständigen Bitten hin vorübergehend dem Guardian des Ensisheimer Kapuzinerklosters, Pater Johann Chrysostomus Schenck zu Castell, der es fortan hegte und pflegte wie ein lebendiges Kind (Kat.-Nr. 138). Er erhielt es jedoch lediglich als Leihgabe, die bei seinem Tod umgehend an Mater Euphrasia zurückgeschickt werden sollte. Über diesen Vorgang berichtet eine 1685 angefertigte Abschrift der eigenhändigen, später verloren gegangenen Aufzeichnungen von Mater Euphrasia: »Dißem Heiligen Vatter gabe ich mein Liebs Jesus Khindlein mit dißen Worten: Mein Pater Schenkh, hiemit so gibe ich euch mein Liebstes Jesulein, aber ich schenkh euchs nit, sondern ich leichs euch nur. Und wanns euch Euer Provincial nehmen will, so lasst ihms nit, sondern gebts mir wider. Danweill ich jest so vill arbeith mit dem Closter Bau habe, und dem Lieben Jesus Khindlein nit abwarthen khan, wie ich schuldig bin, so leich ichs euch nur, und wan mein Closter außgebauet, alsdann so mueßt ihrs mir wider göben, das ich ihme auch diene.«[20] Weiter wird berichtet, wie der aus dem Schweizerischen Kanton Sankt Gallen stammende Pater Schenk zu Castell das Figürchen umsorgte. »Als obs ein Lebendiges Khind wäre, hat er dasselbige alle Tag gespeißt und getrenckhet, auf und nidergelögt, auch gebadet, und mit ihm in den Garten gefiehrt [...] Wann er mit seinem Lieben Jesus Khindlein in der Zehl war, ist Er gar lustig mit ihm gewößt, und fangt ainmahl an mit Ihm zu röden [...]«.[21] Pater Chrysostomus beklagt sich bei seinem Kindlein halb scherzend, halb ernst, wie viel Mühe er mit ihm habe, worauf es antwortet: »Ey du Pater Schenckh, was habe ich nit nur alleweill mit dir zuschaffen, ich ließ mich für dich gaißlen, für dich krönen mit Dörnern, ich ließ mich für dich ans Kreuz naglen und bin gar für dich gestorben.«[22] All diese Begebenheiten erzählt der Pater dramatisch ausgeschmückt nicht nur seinen Brüdern im Kloster und legt damit den Grund für eine über Jahrhunderte anhaltende Verehrung dieses speziellen Jesuskind-Figürchens. Zu den immer wieder erzählten Wundergeschichten gehört auch diejenige vom Bad des Kindleins, das sein Pater anschließend zum Trocknen auf die Fensterbank gestellt hatte, von wo es herunterfiel und dabei zerbrach. Da soll er das Jesuskind wegen dieses Missgeschicks und weil es nicht auf sich selbst aufgepasst hatte, getadelt haben. Wunderbarerweise fügten sich die Scherben von selbst wieder zusammen, nur ein feiner Haarriss, der noch heute das Elfenbeinköpfchen durchzieht, ist geblieben. Auch von einem zweiten Sturz trug die Figur Beschädigungen davon. Um sie stets bei sich tragen zu können, hatte Pater Chrysostomus einen kleinen Holzkasten mit Schiebedeckel, das sogenannte Stammhäusl, anfertigen lassen, in welchem er die von ihm in ein schlichtes violettes Hemdchen gekleidete Figur einschließen konnte. Dieser kleine Kasten wird im Loretokloster in einem feuervergoldeten barocken Schrein aufbewahrt, den Maria Antonia Schenck zu Castell, eine Großnichte von Pater Chrysostomus, im Jahr 1742 hat anfertigen lassen.[23]

1643, nach dem Tod des Paters im Delémont, wurde die Figur einem anderen Kloster geschenkt, von wo sie erst nach abenteuerlichen Umwegen, gelenkt durch wunderbare Fügung und letztlich aufgrund von massiven Drohungen der Mater Euphrasia und des Erzbischofs

Sancta Agatha
Christi Braut
Dies Haus soll Dir sein
anvertraut
Schütz es vor Feuer
und Brand
Dazu das ganze
Vater Land

Paris Graf Lodron, wieder in den ursprünglichen Besitz zurückkehrte. Mater Euphrasia selbst hatte in den Wirren des Dreißigjährigen Krieges ihr Kloster im Elsass verlassen müssen, war nach Salzburg gekommen und dort ins Loretokloster eingetreten, wo sie noch bis 1662 lebte.[24] Das »Lorettokindl«, wie es bald genannt wurde, erlangte in Salzburg zunächst beim Hochadel großes Ansehen und erhielt reiche Schenkungen an Geschmeide und Gewändern. Die Kostbarkeiten kamen von der polnischen Königin, der bayerischen Kurfürstin Adelheid, der Herzogin von Sagan und von den böhmischen Fürstinnen Lobkowitz, Lamberg und Schwarzenberg. Sogar Kaiserin Elisabeth soll ihm, so wird berichtet, eigenhändig ein rotsamtenes, mit Perlen besticktes Kleidchen genäht haben; das war allerdings erst 1854. Im Jahr 1731 wurde dem nun sogenannten Lauretanischen Gnadenprinzen ein eigener Altar errichtet, auf dem er in einem kunstvoll gestalteten Schrein zur Verehrung ausgesetzt wurde. Die Kunde über zahllose Gebetserhörungen, die das Jesuskind vor allem an kranken und verletzten Kindern gewirkt haben sollte, war inzwischen weit über das Salzburger Land hinausgedrungen, Wallfahrer aus allen Schichten der Bevölkerung kamen nun oft von weit her. Als 1751 die einhundert Jahre während Anwesenheit der kleinen Figur in Salzburg feierlich begangen wurde, nahm die Verehrung einen noch größeren Aufschwung; zwei Jahre später sorgte ein gedrucktes Mirakelbuch für die Verbreitung der wunderbaren Begebenheiten um das Gnadenbild. In der zweiten Auflage des Büchleins von 1764 sind 45 Personen aus Bayern genannt, die Gnade und Hilfe vom Salzburger Lorettokindl erfahren hatten. 1754 wurde ein Verzeichnis der kostbaren Geschenke an das Lorettokindl zusammengestellt, das von Gold und Silber, Diamanten, Smaragden und Perlen im Übermaß berichtet, von Golddukaten, von Krönlein, Ringen und Kreuzen, besetzt mit edlen Steinen, und von »Kleidln« mit reicher Goldstickerei. Bis heute wird das Kindlein im Jahresfestkreis mehrmals umgekleidet; so trägt es zu Weihnachten sein kostbarstes rotes Gewand mit Perlstickerei, ab dem 10. Januar ein etwas weniger aufwändig gearbeitetes Kleid, ab Aschermittwoch ein violettes Bußkleid und am Ostersonntag wieder das Prunkgewand.

Aufklärung und Säkularisation, der Durchzug der französischen Truppen 1796, die Hungerjahre 1816/17 und ein verheerender Brand, dem im Jahr 1818 das Loretokloster und mit ihm 120 Häuser in der unmittelbaren Umgebung zum Opfer fielen, konnten die Verehrung des Jesuleins durch die gläubige Bevölkerung nicht schmälern – im Gegenteil.

Auch die Feier zur zweihundertjährigen Anwesenheit des Gnadenbildes im Jahr 1852 wurde festlich gestaltet. Das 20. Jahrhundert allerdings brachte noch einmal schwere Zeiten. Im August 1941 wurde das Kloster am Salzachufer beschlagnahmt und zum größten Teil profaniert. Vier Schwestern durften bleiben – sie erlebten mehrere Bombenangriffe im Luftschutzkeller, wohin sie das Jesulein stets mitnahmen, und am 11. November 1944 schließlich die Zerstörung von Kirche und Kloster. Doch schon zu Weihnachten desselben Jahres konnte das Gnadenbild in der vom Schutt befreiten Sakristei wieder aufgestellt werden.

Auch heute findet man das Gnadenbild nicht in der Kirche, sondern an der Klosterpforte, im so genannten Sprechzimmer, wo Gläubige seinen Segen erbitten können.

Vom Salzburger Lorettokindl gibt es, vor allem aus dem 18. Jahrhundert, außergewöhnlich viele Kupferstiche, die durchaus unterschiedliche Motive zeigen. Da sind zum einen die Darstellungen des Paters Chrysostomus in inniger Zwiesprache mit dem Kindlein in seinem schlichten Hemdchen im Stammhäusl, also so, wie es aussah, als der fromme Guardian es in seiner Zelle aufbewahrte. Zum anderen wird er häufig mit dem kostbar gekleideten und gekrönten Kindlein auf seinem silbernen Sockel gezeigt, doch diese reiche Ausstattung erhielt es ja erst nach dem Tod des Paters in Salzburg. Immer zeigen diese Szenen im Inneren der Klosterzelle ganz deutlich den Gnadenstrahl, der, vom Kindlein ausgehend, das Gesicht des Paters zum Leuchten bringt. Zahllose Kupferstiche des Lorettokindls in seinen unterschiedlichen Prunkgewändern, angetan mit wertvollem Geschmeide, immer auf seinem Rokokosockel stehend, wurden bei den bedeutendsten Kupferstechern der Zeit in Österreich und Bayern verlegt und meist mit der Beschriftung »Wahre Abbildung des Gnadenreichen Jesu Kindl zu Maria Loretto in Salzburg« versehen. Auch dreiteilige Gebetszettel mit dem Gnadenbild in der Mitte wurden in großer Zahl an die Wallfahrer verteilt. Im 19. Jahrhundert kamen weitere Besonderheiten hinzu: Neben tatsächlich fein geschnittenen Spitzenbildern kamen die Nadelstichbildchen auf, in die mit dünnen Nadeln feine Muster gestochen wurden, sowie die Bildchen mit einer Verzierung aus Stanzspitze. Vielfach findet man collageartige Verschönerungen der einfachen Lithografien mit glänzenden Stoffen und farbigen Metallfolien. Heute haben Farbfotos im Offsetdruck die einstigen liebevollen Handarbeiten abgelöst. Auch das Stammhäusl des Pater Chrysostomus wurde im 18. Jahrhundert grafisch dargestellt: Meist wurde aus einem Kupferstich das Gewand des Jesuleins herausgeschnitten und mit einfachem Stoff hinterlegt. Ebenfalls aus Stoff, aus weißem Leinen nämlich, wurden und werden noch heute die sicherlich typischsten Wallfahrtsandenken aus dem Salzburger Loretokloster hergestellt – es sind kleine Streifen, welche die Windeln des Jesuskindes darstellen sollen, und Hemdchen mit und ohne Ärmel mit farbig umstickten Säumen. Auf Windeln und Hemdchen werden Echtheitsstempel mit dem Bild des Jesuleins aufgedruckt, und vor der Ausgabe an die Wallfahrer werden diese Devotionalien mit dem Gnadenbild berührt (Kat.-Nr. 160). Bis heute fertigen die Klosterfrauen kleine Stammhäusl mit dem schlichten, violett gekleideten Kindl darin als Wallfahrtsandenken an. Vor allem aus dem 18. Jahrhundert haben sich viele fein gearbeitete originalgroße Nachbildungen des Lorettokindls, meist mit einem Köpfchen aus hellem Wachs, das in seinem Farbton dem Elfenbein sehr nahekommt, erhalten; sie alle tragen glockenförmige Kleider aus Seide oder Brokat, die mit Goldfadenstickerei und Glassteinchen sowie mit Ornamenten aus Metalldraht reich verziert sind. ▬

1 Rothemund 1982, S. 36 f.

2 Vgl. den Beitrag von Steffen Mensch in diesem Katalog.

3 Nina Gockerell, »… Ist anberührt und hat die wahrhaffte läng und dick … Anmerkungen zu den Bemühungen um Authentizität von Gnadenbildkopien und Devotionalien«, in: *Maria allerorten. Die Muttergottes mit dem geneigten Haupt*, Landshut 1999, S. 123–134.

4 Slg. Kriss im Bayerischen Nationalmuseum, Inv.-Nr. Z 400; abgebildet in: ebd., S. 136.

5 Zuletzt hat F. Steffan das Wissen über die beiden Jesuskinder von Altenhohenau, dem immer wieder Aufsätze gewidmet worden waren, zusammengefasst: Steffan 2008.

6 Über die beiden Jesuskinder von Altenhohenau siehe auch: Rattelmüller 1994, S. 115–122.

7 Ein weiteres schönes Beispiel dafür ist die Figur, die Anna Ernestine von Thun 1704 zur Profess erhielt und für deren Herstellung eine exakte Kostenkalkulation erhalten ist, abgedruckt in: Roth 1966, S. 74 f.

8 Theodor Müller, *Alte Bairische Bildhauer. Vom Erminoldmeister bis Hans Leinberger*, München 1950, S. 36, Abb. 58.

9 Die Sammlung mittelalterlicher Skulpturen des Bayerischen Nationalmuseums besitzt eine um 1460 zu datierende Figur eines Jesuskindes mit der Weintraube (Inv.-Nr. 91/43), die, wenngleich wesentlich ausgreifender in ihrer Bewegung, denselben Typus darstellt und dem Meister der Dangolsheimer Muttergottes zugeschrieben werden kann, vgl. dazu: Hans Peter Hilger, *Das Jesuskind mit der Weintraube. Bayerisches Nationalmuseum (Bildführer 19)*, München 1991; hier auch ausführliche Hinweise auf die Ikonografie dieses Figurentyps.

10 Einige Wunderberichte sind aufgeführt in: Rattelmüller 1994, S. 119 f.

11 Neu- und Alte Andachten / zu grösster Ehr Gottes / auß Unterschiedlichen Alt- und Neuen Hand-Büchlein gezogen / Zum Trost und Hülff / Aller Tugendergebenen / auch Neuangehenden eyferigen Dienern und Dienerinnen Gottes« …, Eger 1719, fünfter Teil.

12 Jan Royt u. a., *Das Prager Jesuskind*, Prag 1992, S. 52.

13 Rothemund 1982, S. 82.

14 Kürzeder 2010. Seit 2010 beherbergt die Bürgersaalkirche im linken Seitenschiff ein Museum, das nicht nur Pater Rupert Mayer, sondern auch dem Augustinerkindl gewidmet ist. Dort ist seine Geschichte nun ganzjährig nachvollziehbar, das Original ist dauerhaft ausgestellt und wird nur zu Weihnachten in die Kirche gebracht.

15 Staatliche Graphische Sammlung München, Inv.-Nr. 5935 Z.

16 Zum Kindlwiegen siehe: Gockerell 1997, S. 19–21.

17 Die säkularisierte Kirche wurde zunächst Mauthalle und beherbergt seit 1966 das Deutsche Jagd- und Fischereimuseum.

18 Gebhard 1960.

19 Karl Trautmann, *Kulturbilder aus Alt-München*, Erste Reihe, München 1914, S. 158.

20 Der gesamte Text der Abschrift ist abgedruckt bei Rothemund 1982, S. 257–261, hier S. 258.

21 Ebd.

22 Ebd.

23 Paul Ernst Rattelmüller, »Ein köstliches Kunstwerk, aus Elfenbein geschnitzt. Das Loretto-Kindl in Salzburg«, in: *Charivari* 12, 1994, S. 9–12; hier auf S. 12 eine Farbabb. des Schreins.

24 Von den wunderbaren Verwirrungen und den Irrwegen bis zur glücklichen Wiedervereinigung von Mater Euphrasia und dem Jesuskind-Figürchen wird in den folgenden Publikationen ausführlich berichtet: *Verehrung Christi im Loretto-Kind von Salzburg. Geschichte und Verehrung dieses wundertätigen Jesukindes im Kloster der Kapuzinerinnen von der Ewigen Anbetung zu »St. Maria Loretto« in Salzburg*, neu bearb. u. hrsg. von P. Gaudentius Walser, Kapuziner, Salzburg, 23. Aufl. 1971; Rattelmüller 1994, S. 58–79; Rothemund 1982, S. 98–103; hier auf den S. 257–261 der Abdruck des Berichts über die Entstehung der Salzburger Lorettokindl-Wallfahrt von M. Euphrasia Silberrath.

1 Jesuskind im Schrein

Süddeutschland, letztes Drittel 18. Jahrhundert
Gliederfigur (Hals, Schultern, Ellenbogen, Hüften, Knie), Holz,
teilweise polychrom gefasst, Glasaugen, Perücke, Höhe 33 cm
Sockel: Holz, polychrom gefasst und ölvergoldet, 5 × 13 × 11 cm
Schrein: Holz, polychrom gefasst und vergoldet, Glasscheiben,
62,5 × 39 × 18 cm
Bekleidung: Seide, Leinen, Goldfaden (riant), Pailletten, Frankreich,
2. Hälfte 18. Jahrhundert
Ursulinenkloster St. Joseph, Landshut

Das Jesulein, dass der jungen Novizin bei Klostereintritt als Mitgift von ihrer Familie geschenkt wurde, sollte nicht nur ihren eigenen emotionalen und spirituellen Bedürfnissen dienen, sondern auch den Status und den Wohlstand ihrer Herkunftsfamilie dokumentieren. Zu der Skulptur selbst gehörte neben Zubehör wie Kleidung, Schmuck und Attributen oft auch ein Glasschrein, in dem die kleine Skulptur in der Zelle würdevoll aufbewahrt werden konnte. Bei Kindern, die wie im vorliegenden Fall im Originalschrein erhalten sind, ist aber häufig auch die Rückseite ausgearbeitet und verziert, sodass die Figur auch separat auf ihrem kleinen Sockel frei im Raum präsentiert werden konnte.

Das Landshuter Schreinkind ist als vollständig bewegliche Gelenkfigur gestaltet, der geschnitzte Körper ist bis auf die sichtbaren Teile ungefasst und ohne Modellierung. Die weißblonde Haarperücke ist auf den Schädel aufgeklebt, dürfte aber wohl alt sein. Die gespreizte Haltung der rechten Hand weist darauf hin, dass dem Kind ein kleiner Gegenstand in die Hand gegeben werden konnte; ein Professandenken (Ring, Sträußchen) böte sich von der Größe her an.

Die Jesuskind-Figur trägt ein Seidendamastkleid mit großen farbig und gold broschierten Blumenmotiven. Das Vorderteil des Kleides ist auf der Brust beidseitig symmetrisch in zwei Falten gelegt, sodass das Mittelstück, das sich auch durch seine Zweifarbigkeit von den übrigen Partien desselbigen Gewebes unterscheidet, hervorgehoben wird. Ein weißes Seidenband mit aufgenähten Pailletten und gestanzten Metallplättchen gürtet das Kleid mit einer großen gelegten Schleife in der Taille. Der Saum des Kleides ist mit einer breiten Goldspitze besetzt, Ärmel und Halsausschnitt mit einer ganz schmalen Goldspitze. Die Ärmel sind relativ weit, aber geschlossen gearbeitet und enden mit einem weißen Spitzenbesatz. Das Kleid ist mit weißem und rosa Leinengewebe gefüttert. AIN/AML

2 Bildnis einer Prinzessin

Um 1780
Öl auf Leinwand, 128 × 94 cm (ohne Rahmen)
Bayerische Verwaltung der staatlichen Schlösser, Gärten und Seen,
Inv.-Nr. ResMü.G0608

Ein etwa fünfjähriges Mädchen präsentiert, fein herausgeputzt in einem blauseidenen Kleid mit aufwändigem Spitzenbesatz, eine voll erblühte Rose. Das Mädchen hat diese mit gespreizten Fingern dem geflochtenen Blumenkorb entnommen, der auf einem antikisierenden Architekturfragment steht. Weitere Blütenköpfe liegen bereits in seiner Schürze, die es mit seiner linken Hand anhebt, um das Herausfallen der Blumen zu verhindern. Eine Schmuckagraffe ziert die mit breiten Bändern unter dem Kinn gebundene, spitzenbesetzte Haube. Das Herausnehmen und Vorzeigen der Blüte bewirken eine verhaltene Bewegung des in einer Parklandschaft stehenden Kinds, das ganz nach der Mode erwachsener Frauen gekleidet ist.

Eigenständige Kinderbildnisse entstanden im 15. Jahrhundert und dienten überwiegend dynastischen Zwecken, im Falle des hohen Adels zur frühzeitigen Anbahnung von Hochzeiten, hatten aber auch repräsentative oder memoriale Funktion. Dass es sich trotz der kindhaften Lebendigkeit um ein typisiertes Porträt handelt, zeigen vier weitere Gemälde mit der Darstellung ähnlicher Mädchen, die in Haltung, Bekleidung und Aufmachung weitgehend identisch sind. Das malerisch schönste und wohl auch als eigentliches Urbild anzusehende Porträt stammt von dem gebürtigen Schweden George Desmarées (1697–1776), der seit 1730 in München tätig war und am kurbayerischen fürstlichen Hof wie beim bayerischen Adel außerordentlich geschätzt wurde. Es zeigt Gräfin Holnstein als kleines Mädchen (Privatbesitz um 1760). Die anderen vier Gemälde kommen ebenfalls aus dem höfischen Umfeld Münchens. Die Wiederholung des Desmarées'schen Porträts aus der Münchner Residenz könnte nach Feulner von Franz Joseph Winter (um 1690–nach 1756) stammen.

Verglichen mit dem Bildnis zweier Kindernonnen (Kat.-Nr. 3), werden auf den ersten Blick die Unterschiede deutlich: Das der Welt zugekehrte Mädchen präsentiert seine schon jetzt erkennbaren Reize, die schöne Gestalt mit der reinen, elfenbeinschimmernden Haut, und seinen Status mit der kostbaren Agraffe beinahe fühlbar. Die symbolträchtige Landschaft allerdings verbindet im rein geistigen Sinne die ansonsten unterschiedlichen Porträts miteinander, indem sie in Anlehnung an das Bildthema der Maria im *Hortus conclusus*, dem verschlossenen Garten, auf die Keuschheit des Mädchens verweist, hier allerdings dienstbar gemacht für die Inszenierung der gesellschaftlich determinierten Rolle der Frau. CR

LITERATUR: *Katalog der Gemälde im Residenzmuseum München und in Schloß Nymphenburg (Inventare der Kunstsammlungen des ehemaligen Kronguts in Bayern, I. Reihe, Gemälde Bd. I),* bearb. von Adolf Feulner, München 1924, S. 113, Nr. 608; Ingeborg Weber-Kellermann, *Die Kindheit. Eine Kulturgeschichte,* Frankfurt a. M. 1997; Laurentius Koch, »Das Fräulein mit der Rose. Zu einem Kinderbildnis-Typus des Münchner Hofporträtisten George Desmarées«, in: *Weltkunst,* 67, 1997, S. 2757–2759, Abb. 2, S. 2758.

3 Zwei kindliche Ordensfrauen

Süddeutschland, Anfang 18. Jahrhundert
Öl auf Leinwand, 91,5 × 115 cm
Kloster Heilig Kreuz, Mindelheim

Vor einem graugrünen Hintergrund befinden sich zwei sehr junge Ordensfrauen. Dass es sich um historische Personen handelt, zeigen die individuell gezeichneten Gesichter der Mädchen, die wohl acht bis zehn Jahre alt sein dürften. Vermutlich sind es leibliche Schwestern, die physiognomische Ähnlichkeit ist deutlich zu sehen. Während das links im Bild stehende Mädchen mit fragendem Blick den Betrachter fixiert, hat es demütig seine Hände unter dem Skapulier verborgen. Dies wird dem Betrachter durch seine Schwester gezeigt, die von hinten an es herangetreten ist und den Mantel zur Seite zieht. Sie hat den Kopf leicht geneigt und blickt den Betrachter mit lebhaften Augen an, während sie in ihrer Hand ein geistliches Buch hält, in dem sie mit einem Finger das unterbrochene Gebet markiert. Die kindlichen, rosigen Gesichter, die wachen Augen und das angedeutete Lächeln scheinen bereits vom gemessenen Ernst der Klosterfrau geprägt zu sein, der jede ungestüme Äußerung verbietet. Ihrem geistlichen Stand entsprechend tragen die Mädchen den Habit der Karmelitinnen, bestehend aus einem braunen Ordenskleid mit Skapulier und hellem Mantel sowie den schwarzen Schleier mit einem weißen, in feine Falten gelegten Brusttuch. Das in der malerischen Ausführung und dem psychologisch forschenden Blick für ein Franziskanerinnenkloster außergewöhnliche Gemälde gibt einige Rätsel auf. Zum einen tragen die Mädchen keine typische franziskanische Ordenstracht, was man aufgrund der Eigentümer des Gemäldes erwarten dürfte. Zum anderen wurden nach den Bestimmungen des Konzils von Trient, also seit dem ausgehenden 16. Jahrhundert, Mädchen unter 16 Jahren nicht mehr zur Profess zugelassen, dennoch tragen beide den geweihten schwarzen Schleier. Das Gemälde vermag trotz dieser ungeklärten Aspekte die Situation der Mädchen im ausgehenden Mittelalter vor Augen führen, die häufig schon als Kinder in die Obhut der Klöster gegeben wurden. SM

Wallfahrten

zum Jesuskind

4 Ansicht des Klosters Zum Heiligen Kreuz in Mindelheim

Nach 1740
Öl auf Leinwand, 29,2 × 38 cm
Kloster Heilig Kreuz, Mindelheim

Die Ansicht zeigt das Mindelheimer Franziskanerinnenkloster Zum Heiligen Kreuz, wie es sich bis heute beinahe unverändert darbietet. Vermutlich entstand das Gemälde anlässlich der Erneuerung dreier Flügel des Klostergevierts kurz nach 1739/40. Durch den 1713 gebauten Verbindungsgang gelangten die Schwestern auf bequeme Weise vom Nordflügel, dem 1680/81 errichteten, jedoch auf einen spätgotischen Vorgängerbau zurückgehenden Kern des Klosters, in die benachbarte Stadtpfarrkirche St. Stephan, wo sie auf der Nonnenempore unbeobachtet an der Messe teilnehmen konnten. Eine hohe Mauer trennt das Kloster vom angrenzenden Friedhof und dessen öffentlich zugänglicher Gruftkapelle und bildet so einen schmalen Korridor im Außenbereich. Gegründet wurde das Kloster von sechs Mindelheimer Bürgerstöchtern, die sich 1456 dem Dritten Orden des hl. Franziskus anschlossen und zunächst in karitativen Arbeitsfeldern tätig waren, bevor sie sich 1490/91 der strengeren Regel der Observanten anschlossen und sich in Klausur (von lateinisch *claudere*, schließen, und dem spätlateinischen *clausura*, Verschluss) zurückzogen.

Die Errichtung einer Klausur, eines von der Außenwelt streng abgeschirmten Lebensbereichs, nimmt Einfluss auf die bauliche Gestalt eines Klosters, dessen idealtypische Form bereits im St. Gallener Klosterplan des frühen 9. Jahrhunderts vorgeprägt ist. Neben Dormitorium beziehungsweise Zellen und Zellengang gehören Refektorium (Speisesaal), Kapitelsaal, Kreuzgang und Nonnenchor ebenso wie der Garten zum inneren Bereich des Klosters, der in Mindelheim im ältesten Trakt der Vierflügelanlage untergebracht, jedoch aufgrund der topografischen Lage ohne eigenen Kreuzgang und Garten geblieben ist. Die Schwestern waren mit der Außenwelt durch ein Sprechgitter verbunden, das ihnen äußerst selten, in begründeten Fällen und nur mit Genehmigung der Oberin zur Verfügung stand.

Für die Bewohnerinnen war das Kloster die Welt, ein – etwas verklärt gesprochen – »paradiesischer Raum von idealisierter Innerlichkeit, der einen Vorgeschmack auf die kommende Welt bot«. Als biblische Metapher empfahl sich der im Hohelied beschriebene Garten: »Ein verschlossener Garten ist meine Schwester Braut, ein verschlossener Garten, ein versiegelter Quell« (Hld 4,12). Honorius Augustodunensis (1151 gestorben) verglich das Kloster folglich auch mit dem Garten Eden, wobei allerdings das Kloster ein noch sicherer Ort sei als Eden. Der *Hortus conclusus* wurde bald zum archetypischen Symbol der Klausur, vor allem im Zusammenhang mit den Klosterreformen des späten Mittelalters. Zuvor schon hatten die

Kommentatoren des Hoheliedes, allen voran Honorius und Bernhard von Clairvaux (um 1090–1153), mit dem Bild des umschlossenen Gartens die Unberührtheit und Jungfräulichkeit Mariens gerühmt und mit der Braut je nach Absicht die Kirche, Maria oder die menschliche Seele gemeint. Um 1400 entstand das Bildthema des *Hortus conclusus,* des Paradiesgärtleins als eines umschlossenen Gartens, in dem Maria mit ihrem kindlichen Bräutigam und oftmals in Begleitung von Engeln und Heiligen ruht. Für die als Braut Christi in Klausur lebende Nonne war die Gartenallegorie mit der *Virgo Maria* ein Vorbild der Reinheit und Keuschheit; der Ort des ummauerten Klosters wird als Vergegenwärtigung des irdischen Paradieses in Gemeinschaft mit der Jungfrau Maria und den Heiligen verstanden.

Auch wenn innerhalb des Mindelheimer Klosters keine Gartenanlage möglich war, ist das allegorische Bild vom *Hortus conclusus* in der Architektur verbildlicht. Zwei Nonnen sind im Hof und auf einer schmalen Terrasse zu sehen, die vom Dachgiebel des Nordflügels zu erreichen ist. Zumindest eine von ihnen genießt beschaulich den Blick in den Himmel. CR

LITERATUR: Jeffrey F. Hamburger, »›Clausura‹. Die abgeschlossene Lebenswelt«, in: Ausst.-Kat. *Krone und Schleier. Kunst aus mittelalterlichen Frauenklöstern, Ruhrlandmuseum: Die frühen Klöster und Stifte 500–1200; Kunst- und Ausstellungshalle der Bundesrepublik Deutschland: Die Zeiten der Orden 1200–1500,* hrsg. von Kunst- und Ausstellungshalle der Bundesrepublik Deutschland, Bonn, und Ruhrlandmuseum Essen, München 2005, S. 424; LCI, 2, Sp. 77–82 (Peter Diemer); Katharina Ulrike Mersch, *Soziale Dimensionen visueller Kommunikation in hoch- und spätmittelalterlichen Frauenkommunitäten. Stifte, Chorfrauenstifte und Klöster im Vergleich,* Göttingen 2012, S. 321; Pörnbacher 2006 (mit älterer Literatur).

5 Votivbild mit junger Nonne

Süddeutschland, Mitte 17. Jahrhundert
Öl auf Holz, 36,5 × 53,5 cm
Diözesanmuseum Freising, Slg. Gantenhammer

6 Chronik des Landshuter Heilig-Kreuz-Klosters

Landshut, 1779
Einband geprägtes Leder, 34,5 × 25 cm
Kloster St. Johann im Gnadenthal, Ingolstadt
(folgende Doppelseite)

Dem Bedürfnis, sich in einem besonderen Anliegen unter den Schutz der Gottesmutter zu stellen, gibt dieses Votivbild Ausdruck. In einem nur vage angedeuteten Raum kniet eine elegant gekleidete Frau, deren dunkles Kleid mit weißer Bluse und Spitzenkragen der bürgerlichen Mode des 17. Jahrhunderts entspricht. Vor der Dame kniet ihre Tochter im Habit der Dominikanerinnen mit weißem Kleid, Skapulier und schwarzem Schleier. Wie ihre Mutter hält sie einen Rosenkranz in den zum Gebet gefalteten Händen. In der linken oberen Ecke erscheint Maria mit dem segnenden Jesuskind in einer strahlenden Gloriole. Zwar bestätigt der Schriftzug »ExVoTo« die Stiftung des Gemäldes aufgrund eines Gelübdes, der konkrete Anlass lässt sich jedoch nicht mehr nachvollziehen, und auch die Darstellung der Maria mit Kind lässt auf keinen konkreten Gnadenort schließen. Dennoch ist zu vermuten, dass das Anliegen der Mutter mit der Berufung der Tochter und deren Eintritt in ein Kloster zusammenhängt. SM

Die Chronik eines Klosters ist historisch besonders wertvoll, da sie das Gedächtnis des Hauses und des Konvents darstellt. Als das Heilig-Kreuz-Kloster in Landshut aufgelöst wurde, übersiedelten die 22 Schwestern mit einem Teil des Inventars und dieser Chronik nach Ingolstadt. Sie verzeichnet und beschreibt die besonders feierlichen Messen, Todestage bedeutender Persönlichkeiten und geschichtliche Ereignisse, so wird unter anderem auch »der blutdürstige Mordtyrann Robespierre« genannt. Von großer Bedeutung sind die biografischen Daten der Chor- und Laienschwestern, die tabellarisch in folgenden Rubriken genannt werden: »Jahr und Tag der Einkleidung, Tauf- und Zunamen in der Welt, Name der Religion, Vaterland, Jahr und Tag der Geburt, Jahr und Tag des Todes«. Diese Daten verraten zum Beispiel, dass die meisten Schwestern im Alter von 17 bis 20 Jahren aufgenommen wurden, während vor dem Konzil von Trient den Klöstern auch Kinder anvertraut worden sind. SM

EpcVoTo

Chor =

Jahr und Tag der Einkleidung	Tauf und Zu=name in der Welt	Namen der Religion
Anno 1714 den 22 Majus	M. Elisabetha Leichmann	Maria Angela
Anno 1715 den 3. Oct.	M. Justina Hofferin	Maria Cæcilia
Anno 1716 16. August.	M. Anna Holzherrin	Maria Laurentia
Anno 1717 26. Jul.	M. Jacobe Siglin	Maria Beatrix
Anno 1717 5. Sept.	M. Joanna Herbstin	Maria Benedicta
Anno 1719 11. Sept.	M. Margaretha Läigin	Maria Joanna
Anno 1722 14. Jun.	M. Eva There-sia Liblin	Maria Angelina
Anno 1722 21. Jun.	M. Anna Siglerin	Maria Emerentia
Anno 1723 3. Maij.	M. Anna Marquartin	Maria Euphros.

Vatterland	Jahr und Tag der Geburt.	Jahr und Tag des Todts.
Von Landshut	Anno 1696 den 5 Febr.	Anno 1774 den 5. Majus ☩
Von München	Anno 1694. den 31 Aug.	Anno 1740 31 Aug. ☩
Von Landshut	Anno 1699 17 Jul.	Anno 1705 20. April ☩
Von Landshut	Anno 1700 29. Juni.	Anno 1772 3 Decemb. ☩
Von Freysing	Anno 1700 31. Jul.	Anno 1764. 17 April. ☩
Von Freilach	Anno 1700 23 Mart.	Anno 1774 20. April. ☩
Von Landshut	Anno 1704. 24 Aug.	Anno 1771 26 Mart. ☩
Von Landshut.	Anno 1702 4 August.	Anno 1760 21 Decemb. ☩
Von Landshut	Anno 1703 9 Jun.	Anno. 1702. den 10. April ☩

7 Maria als Tempeljungfrau

18. Jahrhundert
Öl auf Leinwand, 79 × 62 cm
Kloster Heilig Kreuz, Mindelheim

Wie bei dem Bildtypus üblich, steht Maria als Tempeljungfrau auf einer Wiese, ihre Hände sind über der Brust gefaltet, den Kopf hält sie demütig geneigt. Als Zeichen der Jungfräulichkeit trägt sie ihre Haare offen und einen um die Taille gebundenen, verzierten Gürtel, dessen Ende bis auf die Erde reicht (Braut- und Hochzeitsgürtel). Die vom dunklen Blau des Kleides sich abhebenden stilisierten Ähren verweisen auf Maria als den Acker Gottes, eine Metapher, die aus dem Hohelied entnommen ist (Hld 7,2). Aus Maria wird der Erlöser hervorgehen, der das Sakrament der Eucharistie einsetzt, worauf die Ähren anspielen. In dem Erbauungsbüchlein *Andacht für alle fünff und zwanzig Tag jedes Monaths, die Kindheit Jesu zu verehren,* die in den *Geistlichen Krippen-Bau* der Augsburger Ausgabe von 1741 eingebunden ist und aus dem Kloster Mindelheim stammt, wird am 25. November eine Andacht zu Ehren des in dem heiligen Leib der »allerreinesten Jungfrauen« wohnenden Jesu mit den Worten eingeleitet: »Sihe eine Jungfrau wird empfangen, und einen vollkommenen Mann in ihrem Leib tragen. Ihr Leib ist wie ein Hauffen Waitzen. Mit Lilien umgeben.«

Das Gemälde trägt den Titel: *Bildnuß unser lieben Frauen, wie Sie im Tempel war, eh Sie S. Joseph vermählet worden.* Maria als Tempeljungfrau geht auf eine Überlieferung aus dem apokryphen Protoevangelium des Jakobus zurück, wonach Maria mit drei Jahren von ihren Eltern Anna und Joachim in den Tempel gebracht und dort von den Engeln umsorgt wurde. Kurz vor ihrer Reife wählten die Priester über ein Losverfahren den Witwer Josef zu ihrem Ehemann. Die mit einem Stab aufgespannte Draperie spielt wohl auf eine damit verbundene Legende an, wonach Maria den Vorhang des Tempels spann, was nur einer reinen Jungfrau zukam. Maria wurde ausgewählt, damit sie den wahren Purpur und den Scharlach bearbeite. Das durch die Ährensymbolik erweiterte Thema der Tempeljungfrau entstammt vermutlich deutschen Frauenklöstern des 14. Jahrhunderts und verbreitete sich vor allem im Alpenraum.

Ungewöhnlich ist der auf der Querstange aufgefädelte Rosenkranz, der deutlich auf die Brautschaft Mariens verweist und im übertragenen, der *Imitatio Mariae* verpflichteten Sinne als Brautkrone für die Klosterfrau gedeutet werden kann. Im Kontext eines Frauenklosters verweist die Krone auf die mystische Vermählung der Nonne mit Christus. In diesem Sinne wird Maria zu ihrem Vorbild. Es ist überliefert, dass es am Fest Mariä Heimsuchung eine hausinterne Wallfahrt der Franziskanerinnen von Mindelheim zu neun verschiedenen Bildern gab, von denen eines die Tempeljungfrau gewesen sein muss. CR

LITERATUR: Lechner 1981, S. 454–459; Erwin Holzbauer, »Das Franziskanerinnenkloster Heilig Kreuz in Mindelheim«, in: Ritz 1990, S. 41–47; Ausst.-Kat. Madonna, S. 219, Kat.-Nr. VII.1 (Sylvia Hahn).

Bildnus Unser lieben Frauen wie Sie im
Tempel war, eh Sie S. Joseph Vermählet worden

8 Maria mit schlafendem Jesuskind

17. Jahrhundert
Öl auf Leinwand, 120 × 106 cm
Kloster Heilig Kreuz, Mindelheim

In einem nicht näher spezifizierten Innenraum vor weitem Ausblick auf eine Wald- und Seenlandschaft thront Maria mit ihrem schlafenden Sohn im Schoß. Das Haupt der jugendlichen Frau ist mit einer Brautkrone geschmückt, in die wertvolle Edelsteine eingeflochten sind. Diese kennzeichnet Maria als die Braut des Sohnes, die »die Zustimmung zur geistlichen Vermählung zwischen dem Sohn Gottes und der menschlichen Natur leistet«. Mit gespreizten Fingern hält sie ein hauchdünnes, durchsichtiges Tuch an den Ecken und verhüllt und enthüllt zugleich ihren friedlich schlafenden Sohn, der auf einem blütengezierten weichen Kissen liegt. Die Geste des Enthüllens des Wortes Gottes verdeutlicht die Stellung Mariens im Heilsgeschehen und bezieht sich auf das sakramentale Versprechen, das Christus gegeben hat. So erinnert das Tuch an ein Corporale, Sinnbild für das Leichentuch Christi, das seit dem 12. Jahrhundert auch als reinster von Maria geborener Leib Christi sowie als mystischer Leib Christi, der die Kirche versinnbildlicht, verstanden wird. Die Durchsichtigkeit verweist auf die Seelenreinheit, welche »dem eigen sein muss, der des Herrn Leib genießt«. In übertragenem Sinne ist nur der reinen Seele der Blick auf das Heil möglich und die Grundvoraussetzung für die von Christus in Aussicht gestellte mystische Vermählung. Maria ist nicht nur Vorbild für eine jungfräuliche Brautschaft, sondern führt die reine Seele dem Sohne zu, der für seine Braut einen Myrtenkranz, das Zeichen der Vermählung, bereithält. Eine weitere Sinnschicht schwingt in dem Bild des Kissens mit, das zugleich Thronkissen wie Brautbett und Todesstatt in einem ist. Durch die Nelken zwischen den Fingern und das Motiv des Schlafes weist der Jesusknabe schon auf sein zukünftiges Leiden und seinen Tod hin. Gilt auf Erden die geistliche Vermählung der Nonne mit dem Sohne Gottes als Höhepunkt, so strebt die Seele nach dem Tod dem höchsten Abschluss in der »Hochzeit des Lammes« entgegen. CR

LITERATUR: Joseph Braun, *Handbuch der Paramentik,* Freiburg 1912, S. 233–239; Heinrich M. Köster, »Vermählung«, in: Marienlexikon, Bd. 6, S. 612–614.

9 Mystische Vermählung

Schwaben, 2. Hälfte 17. Jahrhundert
Öl auf Leinwand, 54,5 × 143,5 cm
Kloster Heilig Kreuz, Mindelheim

Im Zentrum eines von Doppelsäulen gegliederten Raumes thront Maria mit dem Jesusknaben auf ihrem Schoß. Dass sie keinen Schleier trägt, soll ihre makellose Jungfräulichkeit betonen, welche sie zum Vorbild der von beiden Seiten herantretenden Frauen werden lässt. Die gestickten roten Blüten auf dem Gewand des Jesuskindes weisen auf die bevorstehende Passion hin. Links kniet die hl. Katharina von Alexandria auf den Stufen und empfängt demütig den Verlobungsring, den ihr das Jesuskind ansteckt. Zu ihren Füßen liegen die Marterwerkzeuge, das zerbrochene Rad und das Schwert. Rechts kniet als Pendant die hl. Katharina von Siena im Habit der Dominikanerinnen und empfängt ebenfalls den Ring aus der Hand Jesu. Stigmata und Dornenkrone verweisen auf ihre radikale Christusnachfolge und ihre mystischen Erfahrungen. In Gruppen der Mitte zugewandt befinden sich zahlreiche weitere heilige Jungfrauen und Ordensheilige. Links die hll. Apollonia, Cäcilie, Margarete und Barbara, darüber die hll. Maria Magdalena von Pazzi, Gertrud, Angelina und Clara. Rechts die hll. Agnes, Ursula, Christina und Agatha, darüber die hll. Johanna, Elisabeth von Reutte, Mechthild und Ottilia. Das Gemälde thematisiert das Ziel der Gottessuche, die mystische Begegnung und die Vermählung der liebenden Seele mit Christus. Darüber hinaus verkündet es als wichtige Voraussetzung den Aspekt der Jungfräulichkeit, die alle im Bild gezeigten Frauen auszeichnet. Während die frühchristlichen Märtyrerinnen, die in den Heiligenlegenden und der barocken Erbauungsliteratur alle als Bräute Christi erscheinen, als Blutzeugen Vorbild für die Ordensfrauen sind, nehmen diese die Jungfräulichkeit als so genanntes unblutiges Martyrium auf sich um Christus nachzufolgen. Der geweihte schwarze Schleier zeichnet auch sie als Bräute Christi aus, und ihre Attribute verweisen auf die Betrachtung seiner Passion, der Kindheit oder des Namens Jesu. SM

10 Christus als Seelenbräutigam
Süddeutschland, Anfang 19. Jahrhundert
Öl auf Eisenblech, 14,5 × 12 cm
Ursulinenkloster St. Joseph, Landshut

11 *Das Gesätz der Braut Christi*
Augsburg, 1724
Einband Leder, 16,5 × 20 cm
Kloster St. Johann im Gnadenthal, Ingolstadt
(ohne Abbildung)

Auf einem mit Bäumen bestandenen Hügel kniet eine junge
Frau und reicht Christus ein flammendes Herz. Es handelt
sich um die Personifikation der liebesentbrannten Seele, die
sich ganz auf Christus konzentriert und ihre Erfüllung in der
mystischen Gottesbegegnung sucht. Die Seele ist als Jungfrau
und Braut gezeigt, erkennbar an ihrem unbedeckten Haar und
vor allem dem weißen Kleid, das sich seit dem beginnenden
19. Jahrhundert als Hochzeitskleid durchzusetzen begann.
Christus nähert sich seiner Braut aus den Wolken kommend.
In seiner rechten Hand hält er das Kreuz, während er mit der
linken der Seele den Brautkranz reicht. Links im Hintergrund
wird die Taube des Heiligen Geistes sichtbar, die einen Pfeil
gegen das liebende Herz richtet. Dieses Symbol wurzelt in der
spätmittelalterlichen Mystik, im 16. Jahrhundert schildert auch
der hl. Johannes vom Kreuz: »Es kann geschehen, dass die von
Liebe zu Gott entflammte Seele […] das Gefühl hat, als werde
sie von einem Seraph mit einem vom Feuer der Liebe ganz
brennenden Pfeil oder Speer getroffen, der die Seele, die […]
wie eine Flamme brennt, durchdringt und ihr auf erhabene
Weise ein Brandmal eindrückt«, und auch die hl. Theresa von
Ávila beschreibt in ihrer Autobiografie eine Vision, in der ihr
ein Engel mehrmals das Herz mit einem Pfeil durchbohrt. Im
Vordergrund des Gemäldes springt ein Hirsch auf einen spru-
delnden Brunnen zu und zitiert das biblische Bild der Sehnsucht: »Wie der Hirsch lechzt nach frischem Wasser, so lechzt
meine Seele, Gott, nach dir. Meine Seele dürstet nach Gott,
nach dem lebendigen Gott. Wann darf ich kommen und Gottes Antlitz schauen?« (Ps 42, 2–3).

Das Bild der liebesentbrannten Seele steht stellvertretend
für den gläubigen Christen, im Besonderen wird es aber mit der
Ordensfrau in Verbindung gebracht, die als Auserwählte und
geistlich Berufene ihr Leben der Suche nach Gott geweiht hat
und sich in der ewigen Profess mit ihrem unsterblichen Bräutigam, Jesus Christus, verlobt. <u>SM</u>

Dieser als Lehrbuch für Klosterfrauen verfasste Band basiert
auf dem umfangreichen Werk *Die geistliche Stadt Gottes* der
spanischen Franziskanerin Maria von Agreda (1602–1665), das
erst nach ihrem Tod unter dem Titel *Mistica Ciudad de Dios*
1670 publiziert wurde. Es schildert die Verzückung Mariens,
die Einblick in die Seele Christi und damit in die göttlichen
Geheimnisse erhält. Maria wird durch diese ihr erwiesene
Gnade und ihre vorbildliche Lebensweise zum wichtigsten
Vorbild aller Christen, besonders jedoch der Ordensfrauen.
Zahlreiche Ratgeber, Wegweiser und Betrachtungsbücher,
die in hohen Auflagen erschienen und weit verbreitet waren,
sollten den Schwestern helfen, den tieferen Sinn der Ordensgelübde und der klösterlichen Lebensweise zu erkennen, und
sie auf ihrem Weg zur Vollkommenheit unterstützen. <u>SM</u>

Süddeutschland, 17./18. Jahrhundert
Messing, Glas, Durchmesser 2 cm
Kloster Heilig Kreuz, Mindelheim

Bei der Profess, dem öffentlichen Ablegen der Gelübde, erhält
die Ordensfrau üblicherweise einen Ring, der als Symbol für
ihre geistliche Vermählung mit Christus steht und wie ein Ehe-
ring getragen wird. SM

Kränze und Sträußchen für das Professjubiläum

Süddeutschland, 18./19. Jahrhundert
Drahtarbeit, Textilblumen, Perlen, Blech und weitere Materialien,
Durchmesser 14 cm
Kloster St. Johann im Gnadenthal, Ingolstadt,
und Kloster Heilig Kreuz, Mindelheim

Die Bedeutung des Geburtstages einer Ordensfrau wird vom
Datum ihrer Profess weit übertroffen. Letzterem kommt eine
besondere Bedeutung zu, da sie an diesem Tag ihre Gelübde
ablegt, sich spirituell Christus verlobt und der klösterlichen
Familie dauerhaft verbunden wird. So sind die Jahre seit der
Profess auch für die Hierarchie in den Konventen von Bedeutung und werden analog zu Hochzeitsjubiläen festlich gefeiert.
Während die Ordensschwester bei der Profess einen grünen
Brautkranz oder auch die Dornenkrone als Zeichen der Christusnachfolge trägt, schmückt sich die Ordensfrau an ihrem
Ehrentag nach 25 Jahren im Kloster mit einem silbernen Kranz,
zum fünfzigjährigen Professjubiläum mit einem goldenen.
Dazu kommen oft die ebenfalls in Drahtarbeit gefertigten Blütenarrangements, die in der Art einer Brosche an das Ordenskleid gesteckt werden. <u>SM</u>

LITERATUR: Vgl. Klosterfrauenarbeiten 1987, S. 31.

14 Kleines Andachtsbild mit Jesus als Herzensfischer

Antwerpen, um 1670
Theodoor van Merlen
Kupferstich auf Pergament, koloriert, 8,4 × 10,4 cm
Kloster St. Johann im Gnadenthal, Ingolstadt

Die fein komponierte und in Kupfer gestochene Darstellung zeigt den jugendlichen Christus, an einem dicht mit Bäumen bestandenen Flussufer sitzend. Im Wasser schwimmen jedoch nicht nur Fische, sondern auch ein leuchtend rotes Herz, das Jesus mit einer Angel gefangen hat. Die unter dem Bild angebrachte Inschrift lautet: »MI IESU QUANDO VENIES. COR MEUM QUANDO CAPIES.« (Mein Jesus, wann kommst du, wann fängst du mein Herz). Ausgedrückt werden soll die Sehnsucht der Seele nach der liebevollen Begegnung mit Christus. <u>SM</u>

LITERATUR: Vgl. Spamer 1930, S. 130.

15 Professandenken einer Zisterzienserin

Süddeutschland, 2. Hälfte 19. Jahrhundert
Wachs, Textilien, Holz, Papier, Glas, 22,5 × 21,5 × 10 cm
Diözesanmuseum Freising, Inv.-Nr. D 8611

Das verglaste Kästchen ist in der Art einer Puppenstube einge-
richtet und zeigt das Interieur einer klösterlichen Zelle. Rechts
im Raum steht eine Zisterzienserin, die das Regelbuch und eine
Dornenkrone in ihren Händen hält. Auch die religiöse Ausstattung der Zelle ist detailliert zu erkennen: Links ist ein Altar
aufgerichtet, auf dem ein Stapel geistlicher Bücher liegt, rechts
neben dem Fenster befindet sich ein kleines Rundbild, das Christus als Guten Hirten zeigt. Dieses Kastenbild schenkte die unbekannte Professin ihrer Familie als Andenken, die aufgrund der
Klausurvorschriften die Zellen niemals betreten durfte und so
einen beschaulich inszenierten Einblick erhielt. SM

LITERATUR: Klosterfrauenarbeiten 1987, S. 74.

16 Professandenken einer Franziskanerin

Süddeutschland, Mitte 19. Jahrhundert
Wachs, Textilien, Holz, Papier, Glas, 24,5 × 17,5 × 9,5 cm
Diözesanmuseum Freising, Slg. Gantenhammer

In einem einfachen verglasten Kästchen befindet sich die Figur
einer Ordensfrau im schwarzen Habit. Kopf und Hände sind
aus Wachs geformt, lediglich Augen und Mund sind farbig
akzentuiert. Das mit einem Skapulier versehene Gewand aus
Wolle ist mit einem Strick gegürtet, dessen Knoten an die
Ordensgelübde erinnern, und in ihrer Hand hält sie ein Kruzifix
als Hinweis auf die Nachfolge Christi, der sie ihr Leben geweiht
hat. Die farbenfrohe Blumengirlande aus Papier und Glasperlen
repräsentiert die feierlich gehaltene Professfeier, an die das Kästchen erinnern soll. Auch einfachere Formen, wie mit Stoff
beklebte Glanzbilder, waren als Professandenken beliebt. SM

LITERATUR: Vgl. Klosterfrauenarbeiten 1987, S. 73–77.

17 Fatschenkind mit Professsträußchen

Süddeutschland, 1. Hälfte 18. Jahrhundert
Holz, gefasst, Glas, Wachs, Textilien und weitere Materialien,
40 × 60 × 29 cm
Diözesanmuseum Freising, Slg. Gantenhammer

Das Jesuskind mit fein geformter Wachsbüste ist mit einem
Brautkranz geschmückt. Korrespondierend dazu prangt auf
den Spitzen und Goldborten ein prächtiges Blumengebinde, in
dessen zentraler Blüte das Herz Jesu schimmert. An der Rück-
wand des Schreins wurden ähnliche Arrangements, etwas kleinere Professsträußchen, aus Drahtarbeit montiert. Bei diesen
dominieren Silberbouillon, weiße und silberne Perlen sowie
grüne Blätter aus Papier, Federn und Naturmaterialien. Silber
und Weiß wurden seit dem frühen 17. Jahrhundert gerne bei
fürstlichen Hochzeiten getragen, die grünen Blätter erinnern
wiederum an den Myrtenkranz, der schon in der Antike als Zeichen der Jungfräulichkeit galt. Die Sträußchen wurden von den
Ordensfrauen offenbar dem Jesuskind, ihrem Bräutigam, nach
dem Ablegen der Gelübde verehrt. Die Perlmuttkreuze dazwi-
schen stammen aus Jerusalem, wo der Franziskanerorden seit
dem Mittelalter präsent ist, was dafür spricht, dass das Fatschenkind aus einem franziskanischen Frauenkloster stammt. SM

18 Porträt der Maria Hueber

Südtirol, 1. Hälfte 18. Jahrhundert
Öl auf Leinwand, 80 × 60 cm
Mutterhaus der Tertiarschwestern vom hl. Franziskus, Brixen

19 Porträt der Maria Hueber mit Dornenkrone

Südtirol, 1. Hälfte 18. Jahrhundert
Öl auf Leinwand, 85 × 65,5 cm
Mutterhaus der Tertiarschwestern vom hl. Franziskus, Brixen

Maria Hueber (1653–1705) schloss sich mit 24 Jahren in Brixen dem Dritten Orden des hl. Franziskus an und gründete später gemeinsam mit ihrer Weggefährtin Regina Pfurner eine Mädchenschule. Aus diesen Anfängen entwickelte sich in kurzer Zeit eine Schwesterngemeinschaft, die 1703 bestätigt wurde und bis heute besteht. Das Gemälde zeigt die so genannte Mutter Anfängerin vermutlich bei der Einkleidung. Sie trägt den Habit der Franziskanerinnen und als Symbol der Vermählung mit Christus einen Brautkranz aus Rosen. In ihrer rechten Hand balanciert sie die bekleidete Figur eines Jesuskindes, das zu ihr aufzublicken scheint und einen Ring bereithält. Das Gemälde wurde wohl durch Übermalungen einer älteren Darstellung umgestaltet und um die bräutlichen Attribute ergänzt, vermutlich nachdem diese im Ritus der Einkleidung fest verankert waren. SM

LITERATUR: Gelmi 1993, S. 354–356.

Bei dem Gemälde, das eine Franziskanerin mit Buch, Geißel und Dornenkrone zeigt, soll es sich wie bei Kat.-Nr. 18 um eine Darstellung der Gründerin der Brixener Tertiarschwestern handeln. Der Hund, auf dessen Halsband das Gemälde mit den Initialen »A.M.P.« bezeichnet ist, findet sich als Attribut allerdings auch bei Darstellungen der hl. Maragareta von Cortona. Dennoch repräsentiert das Gemälde nicht nur die klösterliche Bußpraxis, die sich im Kleid und der Geißel ausdrückt , sondern auch die im Brixener Kloster früher übliche Praxis, bei Ablegung der ewigen Gelübde eine Dornenkrone zu tragen. SM

LITERATUR: Gelmi 1993, S. 356 f.

20 Jesuskind mit Myrtenkranz

Süddeutschland, 2. Hälfte 18. Jahrhundert
Gliederfigur (Hals, Schultern, Ellenbogen, Hüften, Knie), Holz,
teilweise polychrom gefasst, Glasaugen, Perücke (Schafwolle),
Höhe 33,5 cm
Sockel: Holz mit Lüsterfassung, Reliquie in Klosterfrauenarbeit,
12,5 × 15 × 9 cm
Bekleidung: Seide, Leinen, Goldfaden, Pailletten, Perlen,
19. Jahrhundert
Kloster St. Johann im Gnadenthal, Ingolstadt

Das kleine Jesuskind ist eine voll bewegliche Gelenkfigur, die
sowohl sitzen als auch stehen kann. Der geschnitzte Holzkörper ist bis auf die sichtbaren Körperteile ungefasst und nur
andeutungsweise modelliert. Die gefassten Hände sind separat geschnitzt und an die ungefassten Unterarme angesteckt.
Bei dem direkt auf den Schädel geklebten Haar aus Schafwolle
muss es sich nicht unbedingt um eine Notlösung handeln: Die
Wolle könnte auch bewusst gewählt worden sein, in Anspielung auf den apokalyptischen »Menschensohn«, dessen Haupt
und Haare »weiß wie weiße Wolle« waren (Offb 1,13–14). Das
scheinbar harmlose Kind enthält so eine deutliche Mahnung
an die Wiederkunft Christi beim Jüngsten Gericht.

Der grüne, mit Perlen besetzte Blattkranz, den das Kind auf
dem Haupt trägt, ist eine metallene Nachahmung der aus
Myrtenzweigen geflochtenen Krone, die Klosterschwestern
bis in die 1950er-Jahre bei ihrer Profess trugen. Zweige aus solchen grünen Professkronen, die auch andere symbolische Kräu-
ter wie Rosmarin enthalten konnten, wurden manchmal reli-
quiengleich aufbewahrt oder in Schreinen oder Skulpturen
deponiert. Bei den aus weißen Perlen gestickten Schulteror-
namenten handelt es sich um Weintrauben als eucharistisches
Symbol, die in dieser Form auch bei Klosterarbeiten anderer
Klöster, zum Beispiel Oberschönenfeld, bekannt sind. Das rote
Samtkleid ist A-förmig mit schmalen Ärmeln geschnitten. Das
Vorderteil ist mit einer Goldfadenstickerei mit Pailletten und
Perlen besonders geschmückt. Die Säume sind mit Goldspitze
und weißen Spitzen besetzt.

Im sicherlich zugehörigen Sockel befindet sich ein kleines, von Klosterarbeit gerahmtes Stück Leinenstoff, laut Cedula
(»Ex Veste B. Angelae Merici«) eine Reliquie vom Kleid der hl.
Angela Merici (1474–1540, sel. 1768, kan. 1807), der Begründerin der Ursulinengemeinschaft. Die Datierung des Reliquien-
partikels der erst als selig bezeichneten Ordensgründerin passt
demnach gut zur Entstehung der Jesuskind-Figur. AIN/AML

LITERATUR: Blomenhofer 2009, S. 65. Zu der Weintrauben-Perlstickerei
vgl. Ritz 1990, Kat.-Nr. OS 24.

21 Jesuskind im Schrein

Süddeutschland, 2. Viertel 18. Jahrhundert
Gliederfigur (Schultern, Ellenbogen), Holz, teilgefasst,
Glasaugen, Perücke, Höhe 33 cm
Schrein: Holz, polychrom gefasst, 58,5 × 38,5 × 24 cm
(Sockel modern)
Bekleidung: Seide, Leinen, Goldfaden, Goldlahn (riant, frisé),
festes Papier
Frankreich, um 1705 und 1760/65
Birgittenkloster Altomünster

Das Jesuskind hat bewegliche Arme, um das Bekleiden zu
erleichtern, die Beine der Stehfigur sind jedoch fest. Der Holzkörper ist nur an den sichtbaren Teilen gefasst und die holzsichtigen, unter der Kleidung verborgenen Körperbereiche nur
grob modelliert. Doch trägt das Jesulein ein mit dem Körper
geschnitztes Lendentuch. Die stark gekräuselten Haare – vielleicht Mohair – sind ebenso wie die Kappe auf dem Schädel
festgeklebt. Das weißblonde Haar reicht jedoch nur über die
Schläfen; der kahle Hinterkopf macht deutlich, dass das Kind
ausschließlich dazu gedacht war, in seinem Schrein stehend
präsentiert zu werden. Die rechte Hand war ursprünglich im
Segensgestus erhoben; die greifende, zierlich gespreizte Haltung der linken Hand zeigt wohl an, dass das Kind ursprünglich seiner Besitzerin einen kleinen Gegenstand entgegen-
gehalten hat.

Der marmorierte, mit dem Christusmonogramm »IHS«
bekrönte Schrein, der sich mit seinen Schleierbrettern am
barocken Altarbau orientiert, ist im Inneren mit einem Ster-
nenhimmel bemalt, vor dem das Jesuskind als kleiner Kosmo-
krator erscheint.

Die Jesuskind-Figur ist mit einem Kleid, Mantel und einer
bestickten Haube angezogen. Für das Kleid wurde ein rosa Seidengewebe (Gros de Tours) verwendet, das mit Metallfäden
(Goldfaden, riant und frisé, Goldlahn) und farbigen Seidenfäden (grün, hellblau, lila, weiß und rosa) broschiert ist. Der
Dekor zeigt ein Blütenmuster mit goldenen und grünen Blättern, das von geschwungenen Spitzenbändern mit Schleifen
durchzogen wird. Das Seidengewebe dürfte um 1760/65 in
Frankreich entstanden sein, wo zu dieser Zeit zahlreiche verschiedene Designs mit broschierten Spitzenbändern dieser
Art gewebt wurden. Das gesamte Kleid ist zur Verstärkung der
leichten Seide mit festem Papier unterlegt. An der Rückseite
wurden zwei Streifen eines anderen Gewebes, rosa Seidengewebe (Gros der Tours mit Silberlahn, lanciert in jedem zweiten
Schusseintrag), verwendet. Die vordere Mitte des Kleides und
der Saum sind mit einer breiten Goldspitze verziert. Eine Goldborte mit mittiger Rosette und Schmuckstein gürtet die Taille.
Geklöppelte Leinenspitzen sehen am Hals, den Ärmeln und
am Saum hervor. Der halbkreisförmig geschnittene Mantel des
Kindes wurde aus einem stahlblauen Seidendamast mit broschierten Metallfäden genäht. Der Dekor des Stoffes zeigt ein
sehr großrapportiges Muster, das nur als Fragment wahrzuneh-

men ist. Auf blauem Grund spannen sich lang gestreckte goldene, fächer- und radförmig angelegte Blattformen mit dazwi-
schengestreuten stilisierten Granatäpfeln (Goldfaden, frisé und
riant). Das Gewebe ist den sogenannten hochbizarren Seiden
zuzuordnen und um 1705 in Frankreich oder Italien entstanden.
Der Mantel ist mit einem rosa Seidentaft gefüttert und an den
vorderen Kanten mit Goldspitzen besetzt.

Die kleine Haube aus elfenbeinfarbenem Seidenatlas des
Kindes ist mit einer rosa Seidenborte in fünf Segmente unter-
teilt und farbig bestickt. Die Seidenstickerei (hell- und lind-
grün, rosa, weiß, hellblau und rot) zeigt Blumen (Tulpen,
Rosen, Nelken) und Blätter in Stiel-, Spann- und Knötchen-
stich. Die Entstehungszeit der Haube ist in etwa mit der des
Kleides um 1760–65 anzusetzen. AIN/AML

LITERATUR: Rattelmüller 1994, S. 52.

22 **Jesuskind**

Süddeutschland, 16. und 18./19. Jahrhundert
Gliederfigur (Schultern, Ellenbogen, Handgelenke),
Holz, gefasst, Glasaugen, Perücke, Höhe 71 cm
Sockel: Holz, gefasst und ölvergoldet, 18 × 32 × 19,5 cm
Bekleidung: Seide, Leinen, Goldfaden (frisé), Pailletten,
Papier, Perlenkette mit Anhänger, 2. Hälfte 18. Jahrhundert
Ursulinenkloster St. Joseph, Landshut

Das sehr große Jesuskind mit seinem genau beobachteten Kleinkindgesicht ist unter der Kleidung auf ungewöhnliche Weise zusammengesetzt: Der mit Lendentuch geschnitzte und gefasste Unterkörper, der in seiner Anlage durchaus noch aus dem 16. Jahrhundert stammen könnte, wurde offensichtlich zu einem unbekannten Zeitpunkt quer über dem Bauch abgesägt und äußerst grob überschnitzt. Ein neuer Oberkörper wurde daraufgesetzt; die genaue Art der Befestigung ist jedoch nicht auszumachen, da der gesamte Oberkörper mit Leinenstoff überklebt ist. Auch an der linken Schulter sind Reparaturen festzustellen. Die Arme des Kindes sind durch Gelenke beweglich, der Kopf ist mit einem ins Grünliche spielenden, grobkörnigen Inkarnat neu überfasst. Bei dem aufgesetzten Haar handelt es sich nicht um eine geknüpfte Perücke, sondern die weißblonden Löckchen wurden auf eine weiße Häkelkappe aufgenäht,

die dann am Schädel befestigt wurde. Die Überarbeitungen sind vermutlich im späten 19. oder frühen 20. Jahrhundert erfolgt.

Die gewaltigen Dimensionen des fast schon überlebensgroßen Jesuskindes und die starken Überarbeitungen legen nahe, dass es im Landshuter Ursulinenkloster eine ungewöhnlich exponierte Stellung innehatte; auf keinen Fall ist es als »privates« Jesulein einer einzelnen Klosterschwester anzusprechen. In seiner heutigen semimusealen Aufstellung im Festsaal des Ursulinenklosters steht das Kind an einer Säule direkt gegenüber dem Eingang und begrüßt so alle Eintretenden. Eine ähnliche Funktion des Begrüßens – sei es zu bestimmten Festtagen in der Kirche, sei es in der Klausur – ist für dieses prominente Kind durchaus anzunehmen, vielleicht sogar tatsächlich bei den Riten der Einkleidung oder Profess.

Das Jesuskind trägt ein überaus reich mit Goldfäden besticktes Kleid aus weißem Seidendamast und einen roten Samtmantel, der ebenso mit aufwändiger Paramentenstickerei entlang der vorderen Kanten verziert ist. Das weiße Leinenuntergewand blickt mit den spitzenverzierten Abschlüssen an den Handgelenken hervor. Eine Goldborte mit herabhängender Quaste aus Goldfäden gürtet das Kleid in der Taille. Die Stickereien auf dem Kleid und dem Mantel sind gleichermaßen vielfältig in Material und Gestaltung. Große Kartuschen, Blattformen und verschiedene Flecht- und Netzmuster in Anlegetechnik und Sprengarbeit überziehen die Seidenstoffe. Die gestickten Ornamente auf dem Kleid sind mit Chenillegarn konturiert. Für die Stickereien wurden unterschiedliche Metallfäden (Goldfaden [gelbe Seidenseele], frisé, Lahn, Kantillen), Pailletten, Chenille, Fäden und Papier als Füllmaterial verwendet. AIN/AML

23 Jesuskind

Süddeutschland, 17. Jahrhundert (?)
Holz, polychrom gefasst und vergoldet, Höhe 53 cm
Bekleidung: Seide, Leinen, Goldfaden, Perlenkette mit Anhänger,
Frankreich, um 1740
Privatbesitz

Das Kind unbekannter Herkunft, das aus dem Kunsthandel stammt, entspricht in seiner Anlage bis hin zu den vergoldeten Locken den vollständig ausgeschnitzten, nackten Jesuskindern der Spätgotik. Die monumentale Gesamtauffassung und die beruhigte geschlossene Form, mit Verzicht auf die in der Spätgotik beliebten kleinteiligen Details, deutet jedoch auf eine spätere Entstehungszeit hin. Die schöne Kleidung aus dem 18. Jahrhundert legt nahe, dass die Figur zu dieser Zeit in Gebrauch stand, was eine Verwendung im klösterlichen Bereich wahrscheinlich macht. Möglicherweise handelt es sich bei diesem Kind um die barocke Kopie eines verehrten mittelalterlichen Jesuskind-Gnadenbildes.

Bei seinem Erwerb trug das Kind als zusätzliches Attribut eine Viehglocke in der Hand, war also als eine Kopie des in Filzmoos bei Salzburg als Gnadenbild verehrten »Glockenkindls« umgedeutet. In der Körperhaltung ist es diesem spätgotischen Gnadenkind tatsächlich nicht unähnlich, auch wenn sowohl im Original als auch auf den verbreiteten Andachtsstichen die Kopfneigung des Filzmooser Kindls deutlicher betont ist.

Das Jesuskind trägt ein Kleid aus einem blaugrundigen Seidendamast mit weißer Blumenmusterung. Im Grund sind kleine vierblättrige Blüten angelegt, während die weiße Musterung Blütenbüschel mit stilisierten Tulpen, geschwungenen Blättern und kleinen Beeren darstellt. Aus einem ganz ähnlichen Seidendamast mit weißer Blumenmusterung auf apricotfarbenem Grund ist der Mantel des Kindes gearbeitet. Geschwungene Blüten-Blatt-Zweige mit eingebundenen Schleifen überziehen das Gewebe. Das Kleid ist ohne Falten locker A-förmig zum Saum hin geschnitten. Die vordere Mitte, der Saum und die Ärmel sind mit einer Goldspitze besetzt.

An den Ärmeln und dem Saum sind zudem geklöppelte Leinenspitzen angenäht. Die Ärmel sind geschlossen gearbeitet und das mit naturfarbenem Leinengewebe gefütterte Kleid wird hinten gebunden. Das weiße Untergewand aus Leinengewebe ist am Halsausschnitt mit einer feinen Fältelung sichtbar. Anders als bei der Mehrzahl der Jesuskind-Gewänder aus dem 18. Jahrhundert wird die Silhouette des Kleides nicht durch trapezförmig oder vollständig eingearbeitetes festes Papier geformt, sondern durch einen separaten Unterrock aus doppelt gelegtem, faltig eingereihtem, sehr steifem Leinengewebe, der mit einem Band um die Taille der Figur gebunden ist. Dieser stützende Unterrock verleiht dem Kleid sein Volumen, vergleichbar den Unterröcken und Reifröcken der zeitgleichen Damenmode. An den Schultern ist ein halbkreisförmig geschnittener Mantel ohne Futter befestigt, der an den Kanten mit Goldspitze besetzt ist und sauber umgenäht wurde, sodass die schöne zweifarbige Damastmusterung von beiden Seiten wirken kann. AIN/AML

LITERATUR: Unveröffentlicht; zum Kleidungsstoff vgl. Christine Aribaud, *Soieries en sacristie, Fastes liturgiques XVII–XVIII siècles*, Ausst.-Kat. Musée Paul-Dupuy, Paris 1998, Nr. 98 (Mäntelchen im Musée Paul-Dupuy in Toulouse, das aus einem sehr ähnlich gemusterten rot-weißen Seidendamast genäht ist).

24 Jesuskind als Guter Hirte

Süddeutschland, 2. Hälfte 18. Jahrhundert
Gliederfigur (Hals, Schultern, Ellenbogen, Hüften, Knie), Holz,
teilweise polychrom gefasst, Glasaugen, Perücke (Menschenhaar),
Höhe 58 cm
Schrein: Holz, gefasst und vergoldet, Glasscheiben,
2. Hälfte 18. Jahrhundert (Kasten rezent), 98 × 67 × 30 cm
Bekleidung: Seide, Leinen, Goldfaden, 20. Jahrhundert
Ursulinenkloster St. Joseph, Landshut

Als Hirte mit Schäferstab und Hirtentasche trägt das große
Jesuskind ein Lamm auf den Schultern, drei weitere stehen zu
seinen Füßen gedrängt. Das Kind ist als Gliederfigur gearbeitet
und kann auch sitzend aufgebaut werden; der Holzkörper ist
bis auf die sichtbaren Teile ungefasst und nur grob modelliert.

Das große, hölzerne Schaf, das vertrauensvoll zu seinem
Hirten aufschaut, und das Lamm aus Papiermaché, das der
kleine Hirte auf den Schultern trägt, dürften ursprünglich für
dieses Jesuskind gemacht worden sein, während es sich bei
den beiden kleineren Schafen vermutlich um Krippenfiguren
handelt.

Ähnlich wie das große Landshuter Jesuskind (Kat.-Nr. 22)
dürfte auch der Gute Hirte nicht zum Privatbesitz einer einzelnen Klosterschwester gehört haben, sondern an einer exponier-
ten Stelle innerhalb der Klausur, vielleicht in einer Gangnische,
zur Andacht aufgestellt gewesen sein. In den gemeinschaftlichen Bereichen des Landshuter Ursulinenklosters, den Gän-
gen und Treppenhäusern, hängen mehrere Gemälde aus dem
18. Jahrhundert, die sich mit dem Thema des Guten Hirten aus-
einandersetzen. In dem Bild des kindlichen Hirten, der seine
Herde treu sorgend vor den Gefahren der Welt beschützt, konnten die vor ihm Andacht haltenden Schwestern das eigene Verhältnis zu ihrem »Himmlischen Bräutigam« gespiegelt sehen.
Die Jesuskind-Figur trägt ein elfenbeinfarbenes Seidenatlas-
kleid mit einem roten Mantelumhang. Die Gewänder wurden
nach historischen Vorlagen neu genäht. Schnitt und Dekoration entsprechen der Gestaltung der älteren Jesuskind-Bekleidungen aus dem Ursulinenkloster in Landshut. Der Gute Hirte
verfügt noch über eine weitere weiße Garnitur aus dem 19. Jahrhundert, die kunstvoll bestickt ist (Kat.-Nr. 55). AIN/AML

LITERATUR: Unveröffentlicht; zum »Guten Hirten« vgl. LCI, Bd. 2, Sp. 289–299
(»Hirt, Guter Hirt«).

25 Christus als Guter Hirte

Süddeutschland, Anfang 19. Jahrhundert
Öl auf Eisenblech, 14,5 × 12 cm
Ursulinenkloster St. Joseph, Landshut

26 Antonius von Padua

Süddeutschland, frühes 18. Jahrhundert
Öl auf Leinwand, Rokokorahmen, 145 × 123 cm
Franziskanerkloster St. Anna, München

Das im Lukas-Evangelium (Lk 15,3–7) erzählte Gleichnis vom Guten Hirten, der seine Herde in der Steppe lässt, um ein verirrtes Schaf zu suchen, ist sicher eines der bekanntesten. Dieses Gleichnis ist hier in barocker Erzählfreude ins Bild gesetzt. Auf einem mit wenigen Bäumen bestandenen Hügel befindet sich eine in mehrere Gruppen verstreute Schafherde, die meisten sehen ihrem Hirten nach. Dieser ist im Begriff, das verirrte Tier im Vordergrund zurückzuholen und empfängt es mit offenen Armen. Links führt der Blick in eine weite Landschaft, in der sich ein Stall mit umzäunter Weide befindet. Dies verweist auf das Gleichnis, wie es im Evangelium des Johannes geschildert wird und in dem Christus sich selbst als den Guten Hirten bezeichnet (Joh 10,1–16).

Das Bild des Guten Hirten, das zu den ältesten Christusdarstellungen gehört, wurde im 18. Jahrhundert in verschiedener Weise ausgestaltet. So steht neben dem aus der Spätantike herrührenden Hirten in jugendlicher Schönheit der seit dem Spätmittelalter geläufige Hirte als Schmerzensmann. Seit dem späten 16. Jahrhundert ist auch das Jesuskind in Gestalt des Guten Hirten bekannt, das sich dann in der Zeit des Rokoko besonderer Beliebtheit erfreute. Der Gute Hirte, der seine Schafe hütet, wurde gleichnishaft auch auf Christus und die Klosterfrauen übertragen, folgerichtig zeigt das Pendant zu der kleinformatigen Darstellung Christus als Bräutigam der liebenden Seele (Kat.-Nr. 10). SM

In dieser innigen Szene wird die mystische Begegnung des hl. Antonius mit dem kindlichen Christus gezeigt. Dieser Darstellungstyp, der sich auf eine Legende im *Liber miraculorum* des Franziskanerheiligen bezieht, prägte das Bild des Heiligen ab dem späten 15. Jahrhundert maßgebend (vgl. Kat.-Nr. 27). Etwa zur selben Zeit entwickelten sich die weißen Lilien, die auch in der Ikonografie dieses Bilds sinnbildlich für Reinheit und Unschuld stehen, zum Attribut des jugendlichen Antonius.

Die Bildsprache mit dem von himmlischem Licht erleuchteten Hintergrund und den Wolken, aus denen heraus das Jesuskind auf Antonius zutritt, zeigt, dass die dargestellte Begegnung rein mystischer Art ist. Doch die plastische Erscheinung des Kindes, das sich spielerisch auf zwei Putti stützt und seinen Arm zärtlich um die Schultern des hl. Antonius gelegt hat, lässt die Vision beinahe fassbar werden. Im Stil der Münchner Malerei des frühen 18. Jahrhunderts mit ihren sanften Farben und weichen Linien will dieses Gemälde auf diese Weise die kontemplative Begegnung für den Betrachter begreifbar machen und ihn zur Nachahmung des Geschauten in der privaten Andacht auffordern.

Die Verehrung des hl. Antonius in München geht auf eine über sechshundertjährige Tradition zurück. In der ehemaligen Klosterkirche der Franziskaner, die dem hl. Antonius geweiht war, wurde eine Armreliquie des Heiligen verehrt, die Ludwig der Bayer den Münchner Franziskanern 1330 geschenkt hatte. Heute befindet sich diese Reliquie am Antoniusaltar der St.-Anna-Kirche des Münchner Franziskanerklosters, aus dem auch dieses Gemälde stammt. JP

Sanctus
ANTONIUS

27 Antonius von Padua

Mitte 18. Jahrhundert
Pergamentmalerei in Klosterfrauenarbeit, gerahmt,
19,5 × 15 cm × 2 cm
Kloster Heilig Kreuz, Mindelheim

Von feiner Klosterfrauenarbeit gerahmt, zeigt die Pergamentmalerei den hl. Antonius von Padua, wie ihm während des
Gebets das Jesuskind erscheint. Das Visionäre der Situation
wird durch die Öffnung der Realitätsebenen veranschaulicht,
indem die himmlische Erscheinung in den privaten Andachts-
raum eindringt, sichtbar gemacht durch die Wolken einerseits
und die rückwärtsgewandte Hinwendung des Heiligen zum
Kind andererseits. Das Andachtsbild will deutlich machen,
dass die mystische Begegnung von Jesuskind und Antonius
dank seines innig gesprochenen Gebets erlangt wurde. Es for-
dert den Besitzer geradezu auf, dem Vorbild des Heiligen selbst
zu folgen.

Die Darstellung geht auf eine Legende im *Liber miraculorum* des Heiligen zurück, wonach Antonius gastliche Aufnahme bei einem Grafen fand und sich in einem abgelegenen
Zimmer zu stillem Gebet und Betrachtung zurückzog. Als ein
heller Lichtschein durch die Türritzen drang und der Gastgeber
einen Brand befürchtete, fand dieser den Heiligen lächelnd vor,
in seinen Armen das strahlende Jesuskind haltend und liebko-
send. Die Legendenbildung setzte erst Ende des 13. bis Mitte des
14. Jahrhunderts ein. Bilder des Heiligen, jugendlich und bart-
los, entstanden seit dem 13. Jahrhundert. Seit Ende des 15. Jahrhunderts wird Antonius mit dem Jesuskind dargestellt, das sich
auch zu seinem Attribut entwickelte.

Antonius wurde 1195 in Lissabon geboren, war zunächst
Augustiner-Chorherr und trat 1220 in den Franziskanerorden
ein. Später wirkte er als gewandter Redner und Buß- und Fasten-
prediger in Oberitalien, übernahm die Leitung der Ordensprovinz in der Romagna und eine Lehrtätigkeit an der Universität
Bologna. 1231 starb Antonius bei Padua und wurde wenige Zeit
später im Jahr 1232 kanonisiert. Seine Verehrung war zunächst
auf den Orden begrenzt, seit dem 16. Jahrhundert verbreitete
sie sich jedoch in der ganzen Kirche. Als Helfer gegen alle Nöte,
vor allem aber wegen seines Patronats für die Auffindung ver-
lorener Sachen, wurde er zu einem der beliebtesten Heiligen bis
heute. Die innige Zuwendung des Heiligen zum Jesuskind avan-
cierte zum Vorbild gerade für Klosterfrauen, in der persönlichen
Andacht durch Betrachtung und Gebet auf eine eigene mystische Begegnung zu hoffen. CR

LITERATUR: LCI, Bd. 5, Sp. 219–226 (Klaus Zimmermanns); Rothemund 1982,
S. 25.

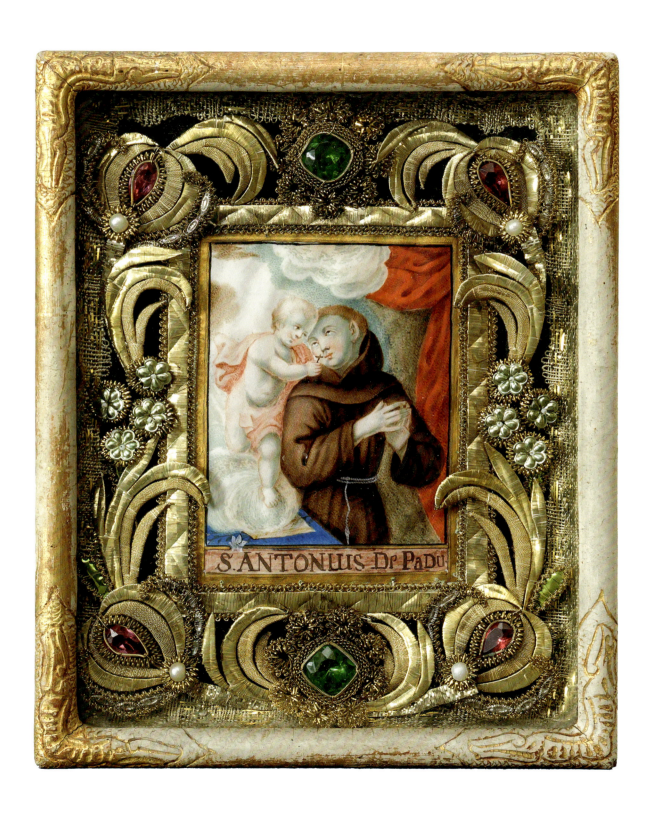

S.ANTONIUS Dr PADÚ

28 Franziskus von Assisi

18. Jahrhundert
Gouache-Miniatur in Klosterfrauenarbeit, 15 × 11,5 cm, gerahmt
Kloster Heilig Kreuz, Mindelheim

29 Franziskus von Assisi

18. Jahrhundert
Öl auf Leinwand, 27,5 × 22,5 cm, in Spiegelrahmen
Kloster Heilig Kreuz, Mindelheim

Als Ordensstifter stehen Leben und Wirken des hl. Franziskus in Klöstern des Franziskanerordens in besonderem Fokus. 1181 in Assisi als Sohn eines reichen Tuchhändlers geboren, wendete sich Franziskus vom sorglosen Leben ab und gründete 1209 den Orden der Minderbrüder, 1212 den Orden der Klarissen und 1221 den dritten Orden für Laien. Seine ganze Kraft legte er in die Christusnachfolge, die in der Stigmatisation 1224 ihren Höhepunkt fand. 1226 starb Franziskus; er wurde zwei Jahre später von Papst Gregor IX. heiliggesprochen. Mehrere Viten berichten ausführlich über sein Leben und Wirken. Die erste von Thomas von Celano ist im Auftrag des Papstes bereits für die Heiligsprechung entstanden. Darin berichtet Thomas, wie Franziskus im Jahre 1223 in einem Waldstück nahe Greccio im Rietital die Menschwerdung Christi mit der Aufstellung einer Krippe mit lebendem Ochs und Esel feierte. Die Intensität der Feier ließ die Anwesenden glauben, Franziskus habe das Jesuskind in die Arme genommen. Die lebendige Vergegenwärtigung Christi bildet denn auch den Mittelpunkt franziskanischer Spiritualität und eröffnet den Zeitgenossen auf neuartige Weise eine unmittelbare Beziehung zu Christus. Thomas von Celano überliefert die Bedeutung, die Franziskus mit der Krippenfeier verband: »Ich möchte nämlich das Gedächtnis an jenes Kind begehen, das in Bethlehem geboren wurde, und ich möchte die bittere Not, die es schon als kleines Kind zu leiden hatte, wie es in eine Krippe gelegt, an der Ochs und Esel standen, und wie es auf Heu gebettet wurde, so greifbar als möglich mit leiblichen Augen schauen.«

Die beiden Klosterfrauenarbeiten zeigen, wie Franziskus in tiefer Anbetung sich zur göttlichen Erscheinung hinwendet. Einmal erhält er aus den Armen der Muttergottes das ihn segnende Jesuskind überreicht, eine auf eine Vision zurückgehende Begebenheit und ein im Folgenden verbreitetes Motiv, das auf andere Heilige übertragen wurde. In der zweiten Arbeit wird die entflammte Liebe des stigmatisierten Heiligen thematisiert, dem die Herzen Jesu und Mariens erscheinen und der vom Feuer des Heiligen Geistes ergriffen kniet. »Immer war er mit Jesus beschäftigt, Jesus trug er stets im Herzen, Jesus im Munde, Jesus in den Ohren, Jesus in den Augen, Jesus in den Händen, Jesus in seinen übrigen Gliedern«, berichtet Celano. Das mit einem Kreuzstab beladene Lamm verweist auf Christus selbst, aber auch auf die von Franziskus und seinen Ordensbrüdern und -schwestern gelebte Christusnachfolge. CR

LITERATUR: LCI, Bd. 6, Sp. 260–315; Thomas von Celano, *Leben und Wunder des hl. Franziskus von Assisi,* hrsg. von Engelbert Grau, 6. Aufl., Kevelaer 2001, 1 Cel 84, S. 156 f., 1 Cel 115, S. 190; Ritz 1990, S. 114, MN 10/1; Rothemund 1982, S. 28 f.

CHARI
TAS

30 Bernhard von Clairvaux (1090–1153)

Mitte 18. Jahrhundert
Gouachebild in Klosterfrauenarbeit, gerahmt, 23 × 14,5 × 4 cm
Diözesanmuseum Freising, Inv.-Nr. P 1073

31 Agnes von Montepulciano

2. Hälfte 18. Jahrhundert
Stoffklebebild, 32 × 24,5 cm
Diözesanmuseum Freising, ehem. Sammlung Gantenhammer,
Inv.-Nr. 768
(ohne Abbildung)

Das kleine runde Bildchen zeigt den hl. Bernhard in seiner berühmtesten Darstellung. Er kniet, die Zeichen seiner Würde, Mitra und Abtstab, sowie ein Buch, das auf seine theologischen Schriften verweist, auf dem Boden abgelegt, an einem Altar vor der visionären Erscheinung der Mutter Gottes mit dem Jesusknaben. Die *Lactatio,* die Speisung des Heiligen aus der Brust der Muttergottes, ist das am meisten dargestellte bernhardinische Thema seit dem 15. Jahrhundert. Maria soll Bernhard auf seine Bitte »Monstra te esse matrem« mit ein paar Tropfen Milch erquickt und ihm seine honigfließende Beredsamkeit eingeflößt haben. Als *Doctor mellifluus,* als honigfließenden Lehrer, bezeichneten ihn Zeitgenossen wegen seiner herausragenden Begabung zur Predigt. Der visionäre Charakter der Erscheinung wird durch Strahlenkranz und Wolken gesteigert.

Der Zisterzienser, Abt und Kirchenlehrer setzte sich als glühender Verehrer Marias für die Verbreitung und Vertiefung einer traditionsbewussten Marienfrömmigkeit ein. Seine Schriften, vor allem die Homilien zu marianischen Ereignissen und sein Kommentar zum Hohelied, fanden weite Verbreitung. Bernhard, der aus burgundischem Adel stammte, soll als Knabe die Geburt Christi visionär erlebt haben, worauf er beschloss, ins Kloster einzutreten. 1115 gründete er mit zwölf Mönchen zunächst das Kloster in Clairvaux, es sollten noch 68 weitere folgen. Bernhard reformierte das religiöse Leben seiner Zeit, seine auf ein Gotteserlebnis gründende Frömmigkeit wurde zur Grundlage der abendländischen Mystik.

Der Darstellungstyp der *Lactatio* entstand vermutlich Ende des 13. Jahrhunderts in Spanien und fand mit Ausnahme Italiens weite Verbreitung. CR

LITERATUR: LCI, Bd. 5, Sp. 371–385; Rothemund 1982, S. 26.

Das Motiv der Übergabe des Jesuskindes an den in Gebet und Betrachtung versunkenen Heiligen durch die Gottesmutter Maria taucht im Anschluss an das Urerlebnis des hl. Franziskus immer wieder in der Vitenliteratur auf. So auch bei Agnes von Montepulciano, die neunjährig in das Kloster der Schwestern del Sacco in Gracciano, ihrem Geburtsort, aufgenommen und nur sechs Jahre später mit päpstlicher Dispens zur Vorsteherin des Klosters von Proceno bei Orvieto ernannt wurde. 1306 kehrte sie nach Montepulciano zurück, wo sie ein neues Kloster unter der Regel des hl. Augustinus gründete. 1311 wurde das Kloster, das Agnes bis zu ihrem Tod 1317 leitete, dem Dominikanerorden angeschlossen. Besondere Verehrung brachte Agnes dem Jesuskind und der Jungfrau Maria entgegen. Sie galt als leuchtendes Vorbild des Gebets und der Nächstenliebe.

Das sorgfältig ausgearbeitete Klebebild zeigt die Heilige kniend vor Maria mit dem Kind. Unter der visionären Erscheinung liegen ihre Attribute Lamm, Lilie und Buch. Abbreviaturhaft symbolisieren Säule mit Draperie und Reste von Architektur den Ort der Welt, in den die himmlische Erscheinung einbricht. Eine Verehrung der Heiligen ist nur innerhalb des Dominikanerordens üblich und verweist so auf den möglichen Entstehungsort des Andachtsbildes in einem Frauenkonvent des Ordens. Ganz ähnliche Stoffklebebilder haben sich in Dominikanerinnenklöstern in Bad Wörishofen und auch in Altenhohenau erhalten. Sie dienten als privates Andachtsbild zum Gebet und sicherlich als Vorbild für die Klosterfrau. CR

LITERATUR: http://www.noviziat.de/themen/heilige10.html, abgerufen am 8.9.2012; Rothemund 1982, S. 22.

32 Selige Columba Weigl (1713–1783)

2. Hälfte 18. Jahrhundert
Stoffklebebild, 31,5 × 24,5 × 2 cm
Dominikanerinnenkloster St. Peter und Paul, Altenhohenau

Elisabeth Franziska Weigl trat 1730 als Siebzehnjährige in das Dominikanerinnenkloster in Altenhohenau ein. Von Kindheit an hatte sie zahlreiche Visionen, die sich mit dem Klostereintritt noch intensivierten. Noch vor Ende ihres Noviziats soll sie die Wundmale Christi empfangen haben, was in späteren Untersuchungen Bestätigung fand. Ihre Mitschwester Bertranda Ziegler verfasste 1766 bis 1771 das Tugendleben der Mystikerin, worin sie auch von den Erscheinungen und Verzückungen berichtet, die Columba Weigl mit zwei Figuren des Jesuskindleins erlebt hatte und die sie zu einer großen Verehrerin und Liebhaberin der Kindheit Jesu werden ließ. So hielt sie Zwiegespräche mit dem Kind in Visionen und Ekstasen, in denen sie es aus den Händen Marias erhalten hatte und mit ihm spielte, ein häufig vorkommendes Motiv. Besondere Höhepunkte der Jesuskind-Visionen ereigneten sich im Advent und an Weihnachten oder während der Liturgie, wenn ihr in der Eucharistie Christus als Kind erschien. Sie sieht es in der offenen Tür des Tabernakels stehen, dann empfängt sie in der Kommunion ein Kind, das vom Feuer umgeben ist, sodass sie »heiß, heiß« rufen muss.

Columba Weigl hatte diese Erscheinungen mit den beiden besonders in Altenhohenau verehrten Jesuskind-Figuren. Zunächst bewahrte sie ein kleines Jesulein in ihrer Zelle auf, sprach mit ihm, strafte es auch, wenn es ihre Bitten nicht erhörte. Als dieses in der Kirche aufgestellt wurde, entstand eine rege Wallfahrt zum Gnadenreichen Jesuskind von Altenhohenau. Auch ein zweites Jesuskind ist eng mit dem Leben der Ordensfrau und Priorin verknüpft, das heute berühmte Columba-Kindl von Hanns Sweicker (Kat.-Nr. 172) von 1440.

Das Stoffklebebild ist einer Gruppe aus dem Dominikanerinnenkloster Bad Wörishofen sehr ähnlich und könnte wie das Beispiel aus der ehemaligen Sammlung Gantenhammer aus Ruhpolding dort entstanden sein. Columba Weigl kniet vor einem aufwändig inszenierten Rokokoaltar an einem Betstuhl. In visionärer Schau, verbunden mit der Einflößung des Heiligen Geistes, nimmt das ausgesetzte Allerheiligste in Gestalt des kleinen Jesusknaben konkrete Form an und macht die Bedeutung des Sakramentes der Eucharistie sinnlich erfahrbar. Die sonstige Ausstattung des Raumes mit Säule, Draperie und Ausblick auf eine Stadtlandschaft gehört zum üblichen Standard im kompositionellen Aufbau solcher Stoffklebebilder.

LITERATUR: Rothemund 1982, S. 32; Karl Wildenauer, »Zur Geschichte der ›Altenhohenauer Jesulein‹«, in: *Klerusblatt. Organ der Diözesan-Priestervereine Bayerns und des Bistums Speyer,* 43, 1963, S. 471–474.

B. COLLIBA BEAT: ao OEL: C. P.

33 Sel. Heinrich Seuse (um 1295–1366)

18. Jahrhundert
Öl auf Leinwand, 135,5 × 44,5 cm
Dominikanerinnenkloster St. Peter und Paul, Altenhohenau

Um 1295 in Konstanz geboren, entstammte Heinrich von
Berg einem alten Thurgauer Adelsgeschlecht. Aus Verehrung
zu seiner Mutter, einer geborenen von Seusen aus Überlingen,
nannte er sich selbst Seuse, also »der Süße«, in der latinisierten
Form »Suso«. Mit 13 Jahren trat Seuse in das Dominikanerklos-
ter St. Nikolaus auf der Insel vor Konstanz ein, wo er im Alter
von 18 Jahren ein mystisches Bekehrungserlebnis hatte. Ein
Studium generale führte ihn nach Köln, wo er Schüler Meister
Eckharts war. Seine mystische Begabung brachte ihn zeitweise
unter Häresieverdacht, er wurde jedoch rehabilitiert und zum
Prior des Konvents gewählt. Heinrich war seit 1335 in der Seel-
sorge tätig, wovon der berühmte Briefwechsel mit Elsbeth
Stagel zeugt. 1348 wechselte er ins Dominikanerkloster nach
Ulm, wo er 1366 starb.

Weitreichende Wirkung hatten seine mystischen Büchlein der ewigen Weisheit, das Büchlein der Wahrheit und das
Briefbüchlein, die, mit der Vita im sogenannten Exemplar im
14. und 15. Jahrhundert zusammengefasst, häufig abgeschrie-
ben wurden.

Heinrich steht auf dem Gemälde in Ordenstracht vor
einem Pult mit aufgeschlagenem Buch. Mit einem Griffel ritzt
er sich das Monogramm des Namens Jesu als Liebeszeichen in
die Brust, wie es in Kapitel 4 der Selbstbiografie überliefert
ist. Ein Kranz aus Rosen auf seinem Haupt symbolisiert die
schmerzhafte Liebe. In seinen Aufzeichnungen wird davon
berichtet, dass ihn ein Hund mit einem Stück Tuch im Maul
zur Geduld mahnte. Eine Darstellung mit Hund und dem in
der Rosenstaude erscheinenden Jesuskind zeigt bereits ein
schwäbischer Holzschnitt um 1470. CR

LITERATUR: LCI, Bd. 8, Sp. 333–335 (Jürgen Leibbrand, Gregor M. Lechner);
Rothemund 1982, S. 29.

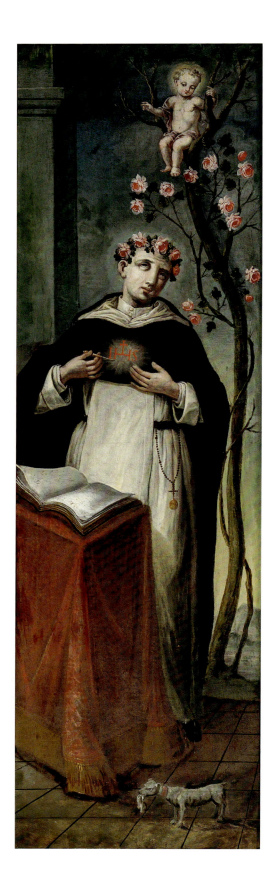

34 Alto von Altomünster

18. Jahrhundert
Holz geschnitzt, Lüsterfassung, Blumenstrauß in
Klosterfrauenarbeit, 45 × 34 × 19 cm
Kloster Heilig Kreuz, Mindelheim

Der *Vita Sancti Altonis* des Regensburger Benediktinermön-ches Othloh (ca. 1010–nach 1070) zufolge war Alto ein Angel-sachse. Wahrscheinlicher ist jedoch, dass er aus einer angesehe-nen Familie des bajuwarischen Hochadels stammte und sich Mitte des 8. Jahrhunderts als Einsiedler in ein Waldstück nahe Dachau zurückzog. Dieses hatte er vom karolingischen König Pippin d. J. (768 gestorben) als Geschenk erhalten. Zusammen mit einigen Gefährten rodete er den Wald und errichtete an dieser Stelle ein Kloster, das Bonifatius geweiht haben soll. In einem Freisinger Missale des 10. Jahrhunderts wird das Fest Altos zum ersten Mal verzeichnet. Wirkten zunächst Benedik-tinermönche in Altomünster, so siedelten sich 1056 Benedikti-nerinnen und 1497 Birgittinnen an. Othloh berichtet vom so-genannten Kelchwunder, bei dem während der Wandlung dem hl. Alto das segnende Jesuskind in seinem Messkelch erschien. Alto wird ähnlich einem Bischof in Pontifikalkleidung mit Mitra, Pektorale und Stab dargestellt. In der Rechten trägt der Heilige zudem einen Kelch mit dem Jesuskind. Wie bei einem Hausaltärchen schmücken zwei mit Klosterfrauenarbeiten gezierte Blumenvasen den mit einer Draperie ausgezeichneten Schreinbaldachin, in dem die bewegte Figur steht. Der eucha-ristische Aspekt, der durch das Kelchwunder ausgedrückt wird, spielt bereits am Beginn der mystischen Bewegung eine große Rolle. <u>CR</u>

LITERATUR: Rothemund 1982, S. 23 f.; Christiane Schwarz, »Hl. Alto, Abt, Glaubensbote, 9. Februar«, in: *Ihr Freunde Gottes allzugleich. Heilige und Selige im Erzbistum München und Freising, Erzbischof Friedrich Kardinal Wetter zum 75. Geburtstag,* hrsg. von Peter Pfister im Auftrag des Metro-politankapitels München 2003, S. 40–43.

35 Sel. Margareta Ebner (1291–1351)

2. Hälfte 19. Jahrhundert
Papierdruck eines Andachtsbildchens mit rückseitigem Stempel
und hs. Notiz, 18 × 10,5 cm
Diözesanmuseum Freising, Inv.-Nr. D 2012-26h

Die bedeutende Mystikerin aus begüterter Familie fehlt in keiner Abhandlung über die Verehrung des Jesuskindes. Aus ihren Offenbarungen wird immer dann zitiert, wenn es um die Frage geht, seit wann und in welcher Form Bildwerke zum Bestandteil der Frömmigkeitspraxis wurden. Überdies ist es ein seltener Glücksfall, dass die von ihr verehrte Jesusfigur nach wie vor in jenem Kloster zu finden ist, in das Margareta Ebner fünfzehnjährig eintrat, bis auf den Unterschied, dass das ehemalige Dominikanerinnenkloster Maria Medingen in Mödingen mittlerweile von Franziskanerinnen der Dillinger Provinz belebt wird. Am 26. Dezember 1344 erhielt die von Krankheiten geplagte Klosterfrau ein aus Wien gesandtes Präsent überreicht: »An sant Stephans tag gab mir min herre ain minneklich gaube minen begirden, daz mir wart gesendet von Wiene ain minnekliches bilde, daz was ain Jhesus in ainer wiegen, und dem dienten vier guldin engel«. Das Jesulein erwachte zum Leben, ließ sie nicht schlafen, weshalb sie es aus seiner Wiege auf den Schoß nahm, umarmte, es sogar an ihre entblößte Brust legte und stillte. Von 1311 an hatte Margareta zahlreiche Visionen, die eine unmittelbare Christusbegegnung zum Inhalt haben. Auf dem Andachtsbild wird sie mit Blick auf das Kloster in einem Raum dargestellt, wie sie in liebender Umarmung das Kreuz hält. Auf dem Tisch steht das mittlerweile bekleidete Jesuskind. Die Fußhaltung der Holzskulptur ist indifferent und erlaubt eigentlich keine stehende Präsentation, weshalb die kleine Skulptur unter dem Kleidchen gestützt werden muss. Die innige Umarmung des Kruzifixes verweist auf die Kreuzesmystik der Ebnerin, die das Kruzifix so fest an ihre Brust drückte, dass sie sich verletzte. 1332 lernte sie den Priester Heinrich von Nördlingen kennen, der sie von jenem Zeitpunkt an ermutigte, ihre an psychosomatische Grenzen gehenden Visionen aufzuschreiben. Als Parteigänger des Papstes musste er vor Ludwig dem Bayern nach Basel flüchten, doch hielt er durch regen Briefwechsel intensiven Kontakt. In seinem Umfeld entstand die oberdeutsche Übersetzung von Mechthild von Magdeburgs Werk *Das fließende Licht der Gottheit*, das er Margareta vermittelte. Die über Jahrhunderte während Verehrung der »Jungfrauen Margaretha Ebnerin« zeigt sich in der Publikation ihrer Lebensbeschreibung aus dem Augsburger Verlag Johann Michael Labhart von 1717, wo auch das oben beschriebene Ereignis nachzulesen ist. CR

LITERATUR: Friedrich Zoepfl, »Margareta Ebner«, in: LCI, Bd. 7, Sp. 503 f.; Rothemund 1982, S. 32; *Margaretha Ebner und Heinrich von Nördlingen. Ein Beitrag zur Geschichte der deutschen Mystik,* hrsg. von Philipp Strauch, Freiburg i. Br./ Tübingen 1882, Faksimile-Neudruck Amsterdam 1966.

36 Jesuskind-Vision von Maria Anna Lindmayr

Tägliche Aufzeichnungen von Maria Anna Lindmayr, 1700
Handschrift auf Papier 21,5 × 32,5 cm
Archiv des Erzbistums München und Freising, Nachlass Maria Anna
Lindmayr, B 2
(folgende Doppelseite)

Die bayerische Barockmystikerin Maria Anna Lindmayr wurde am 24. September 1657 in München als Tochter eines herzoglichen Kammerdieners geboren. Die fromme und wohltätige Familie zählte 15 Kinder. Mehrere davon gingen ins Kloster oder wurden Priester. Bereits in der Kindheit zeigte sich bei Maria Anna eine mystisch-visionäre Begabung. Mehrere Versuche, in ein Kloster einzutreten, scheiterten an mangelnder Mitgift oder an Erkrankungen. So lebte sie weiter in der Welt, gelobte aber – entgegen dem Drängen ihrer Umgebung auf Verheiratung – freiwillig Armut, Keuschheit und Gehorsam. Unter Anleitung verschiedener Beichtväter aus dem Jesuiten- und Karmelitenorden unterwarf sie ihren Körper Fasten und Kasteiungen. Zunehmend erlebte sie »Zustände«: Ihr Körper erstarrte, sie sprach »von göttlichen Dingen«. In Visionen sah sie die göttliche Dreifaltigkeit, Christus, den Heiligen Geist in Gestalt eines »schönen Jünglings«, Maria, weitere Heilige und viele arme Seelen im Fegefeuer, für die sie stellvertretend Sühne leistete. 1691 wurde Maria Anna Terziarin des Karmelitenordens und lebte fortan nach dessen strenger Regel in der Welt. Immer mehr Bürger und Adelige erbaten von ihr Rat, selbst weibliche Mitglieder der Herrscherfamilien Bayerns und Österreichs. Doch einige Geistliche betrachteten dies mit Skepsis und veranlassten eine bischöfliche Untersuchung, die 1691 zum Gebot des Stillschweigens über ihre Visionen führte.

Um 1694 begann Maria Anna Lindmayr damit, ihre Schauungen in den sogenannten Täglichen Aufzeichnungen niederzuschreiben. Sie sind in Form ungebundener Konvolute nahezu vollständig erhalten. Die eigenhändigen, stark vom bayerischen Dialekt geprägten und teilweise schwer leserlichen Niederschriften enthalten immer wieder auch Jesuskind-Visionen, so zum Beispiel in einer nicht näher datierbaren Aufzeichnung vom Februar 1700: »Es ist mir auch an einen Pfinstdag [d. h. Donnerstag] under der geistlichen Comniohn vor meinen Augen auf meinen Armen ein khleines Khindt aus einer unsichtbarer Handt gelegt worden, welches eingefezet [d. h. eingefatscht, eingewickelt] gewesen, und hat die ganze Fäzung oder Windlein geschinen als sehet ich einen laudern Diemandt [d. h. Diamant], lauder solche Steinlein seindt umb das Khindt gewesen, hab auch gesehen, das es seine Augen hat gegen mir gewendt, und auch ein guette Zeit, das ich es hab genueg sehen khönen, hab mich yber die schinerte Fäzen verwundert, so ist mir hernach in meiner Sell zu erkhenen geben worden, das es die Dugent [d. h. Tugend] der Diemuedt [d. h. Demut] des Christkhindlein bedeidt, hat mir grose Andrib zu Diemuedt hinderlasen.«

Die Begegnung mit Christus im Empfang der Kommunion hat sich also für Maria Anna Lindmayr zu einer unmittelbaren Begegnung mit dem Jesuskind gesteigert. Dessen wie Diamant leuchtende Windeln deutete sie als Zeichen seiner Demut und als Aufforderung zum eigenen demütigen Leben.

Den Spanischen Erbfolgekrieg (1701–1714) sah Maria Anna Lindmayr als drohendes Strafgericht Gottes. Eine ihrer Visionen gab 1704 angesichts der akuten Bedrohung Münchens den Anstoß zum Gelöbnis der Münchener Stände, der Dreifaltigkeit eine Kirche zu bauen. Die 1718 geweihte Dreifaltigkeitskirche wurde mit einem Kloster für Unbeschuhte Karmelitinnen verbunden. Finanzielle Grundlagen waren eine Stiftung des verstorbenen Herzogspaares Max Philipp und Mauritia Febronia von Bayern und zwei von Maria Anna aus Spenden angekaufte Häuser. 1713 legte sie als Schwester Maria Anna Josepha a Jesu im neuen Kloster ihre ewige Profess ab. Hier wirkte sie als Krankenschwester, als Priorin und schließlich als Novizenmeisterin. Weiterhin wurde ihr Rat von vielen gesucht, darunter von der Franziskanerin Crescentia Höß aus Kaufbeuren (1682–1744, 2001 heiliggesprochen). Sie führte auch einen ausgedehnten Briefwechsel. Am 6. Dezember 1726 starb Maria Anna in ihrem Kloster. Bald gab es erste Berichte über Gebetserhörungen, die ihrer Fürsprache zugeschrieben wurden. Ein Seligsprechungsprozess wurde daraufhin eingeleitet, kam jedoch nach einiger Zeit zum Erliegen. Nach der Aufhebung des Klosters in der Säkularisation wurde 1803 die Gruft der Nonnen geräumt. Die sterblichen Überreste der dort bestatteten Schwestern, darunter die von Maria Anna Lindmayr, kamen in ein Massengrab auf dem Alten Südlichen Friedhof. Seit 2003 bemüht sich der »Lindmayr-Freundeskreis« um ihr Andenken. RG

LITERATUR: Unveröffentlicht; vgl. Franz Joseph Nock, *Leben und Wirken der Dienerin Gottes Maria Anna Josepha a Jesu Lindmayr, unbeschuhte Carmelitin im Dreifaltigkeitskloster zu München*, 2. Aufl., Regensburg/New York/Cincinnati 1887; Klaus Pfeffer, »Maria Anna Joseph a Jesu Lindmayr (1657–1726). Eine bayerische Mystikerin der Barockzeit«, in: *Christenleben im Wandel der Zeit. I: Lebensbilder aus der Geschichte des Bistums Freising*, hrsg. von Georg Schwaiger, München 1987, S. 212–228; Die Transkription aus den Aufzeichnungen von Maria Anna Lindmayr stellte freundlicherweise Lic. theol. Thilo Andreas Hepp, München, zur Verfügung.

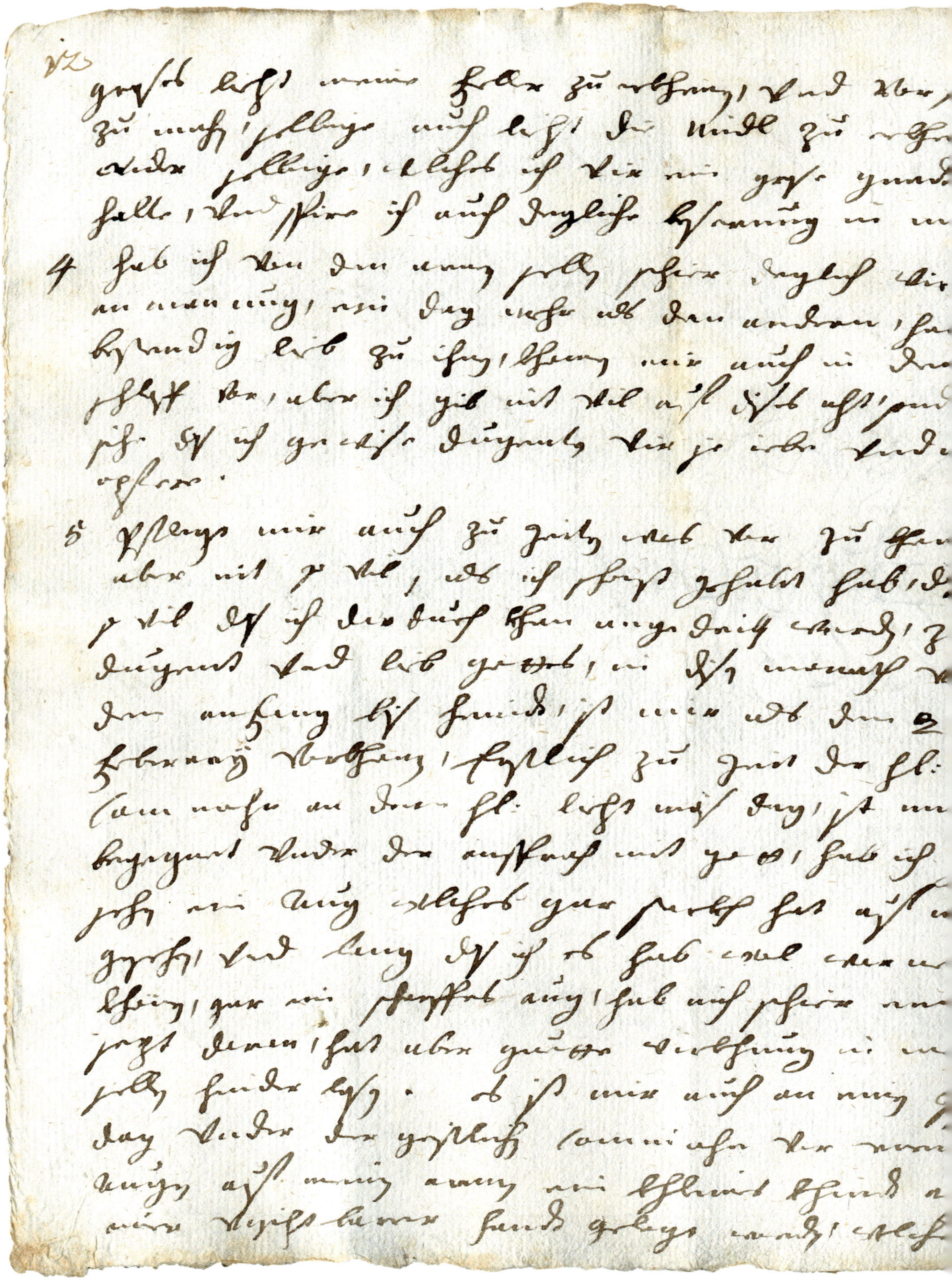

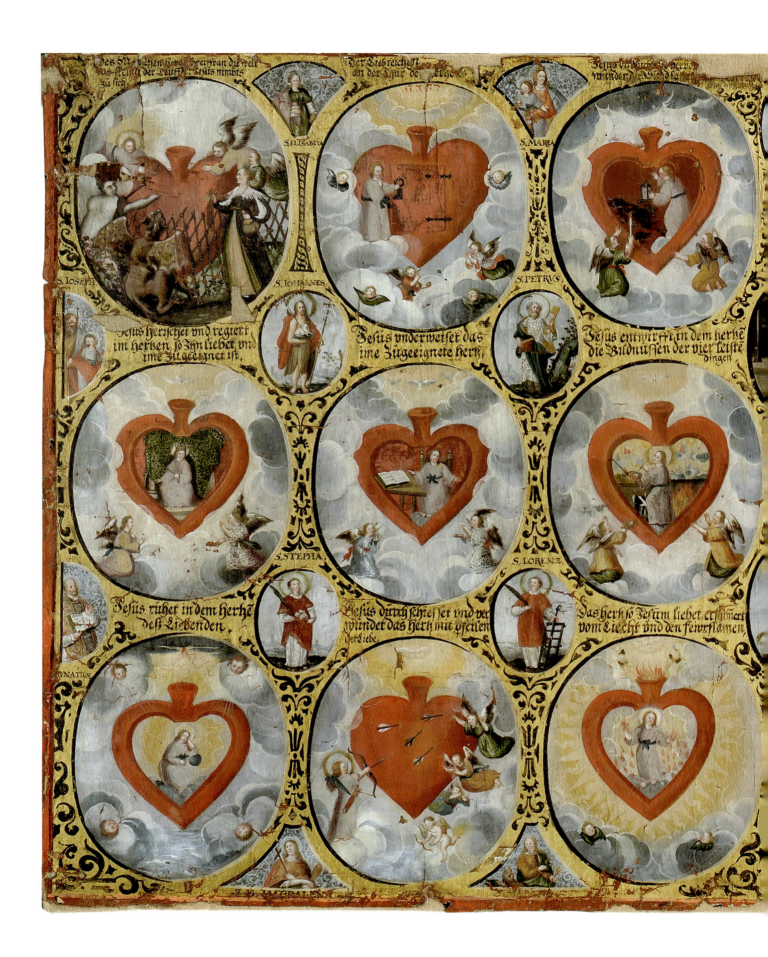

Das Herz vom Wuſt der Sünden

Jeſus ein Prediger im Herzen,

Jeſus beſprengt das Blut der Reinigung,

S. ANNA

S. HELENA

S. PAVLVS

S. IOHANNES

S. SIMON

Jeſus tragt das Creütz ins Herz, vnd trücks dem Liebende leichtlich ein

Das Herz ſo der Lieb Jeſu ergeben, iſt ein ſchöner blumgart

Jeſus der Sohn Davids ſchlagt die Harffen im Herz darzu die Engel ſingen

S. ROCHVS

S. R. DAVID

Jeſus vmbgibt das liebe Herz mit Palmen zweig, vnd kronet es mit einem Lorbeer Crantz

Jeſus helt im Saal deß Herzen himliſche Hochzeit

Jeſus offenbaret ſich in H. Dreyfaltigkeit im deß Herzens

S. APPOLONIA

S. AGNES

Zellenbild mit 18 Darstellungen aus der Serie
Cor Jesu amanti sacrum

18. Jahrhundert
Nach Antonie Wierix (1552–1604), 1586
Mischtechnik auf Leinwand, doubliert, 53 × 90 cm
Kloster Heilig Kreuz, Mindelheim
(vorherige Doppelseite)

In drei Registern wird der Betrachterin die göttliche Einwohnung im Haus der Seele gezeigt. Die Untertitel erläutern die jeweilige Szene. Im ersten Register: »1 Des Menschen Herz greift an die Welt, das Fleisch der Teufel, Jesus nimbts zu sich. 2 Der liebreiche Jesus klopft an der Thür des Herzens. 3 Jesus tritt ein und vertreibt die Würmer der Seele mit seinem Licht. 4 Jesus kehrt aus und befreit das Herz von den Würmern der Sünden. 5 Aus Wundmalen verströmt Jesus sein Blut durch das die Seelen in Engelshänden rein gewaschen werden. 6 Jesus besprengt das Herz mit dem Blut der Reinigung.« Im zweiten Register: »7 Jesus herrschet und regieret im Herzen, so ihn liebet und ihm zugeeignet ist. 8 Jesus unterweist das ihm zugeeignete Herz. 9 Jesus entwirft in dem Herze die Bildnisse der vier letzten Dingen. 10 Jesus trägt das Kreuz ins Herz und drückts dem Liebenden leichtlich ein. 11 Das Herz solcher Lieb Jesus ergeben, ist ein schöner Blumengarten. 12 Jesus als Sohn Davids schlägt die Harpffen im Herze darzu die Engel singen.« Im dritten Register: »13 Jesus ruhet in dem Herze des Liebenden. 14 Jesus durchschreitet und verwundet das Herz mit Pfeilen der Liebe. 15 Das Herz so Jesum liebet erschimmert im Licht und den Feuerflammen. 16 Jesus umgibt das liebe Herz mit Palmenzweig und krönet es mit einem Lorbeerkranz. 17 Jesus helt im Saal des Herzens himmlische Hochzeit. 18 Jesus offenbaret sich u… h. Dreifaltigkeit im S… des Herzens.« Darum gesellen sich Engel und Heilige als Wegbegleiter, Vorbilder und Beschützer: Schutzengel mit Tobias, Antonius Erem., Sebastian, Josef, Ignatius, Magdalena, Martha, Apollonia, Agnes, Simon, Helena, Anna, Maria, Elisabeth, Johannes der Täufer, Johannes der Evangelist, Johanna, Petrus, Rochus, Stephan, Laurentius, König David.

Die Herzensbilder gehen auf die Serie *Cor Jesu amanti sacrum*, achtzehn kleine Kupferstiche des Antonie Wierix aus dem Jahr 1586 zurück, die sehr häufig einzeln als erbauliche Andachtsbildchen (außer Katalog) oder zusammen in der Erbauungsliteratur des 17. und 18. Jahrhunderts (Kat.-Nr. 38) publiziert wurden. Die hier vorliegenden deutschen Untertitel ersetzen die ursprünglichen lateinischen Reimverse und sind dem Erbauungsbuch von Carl Stengel aus dem Jahr 1630 wörtlich entnommen (siehe Aufsatz Christoph Kürzeder). Die Register beschreiben einen dreistufigen Weg zu Gott mittels Reinigung, Erleuchtung und Vereinigung des menschlichen Herzens mit der göttlichen Dreifaltigkeit. Die Vorstellung der Einwohnung Gottes im Herzen des Glaubenden nimmt die allegorische Konzeption des Herzensklosters *(claustrum animae)* auf, die ihren Ursprung in der paulinischen Aussage vom Menschen als Tempel Gottes und der göttlichen Einwohnung im Haus der Seele hat.

Zellenbilder, überwiegend ein Kruzifix und Maria darstellend, gibt es seit dem 13. Jahrhundert, »damit sie [die Mönche] in der Lektüre, im Gebet und im Schlaf fortwährend sie betrachten und [von den Bildern] betrachtet werden konnten«. Die Schlafstätte wurde somit zum Ort, an dem eine private Bildandacht möglich war. Nachweisbare Zellenbilder gibt es heutzutage äußerst selten. CR

LITERATUR: Gerhard Bauer, *Claustrum animae. Untersuchungen zur Geschichte der Metapher vom Herzen als Kloster, I: Entstehungsgeschichte,* München 1973; Alexandra König, *Die Anfänge der Kölner Tafelmalerei,* Düsseldorf 2001, S. 175; Spamer 1930, S. 151–154; Dietmar Spengler, *Die »Ars Jesuitica« der Gebrüder Wierix,* Köln 1997, S. 169 f.

38 Das Hertz Jesu welches den Liebhaber heillig macht (1699) und Neue vom Himmel gesandte Andacht zu dem Göttlichen Hertz Jesu (1722)

Nach Anton Wierix (Antwerpen, 1552–1604), *Cor Jesu amanti sacrum*, 1586
Zu einem Buch gebunden, Leder geprägt, 13 × 7,5 cm
Titelkupfer von Johann Christoph Hafner (Augsburg, 1668–1754)
Kloster Heilig Kreuz, Mindelheim

Das Erbauungsbüchlein aus dem Kloster Mindelheim enthält zwei unterschiedliche Betrachtungen, eine vom »herztliebenden Jesus« und eine auf Margareta Maria Alacoque (1647–1690) zurückgehende Herz-Jesu-Andacht. Im ersten Teil folgt nach dem Titelkupfer von Johann Christoph Hafner eine Ermahnung an den »hertzliebenden Leser«, in der die »allgemaine Lehr der heiligen Vätter und Geistlichen Lehrmaisteren« vom dreistufigen Weg zu Gott beschrieben wird. Dieser Weg beinhaltet zunächst Reinigung, dann Erleuchtung und zuletzt Vereinigung des menschlichen Herzens mit Gott, ein Konzept, das bereits Pseudo-Dionysius Areopagita, ein christlicher Autor des frühen 6. Jahrhunderts, in seiner *Mystischen Theologie* beschrieben und das seit dem 9. Jahrhundert in die abendländische Theologie Eingang gefunden hatte. Es folgen 17 Kupferstiche aus der 18-teiligen Serie *Cor Jesu amanti sacrum*, die 1586 von Anton Wierix mit lateinischen Reimversen gestochen und verlegt worden war und die Hafner kopierte. Der Bekanntheitsgrad der Serie war im 17. und 18. Jahrhundert ungebrochen und fand in unterschiedlichen Formen Verwendung, so auch als Zellbild (Kat.-Nr. 37) oder als einzelnes Andachtsbildchen (außer Katalog). Zu jedem Stich folgen eine Auslegung sowie ein Kapitel aus Thomas von Kempens Büchern von der Nachfolge Jesu Christi (zwischen 1425 und 1447 entstanden) und ein abschließendes Gebet, das den Bildgedanken nochmals aufgreift. Gezeigt wird das II. Bild *Wie Jesus an der Thür des Hertzen anklopfft und zur Buß ermahnet.*

Die Herz-Jesu-Verehrung, die im Mittelalter unter anderem auch mit der Idee der Gottesgeburt im Herzen der Gläubigen entfaltet wurde, reicht bis zu den Kirchenvätern zurück. Die mystische Bewegung prägt Sprache und Frömmigkeit der besonders in Frauenklöstern gepflegten Herz-Jesu-Verehrung. Seit dem 16. Jahrhundert von den Jesuiten gefördert, entwickelte sie sich zu weitverbreiteten Volksandachten mit einer Fülle von Gebeten, Liedern und bildlichen Darstellungen. Die Verehrung trug zur Vorstellung des herzliebenden Menschen bei. CR

LITERATUR: Kurt Flasch, *Das philosophische Denken im Mittelalter. Von Augustin zu Machiavelli*, 2. Aufl., Stuttgart 2000, S. 86–90; Josef Stierli, »Herz Jesu«, in: LThK, Bd. 5, 2. Aufl., Sp. 290–292.

Das II. Bild.

Vltro cordis portam pulsat
Iesus, silet et auscultat
Vocem sui corculi.

Cor exsurge, pedem solue,
Quid sit opus factu, uolue
In aduentum sponsuli.

39 Jesuskind mit brennendem Herz

Süddeutschland, 2.Viertel/Mitte 18. Jahrhundert
Gliederfigur (Hals, Schultern, Arme), Holz, teilweise polychrom
gefasst, Glasaugen, Perücke, Höhe 38,5 cm
Sockel: Holz, Lüsterfassung und Vergoldung, Reliquie in
Klosterarbeit, 16 × 17,3 × 10 cm
Bekleidung: Textilien, Goldfaden, Perlenkette mit Anhänger,
Frankreich, Mitte 18. Jahrhundert
Ursulinenkloster St. Joseph, Landshut

Das Jesuskind hat ein ungewöhnlich gut erhaltenes Inkarnat
von fast porzellanhafter Glätte. Die glühend geröteten Wangen
passen gut zu der Ikonografie, die diesem Kind gegeben wurde.
Auf das vor Liebesglut brennende Herz, das vom Feuer der Liebe
Christi brennt, verweisen gleich mehrere Attribute: das Flam-
menherz in der Hand des Kindes, die Stickerei auf dem Brust-
teil seines Kleides (Christusmonogramm mit Herz) sowie der
als feurige Zungen gestaltete metallene Nimbus. Diese deuten-
den Attribute sind vielleicht nicht alle zeitgleich entstanden,
verweisen aber darauf, dass die diesem Kind gegebene Deutung
über einen längeren Zeitraum hinweg kontinuierlich gepflegt
wurde.

    Der Holzkörper des Kindes, bei dem lediglich Arme
und Kopf beweglich sind, ist mit einem Lendentuch geschnitzt,
aber holzsichtig belassen. Die Reliquie im Sockel gehört laut
Cedula (»S. Caelestinae M.«) zu einer sonst nicht näher bekannten hl. Märtyrerin Caelestina, wohl einer Katakombenheiligen.

    Das Jesuskind trägt ein Kleid aus elfenbeinfarbenem Sei-
dendamast mit farbig broschiertem Blumenmuster (gelb, rosa,
orange, grün). Am Oberteil ist die Weite des Kleides beidseitig symmetrisch in zwei Falten in die Schulternaht eingelegt,
sodass die vordere Mitte als breiter Streifen hervorgehoben
wird. Auf der Brust ist ein aus Goldfaden, Kantillen, Pailletten
und Perlen gestaltetes IHS-Monogramm mit Herz- und Kreuz-
form aufgenäht. Wie die meisten anderen bekleideten Jesuskind-Figuren der Ursulinen aus Landshut ist auch dieses Kleid
in der Taille mit einem schmalen Seidenband gegürtet und einer
mittigen Schleife geschmückt. Halsausschnitt und Ärmelabschluss sind mit weißen Klöppelspitzen und wie am Rocksaum mit einer Goldspitze verziert. Der Mantelumhang aus
rotem Seidenatlas mit Goldstickerei und Spitzenbesatz wurde
in neuerer Zeit genäht. AIN/AML

Anfang 18. Jahrhundert
Obstholz schwarz poliert, monochrom bemalt,
Andachtsbildchen, Gouache auf Pergament,
Drahtarbeit mit Glassteinen, Perlen und Reliquien, 40 × 37 cm
Diözesanmuseum Freising, Inv.-Nr. D 85226

Im Zentrum des reich mit Drahtarbeiten geschmückten Altärchens ist die Heilige Familie mit Joachim und Anna dargestellt.
Der Jesusknabe steht mittig auf den Knien Marias und bildet
mit dem über ihm schwebenden Gottvater und der Heilig-
Geist-Taube die Heilige Dreifaltigkeit. Die hl. Mutter Anna
reicht Jesus einen Apfel, der als Frucht des Paradiesbaumes
auf dessen Bestimmung als neuer Adam und Erlöser hinweist.
Theologisch wird dieser Gedanke der Erlösungstat Christi
durch die eingefügten Reliquienpartikel wie Heilige Lanze,
Kreuztitulus, Heiliger Rock, Dornenkrone, Kreuz und Blut
Christi vertieft, die sich zum großen Teil auf die Passion Christi
beziehen. In den beiden Seitenflügeln ist jeweils ein weiteres
ovales Andachtsbild eingefügt, rechts die hl. Ursula und links
die hl. Maria Magdalena als Büßerin. CK

41 Das Jesuskind wird von seinen Vettern gebadet

Andachtsbildchen, 1. Hälfte 16. Jahrhundert
Papier, 11,5 × 8,5 cm
Archiv des Erzbistums München und Freising, Grafiksammlung,
Andachtsbilder

Das kleine Andachtsbildchen zeigt eine originelle Szene. In
der Mitte des Bildes sitzt das nackte Jesuskind in einem großen
Holzzuber segnend und mit der Frucht des Paradieses in der
Hand. Vor ihm auf der Ablage steht eine mit Blumen gefüllte
Vase. Der ältere Johannes hat ihm wohl in die Wanne geholfen
und scheint auf den jüngeren Jesus aufzupassen. Um das Kind
herum haben sich die »Vettern« Jesu zu einem fröhlichen Musik-
orchester versammelt, um ihm die Zeit im Bad angenehmer
zu gestalten. Neben Johannes dem Täufer sind dies die Söhne
der zweiten Tochter Annas, Jacobus minor, Josef Justus, Judas
Thaddäus und Simon Zelotes, der dritten Tochter, Jacobus major
und Johannes Evangelist, und der Großnichte mit Servatius.
Martialis, einer der Söhne der hl. Felicitas, bringt zusammen
mit Servatius in einem kleinen Holzeimer frisches Wasser. Die
Entfaltung der Heiligen Sippe geht auf Jacobus de Voragine in
seiner *Legenda Aurea* des 13. Jahrhunderts zurück. Untertitelt
ist das mit einem Blumen- und Fruchtrahmen geschmückte
Blatt: »Wir Kinderlein baden den herren Jesum Christ / Der
unser lieber Vetter und Erlöser ist.« Das Jesulein zu baden ist
vielfach Thema in der Erbauungsliteratur seit dem 16. Jahrhundert, so auch in Adam Walassers 1565 in Dillingen erschiene-
nem Werk *Vom zarten Kindlin,* in dem der Autor erklärt, »wie
man dem newgebornen kindlin Jesu ein warms bädlin soll
machen« (siehe Aufsatz Christoph Kürzeder). CR

LITERATUR: *Die Legenda Aurea,* aus dem Lateinischen übers. von Richard Benz,
8. Aufl., Köln 1975, S. 676–679.

42 Sitzendes Jesulein mit einem Reh

Schwaben, gegen 1500
Lindenholz, vollrund ausgearbeitet, Grundierung, Lasurfarben,
Höhe 30,5 cm
Zürich, Privatbesitz

Der kleine Jesusknabe sitzt mit angewinkelten Beinen auf einem weichen, an der rechten Seite geschnürten Kissen, das in seiner Kostbarkeit durch das gepresste Muster auf Lüsterrot und die Quasten an den beiden vorderen Ecken besonders hervorgehoben wird. Ein scheues Reh hat sich an ihn geschmiegt und seinen Vorderlauf mit großem Zutrauen auf den Fuß des Knaben gelegt. Die dralle Körperlichkeit eines etwa eineinhalbjährigen Kleinkindes ist treffend wiedergegeben. Die vollen Backen, die kleine stupsige Nase und das zarte, im Halsbereich ansetzende Doppelkinn charakterisieren die frühe Kindheit ebenso wie der sich wölbende Bauch, die Speckfalte im Taillenbereich und die stämmigen Ärmchen und Beinchen. Dem Bildhauer ist es in besonderer Weise gelungen, in der verhaltenen Bewegung und der etwas gebeugten Haltung des Kindes einen noch ungeformten jungen Körper zu modellieren. In zärtlicher Geste hat Jesus seine rechte Hand an die Wange des Tieres gelegt, mit der anderen, deren Finger weit gespreizt sind, scheint er es schützen zu wollen. Die Physiognomie des Kindes ist ausgesprochen fein ausgearbeitet, sowohl was die Stimmigkeit der kindlichen Proportionen als auch die Details wie Augenlider, geschwungener Mund, Nabel oder Genitalien bis hin zu der feinen Zeichnung des Nagelbettes von Fingern und Zehen betrifft. Die bewegten, ursprünglich vergoldeten Haare fallen in langen Spirallocken herab und rahmen das Gesicht. Obwohl Kind und Reh durch zärtliche Gesten miteinander verbunden sind, weisen ihre Blicke in unterschiedliche Richtungen.

Sitzende Jesulein sind gegenüber den Stehenden seltener, tauchen jedoch zur gleichen Zeit auf, als das Phänomen des »isolierten Jesuskindes« überhaupt entsteht. Auch sie sind aus verschiedenen Materialien und in unterschiedlichen Größen hergestellt worden und wurden bekleidet. Frühe Beispiele übernehmen das strenge Thronmotiv des kindlichen Logos aus der *Sedes sapientiae*-Gruppe, in der Maria zum Thron der göttlichen Weisheit wird, in Anspielung auf den Thron Salomos. Andere sitzen locker im Schneidersitz auf einem Kissen, das die Bedeutung eines Thronkissens hat und wie hier mit Quasten geschmückt ist. Die Gesten unterscheiden sich nicht von ihren stehenden Kameraden, sind segnend oder halten gängige Attribute wie Taube, Frucht oder Buch in der Hand. Theodor Müllers Beschreibung des kleinen Christuskindes mit dem Reh als »liebenswürdige Darstellung«, die ihre Wurzeln in der »Volksfrömmigkeit der Spätgotik« hat, ist allerdings schwer konkret zu belegen, denn das Reh als Attribut kommt kein zweites Mal vor. In der Andachtsgrafik der Zeit sitzt das Jesuskind allenfalls mit dem Lamm auf dem Kissen, eine auf die Lamm-Gottes-Symbolik verständliche Anspielung. Das Reh oder auch die Hirschkuh meint seit frühchristlicher Zeit die nach dem Heil dürstende beziehungsweise in der Taufe gerettete Seele (Ps 41,2). Eine zweite Vorstellung, die sicher mitschwingt, ist die Schutzsuche der bedrängten Seele, wie sie im Bild der Jagd in zahlreichen Jagdfriesen seit romanischer Zeit dargestellt wurde. Der Gejagte wird zum Sinnbild des Guten vor seinem Jäger, der das Böse veranschaulicht. In diesem Sinne wäre die Skulptur ein Bild der bei Gott ruhenden Seele. Die große Sanftmut im Ausdruck des Kindes und die vertrauende Geste der Hindin unterstützen diese Vorstellung. Sehr viel später erscheint die Symbolik von Jesuskind und Reh im Andachtsbuch des Liborius Siniscalchi von 1757 zum Geheimnis der Geburt und Menschwerdung Christi (siehe Aufsatz Christoph Kürzeder). Die sechste Betrachtung greift das Thema der Heimsuchung Mariens auf, doch vom Blickwinkel des noch ungeborenen Jesus im Mutterleib aus. Dieser heiligt den gleichfalls noch ungeborenen Johannes im Leib der Elisabeth. Dort heißt es: »Betrachtet nur, wie das göttliche Kind nicht gewartet auf die Zeit seiner gnadenreichen Geburt, oder, bis sein Vorlauffer gebohren ware, sondern ohne alle Verweilung, gleich einem flüchtigen Hirschen, fliehet es gleichsam über das rauhe Hochgebürg des H. Judenlands in das, von ihme gesegnete Haus Zacharia. Mein Geliebter gleichet einem Rehe, und frommen Hirschlein; dann sihe, eben also kommt er, und springt über Berg und Büchel«. Es bleibt offen, welche der Deutungen die Intention der einzigartigen Skulpturengruppe erfasst.

Die Skulptur befand sich ursprünglich in der Sammlung des Münchner Kunsthändlers Siegfried Lämmle, der 1938 enteignet wurde. 1941 vom Bayerischen Nationalmuseum erworben, wurde sie 1950 restituiert. CR

LITERATUR: RDK, Bd. 3, Sp. 599 f. (Hans Wentzel); Theodor Müller, »Katalog der mittelalterlichen Bildwerke«, in: *Sammlung Emil G. Bührle: Festschrift zu Ehren von Emil G. Bührle zur Eröffnung des Kunsthaus-Neubaus und Katalog der Sammlung Emil G. Bührle,* Ausst.-Kat. Kunsthaus Zürich 1958, S. 50, Kat.-Nr. 41; Siniscalchi 1757, S. 148; Matthias Weniger, »Die Sammlungen Siegfried Lämmle und Ludwig Gerngroß im Bayerischen Nationalmuseum 1938–1953«, in: Andrea Baresel-Brand, *Entehrt, ausgeplündert, arisiert. Entrechtung und Enteignung der Juden,* Magdeburg 2005, S. 201–308.

Um 1500
Holz, vollrund geschnitzt, gefasst, Höhe 58,5 cm (ohne Sockel)
Kloster Heilig Kreuz, Mindelheim

Ganz frontal auf den Betrachter ausgerichtet und ohne merkliche Ponderation, nur mit leicht vorgestelltem rechten Fuß, steht das Jesuskind auf einer schmalen Plinthe späterer Zeit. Die rechte Hand hat es zum Segensgestus erhoben, in der linken hält es die von einem Kreuz bekrönte Weltkugel. Im Typus entspricht das Mindelheimer Jesulein den nackten, vollrund geschnitzten Skulpturen der Spätgotik. Doch hatte der Bildhauer einige Schwierigkeiten, die Proportionen von Körper, Armen und Beinen realistisch zu bestimmen. So sind die Ärmchen im Verhältnis zu dem lang gezogenen Körper zu kurz und zu dünn, und die molligen Oberschenkel enden in zu zarten Fesseln der Beinchen. Besondere Sorgfalt hat der Bildschnitzer jedoch auf die Charakterisierung von Bauch mit Nabel, Brustkorb und Grübchen oberhalb des Gesäßes verwendet, die den typischen kindlichen Rundungen nahekommen. Zu der strammen Haltung mit den durchgedrückten Knien passt auch der recht ernste Gesichtsausdruck des Knaben. Die hochpolierte, glatte Fassung dürfte späterer Zeit sein und ist an Füßen, Hals- und Brustansatz sowie an den Händen übergangen worden, an genau jenen Stellen, die bei einer Bekleidung der Figur sichtbar bleiben. Auffrischungen jüngeren Datums sind die Details von Haaransatz, Augenbrauen und Lidstrichen ebenso wie die mit Goldbronze überstrichenen, in einzelne Ringe gelegten Locken. CR

16. Jahrhundert
Holz, vollrund geschnitzt, gefasst, Höhe 46 cm (mit Sockel)
Diözesanmuseum Freising, Inv.-Nr. NSV 231

Trotz einiger Schwächen zeigt das an die Form spätgotischer Jesuskinder anknüpfende Jesulein einen ausgeprägten Kontrapost. Auf einem schollenartigen Sockel steht es in breitem Standmotiv auf etwas zu groß geratenen Füßen, mit segnendem Gestus und Weltkugel in der Hand. Großer Wert ist auf die Durcharbeitung des zarten Körpers gelegt. Das Motiv der speckigen Oberschenkel erscheint ebenso wie der ansatzweise vorgewölbte Bauch. Um dem Oberkörper einen möglichst realistischen Eindruck zu geben, sind kleine Holzstückchen als Brustwarzen eingesetzt und mit der Fassung in die Oberfläche der Skulptur eingearbeitet worden, was auf eine zumindest zeitweilige Nacktansichtigkeit schließen lässt. In der Rückenansicht offenbart sich allerdings die allzu große Unsicherheit des Bildhauers, dem Jesuskind einen natürlichen Bewegungsablauf zu geben. Auffällig ist der große Wulst am Halsansatz, der eventuell mit einer Überarbeitung für das Anpassen eines Kleidchens zu erklären ist. Die Gesichtspartie scheint abgeflacht, die Augen sind ungewöhnlicherweise nicht schnitztechnisch herausgearbeitet, sondern auf den flachen Untergrund aufgemalt. In die streng gereihten, teils gebohrten und eng an den Schädel anliegenden Löckchen sind nachträglich Strahlen eines Heiligenscheins eingefügt worden, die Sprünge im Holz verursacht haben. CR

45 Jesuskind

Hans Degler (1564–1635), um 1620
Holz, gefasst, 43 cm
Museum Altomünster, ursprünglich aus dem
Birgittinnenkloster Altomünster

Der in ausgewogenem Kontrapost stehende Jesusknabe hat sich von dem spätgotischen Kindchenschema der Vorläufer gelöst und weist in seiner plastischen Durcharbeitung, dem bewegten Standmotiv und der ansprechenden Gestik, frühbarocke Züge auf. Die Weichheit des zarten Körpers hat der Bildhauer subtil herausgearbeitet. Eingesetzte Brustwarzen und das kompakte glänzende Inkarnat mit den Rötungen an Wangen, Brust und Knie verstärken die Lebhaftigkeit des Kindes. Dies, aber auch der breite Schädel, die quirligen Locken wie der liebreizende Ausdruck mit dem wachen Gesicht können zu Jesuskindern im Umfeld von Marienskulpturen des Weilheimer Bildhauers Hans Degler in Beziehung gesetzt werden.

Hans Degler war neben Bartholomäus Steinle der gefragteste Holzbildhauer im Pfaffenwinkel. Seine monumentalen Altäre in St. Ulrich und Afra in Augsburg zählen zu seinen Hauptwerken. 1590 heiratete er eine Tochter Adam Krumpers und erwarb dadurch das Weilheimer Bürgerrecht, wo er eine leistungsfähige Werkstatt betrieb. Die Verbindung zu Münchner Hofkünstlern, unter anderem war er Schwager Hans Krumpers, brachten ihm große Aufträge ein. Der spätere Hofbildhauer und Elfenbeinspezialist Christoph Angermair lernte bei Hans Degler. Von 1607 bis 1628 war er Ratsmitglied, verarmte kurz danach und starb an der Pest. Für einen Weilheimer Bürger fertigte Degler 1628 ein »stehendes Jesuskind« an, was belegt, dass er sich mit dem Motiv beschäftigte. Ob es sich dabei um die vorliegende Figur handelt, ist jedoch nicht nachweisbar. CR

LITERATUR: AKL, Bd. 25, S. 229 f. (Claudia Däubler-Hauschke); Heinz Jürgen Sauermost, *Die Weilheimer. Große Künstler aus dem Zentrum des Pfaffenwinkels*, München 1988, S. 79–92; Wilhelm Zohner, »Hans Degler 1564–1634/35, Die gesicherten Arbeiten des Weilheimer Bildhauers. Ein Beitrag zur Erforschung seines Wirkens«, in: Lech-Isar-Land 1977, S. 76–89.

46 Augustinerkindle

Schwaben, Ende 17. Jahrhundert
Öl auf Leinwand, 47 × 43 cm
Kloster Heilig Kreuz, Mindelheim

47 Jesuskind

17. Jahrhundert
Holz, vollrund geschnitzt, gefasst, nachträglich zur Gliederfigur
umgearbeitet, Höhe 28,5 cm
Kloster Heilig Kreuz, Mindelheim
(folgende Doppelseite)

In der Kapelle der Mindelheimer Franziskanerinnen befindet sich die spätgotische Skulptur des so genannten Augustinerkindle, die aus dem 1526 aufgelösten Augustinerkloster stammt, das sich in der Nähe der Frauengemeinschaft befand. Die von den Schwestern sehr geschätzte Figur wurde kostbar bekleidet, wie sich an diesem barocken Gemälde nachvollziehen lässt: Das Kleid ist aus weißem Damast gearbeitet, den Mantel schmücken feine Goldborten. In der rechten Hand hält das Kind ein Blumensträußchen, während auf der linken ein Vogel sitzt, der als Stieglitz gedeutet werden kann. Aufgrund der roten Federpartien am Kopf und dessen Vorliebe für Disteln wird dieser als Hinweis auf die Passion Christi verstanden. Dies unterstreichen die aus dem Dunkel des Hintergrundes unheilvoll aufscheinenden Arma Christi und die unter der Figur prangende Kartusche mit den Fünf Wunden Christi. SM

LITERATUR: Pörnbacher 2006, S. 2 f.

Die kleine, sehr feine Skulptur des Jesusknaben hat sich vom kindlichen Bildschema des spätgotischen Jesuleins gelöst. Nicht als Kleinkind präsentiert er sich, sondern als etwa sechsjähriger Knabe. Die vollrund geschnitzte Skulptur wurde nachträglich zu einer Gliederfigur umgearbeitet, indem die Oberarme am Armansatz herausgesägt, durch ungefasste Gliederelemente ersetzt und diese mittels Dübeln mit den ursprünglichen Unterarmen wieder zusammengesetzt wurden. Das Ergebnis erlaubt eine Bewegung sowohl des Schultergelenks als auch des Ellenbogens. Bohrungen für die Dübellöcher zur Fixierung der Gliederarme befinden sich in Vorder- wie Rückseite des Brustbereichs. Das hochpolierte, glatte Inkarnat mit rötlichen Akzenten ist an Brust und Füßen überfasst, also jenen Stellen, die nach dem Bekleiden der Figur noch sichtbar bleiben. Die kleine Skulptur ist von großer schnitzerischer Qualität, der Kontrapost mit Stand- und Spielbein, Heben und Senken der Hüfte inklusive Gesäßzone sowie der Schulterpartie treffend erfasst. Die fein ausgearbeitete Physiognomie des Körpers ist von vibrierender Weichheit, wie sie für Skulpturen seit der Spätrenaissance und des Frühbarock kennzeichnend ist. Einzig die rundlichen Schwellungen mit einzelnen Speckfalten an den Oberschenkeln erinnern an das Kindchenschema. Für den Übergang sprechen auch die gelängten Proportionen und das neckisch bis in den Nacken reichende gewellte Haar, das für Jesuskind-Figuren ungewöhnlich ist und eher an Darstellungen des Pastor Bonus, des Guten Hirten, erinnert. CR

48 Unterhemdchen

18. Jahrhundert
Leinen
Kloster Heilig Kreuz, Mindelheim

Unter den prächtigen Seidenkleidern trugen die Jesuskind-
Figuren immer ein Untergewand aus feinem Leinengewebe.
Diese Leinenhemdchen sind stets weit geschnitten und in der
hinteren Mitte offen. Die Weite des Hemdchens ist, wie bei
den zeitgleichen Männerhemden, am Halsausschnitt zu kleinen Fältchen zusammengerafft und mit einem Bändchen
gefasst, mit dem das Hemd im Nacken gebunden wird. Die
Ärmel sind gerade angesetzt und am Saum fast immer mit
weißen Klöppelspitzen besetzt. AML

49 »Laufendes« Jesuskind

Süddeutschland, um 1500, mit späteren Überarbeitungen
Holz, polychrom gefasst, Höhe 62 cm (sitzend)
Kloster St. Johann im Gnadenthal, Ingolstadt

Das große Gnadenthaler Jesuskind entsprach bei seiner Entstehung dem üblichen Typus der spätgotischen Jesulein: Es war stehend in leichtem Kontrapost dargestellt, die rechte Hand segnend erhoben, die Linke ein (verlorenes) Attribut haltend. Das Kind zeigt eine deutliche Kleinkindphysiognomie mit sehr kurzem Hals, rundem Bäuchlein und fleischigen Knien, betont durch die rötlichen Akzente des Inkarnats. Die hohe Stirn unter der aus kleinen, ursprünglich vergoldeten Löckchen zusammengesetzten Frisur entspricht dem zeitgenössischen Schönheitsideal.

Später – vielleicht noch im 17. Jahrhundert – wurde das Jesuskind, das stehend eine Höhe von fast 70 cm erreicht haben muss, zu einer Gliederfigur umgearbeitet: Oberarme und Oberschenkel wurden entfernt und durch ungefasste, mit Scharnieren versehene Verbindungsstücke ersetzt und Schultern und Hüften zur Aufnahme der Kugelgelenke ausgehöhlt. Bei Unterarmen und Beinen handelt es sich noch um die originalen Gliedmaßen, bei den Beinen wurde sogar darauf geachtet, sie so weit oben abzutrennen, dass die schön modellierten Knie erhalten blieben. Das jetzt je nach den liturgischen Farben des Kirchenjahrs bekleidete Jesulein nahm im Kloster Gnadenthal eine herausragende Stellung ein. Laut der Klosterchronik soll das »laufende Christkindl« nicht gerne allein gewesen sein und den Schwestern überallhin nachgelaufen sein. Möglicherweise wurde diese Legende durch die Umarbeitung befördert. AIN

LITERATUR: Wentzel 1953; Blomenhofer 2009, S. 58–59; Metzger 2011, S. 66.

Das Jesuskind Kat.-Nr. 49 verfügt über eine umfangreiche Garderobe mit Kleidern in verschiedenen liturgischen Farben. Die Kleider sind alle in jüngster Zeit entstanden, vermitteln jedoch einen guten Eindruck von der Vielzahl und Gestalt der Gewänder von Jesuskind-Figuren. Auf monochromem Grundgewebe sind jeweils aufwändig bestickte Dekore aufgebracht.

a. Rotes Jesuskind-Kleid

20. Jahrhundert
Seide, Baumwolle, Goldfaden, Silberfaden, Glassteine

Das rote Samtkleid ist prächtig mit Metallfadenstickerei verziert. Im Schnitt macht es sich von den historischen Vorlagen unabhängig. Ein weiter, eingereihter Rock setzt an einer Taillennaht an ein schmales Oberteil an. Die Ärmel sind schmal und geschlossen genäht. Die Kanten sind rundum mit Goldspitze und weißer Klöppelspitze besetzt.

b. Violettes Jesuskind-Kleid

20. Jahrhundert
Textil, Goldfaden, Silberfaden

Auf violettem Samtgrund hebt sich eine Stickerei mit Gold- und Silberfäden ab. Gold- und Klöppelspitzen zieren auch bei diesem Kleid die Kanten und den Saum. AML

c. Weißes Jesuskind-Kleid

20. Jahrhundert
Seide, Goldfaden, Glassteine, Perlen
(folgende Doppelseite)

Das weiße Kleid ist an der vorderen Mitte und entlang dem Saum mit Blattkränzen mit einbeschriebenen Blüten aus farbigen Schmucksteinen bestickt. AML

51 Strümpfe für Jesuskind-Figuren

18. bis 20. Jahrhundert
Wolle, Baumwolle, Seide
Kloster St. Johann im Gnadenthal, Ingolstadt
Ursulinenkloster St. Joseph, Landshut

52 Schuhe für Jesuskind-Figuren

Kloster St. Johann im Gnadenthal, Ingolstadt

Für die Jesuskind-Figuren wurden häufig auch kleine Schuhe, wie Miniaturausgaben von Schuhen der damaligen Zeit, gefertigt. Ganz aus Leder genäht oder aus Seidengewebe mit kostbaren Stickereien gefertigt, wurden die kleinen Schühchen in Schränkchen und Schubladen sorgsam aufbewahrt.

a. Hellblaue Seidenschuhe

Süddeutschland, Mitte 18. Jahrhundert
Seide, Papier, Leder

b. Weiße Seidenschuhe

Süddeutschland, Mitte 18. Jahrhundert
Seide, Goldfaden, Pailletten, Kantillen, Papier

Die kleinen Schühchen aus weißem Seidengewebe sind mit farbigen Seidenfäden in Stielstich und Flachstich bestickt und wirken wie flache Damenschuhe aus dem 18. Jahrhundert. Goldene Pailletten, Goldfaden und Kantillen ergänzen die zarten Blüten- und Blattmotive.

c. Zwei Paar Lederschuhe

Süddeutschland, Mitte 18. Jahrhundert
Leder, Seide, Goldfaden, Papier

Die beiden Paare Lederschühchen sind beinahe identisch gearbeitet. Ganz aus rot-braunem Leder genäht, sind die Kanten mit Bändern aus grünem Seidentaft eingefasst, die nach vorne zu Schleifen gebunden werden. Bei einem Paar zieren zudem eine schmale Goldspitze und ein Faltenbesatz aus rosa Seidentaft den Schuh.

d. Gelbe Schuhe

Süddeutschland, 19. Jahrhundert
Seide

Folgende Doppelseite: Detail aus Kat.-Nr. 76

53 Jesuskind

Süddeutschland, 2. Hälfte 18. Jahrhundert
Gliederfigur (Hals, Schultern, Ellenbogen, Hüften, Knie), Holz,
polychrom gefasst, Glasaugen, Wachshaar, Höhe 32 cm
Sockel: Holz und Karton, polychrom gefasst und ölvergoldet,
18. Jahrhundert und später, 8,8 × 18,5 × 11,5 cm
Bekleidung: Seide, Wolle, Leinen, Goldfaden (riant mit weißer Seele),
Goldfaden, Goldlahn, Perlen, Frankreich, 18. Jahrhundert
Kloster Heilig Kreuz, Mindelheim

Das Jesuskind ist eine vollständig mit Gelenken versehene Gliederfigur, die sowohl sitzen als auch stehen, die Arme verbiegen
und den Kopf drehen beziehungsweise neigen kann. Die Haltung der linken Hand deutet darauf hin, dass es ursprünglich
eine Weltkugel hielt: Dies und sein ernster Gesichtsausdruck
weisen darauf hin, dass dies kein niedliches Kleinkind ist, sondern Christus als Salvator und Weltenrichter.

Wie bei den klösterlichen Jesulein des 17. und 18. Jahrhunderts üblich, hatte auch dieses Kind ursprünglich keine festen
Haare; der glatte, kahle Holzschädel diente zum Aufsetzen einer
Perücke. Zu einem späteren Zeitpunkt, als in der Herrenmode
Perücken außer Gebrauch gekommen waren, wurde auch bei
diesem Jesuskind auf die Haarperücke verzichtet; stattdessen
wurde es, vermutlich bereits im 19. Jahrhundert, mit einer
festen Kurzhaarfrisur aus braunem Wachs versehen.

Das Jesuskind-Gewand wurde aus drei unterschiedlichen Geweben genäht. Die Seitenteile des Kleides sind aus
cremefarbenem Seidenatlas gearbeitet, der mit roten, gelben,
lila, lindgrünen und weißen Kleeblättern broschiert ist. Für
den trapezförmigen Einsatz an der Vorderseite wurde ein
weißer Seidendamast (aus drei Fragmenten zusammengefügt)
verwendet, der mit Goldfaden (riant, mit weißer Seele), rosa
und roter Seide broschiert ist. Goldspitze begrenzt das vordere
Trapez und verziert Saum und Halsausschnitt. Geklöppelte
Leinenspitzen an den Säumen. Ein rosa Seidenbändchen, mit
zahlreichen kleinen Perlen bestickt, dient als Gürtel in der
Taille. Für die Rückseite des Kleides wurde weniger kostbarer
Stoff (Wollköper mit kleinen roten Blumen bedruckt) gewählt.
Druckstoffe finden ab dem späteren 18. Jahrhundert Verbreitung. Das Kleid ist mit gewachstem, lachsfarbenem Leinen-
gewebe gefüttert. AIN/AML

54 Lehrendes Jesuskind

Süddeutschland, 16. Jahrhundert
Holz, gefasst, Menschenhaar, Höhe 46,5 cm
Sockel: Holz, polychrom gefasst, Reliquie in Klosterarbeit,
17. Jahrhundert, 13,3 × 18 × 13,3 cm
Bekleidung: Seide, Leinen, Goldfaden, Goldfaden (riant, frisé)
Pailletten, Goldlahn, Kantillen, Ende 18./19. Jahrhundert
Ursulinenkloster St. Joseph, Landshut

Einen ungewöhnlichen Typus vertritt dieses Jesuskind: Statt
im Segensgestus ist seine rechte Hand mit ausgestrecktem Zeigefinger erhoben, Jesus ist also als Sprechender, als Lehrender
dargestellt. Das Kind ist vollplastisch mit unbeweglichen
Gliedmaßen geschnitzt, die Augen sind aufgemalt, der Kopf ist
zum Aufsetzen einer Perücke geglättet – die aufgeklebten glat-
ten Menschenhaare sind eine neuzeitliche Ergänzung. Das Kind
dürfte somit zu den ältesten des Landshuter Ursulinenklosters
zählen. Die Körperbildung konnte leider nicht untersucht
werden, da das Jesuskind eine festgenähte Stoffwindel trägt.

Im dunklen Reliquiensockel sitzt in der im 20. Jahrhundert
erneuerten Klosterfrauenarbeit ein deutlich erkennbarer Dorn,
der wohl eine Reliquie aus der Dornenkrone Christi darstellt.

Das Jesuskind trägt ein Kleid aus weißem Seidendamast
mit farbig broschiertem Blumendekor. Gleichmäßig sind Blumenbouquets in ein Rautenmuster aus geschwungenen Blättern eingestellt. Die Konturen der Damastmusterung sind mit
Gold- und Silberfäden (riant, mit hellgelber und weißer Seele)
in Anlegetechnik nachgeformt. Aufgenähte Pailletten in zwei
Größen, Kantillen und Perlchen erweitern die ursprüngliche
Musterung. Die vordere Mitte ist mit Netzmustern aus Goldfäden besonders prächtig bestickt. Ein weißes Seidenband mit
Schleife, rotem Schmuckstein, Perlchen und gestanzten Metall-
blüten gürtet das Kleid in der Taille. Die Ärmel sind separat
gearbeitet und an der unteren Naht mit Haken und Ösen zu
schließen. Grob gewebtes, leicht gewachstes Leinengewebe
wurde als Futter verwendet. Ein roter ungefütterter Mantelumhang aus Seidentaft mit Goldspitzen an den Kanten fällt von
den Schultern herab. Das Kleid ist ganz ähnlich wie jenes der
Figur Kat.-Nr. 87 gefertigt, das fast wie eine Vorlage erscheint
und wie die weiße Garnitur des Guten Hirten (Kat.-Nr. 55),
beide ebenfalls aus dem Ursulinenkloster in Landshut. Das
gleiche Damastgewebe verwendeten die Ursulinen auch für
ein weiteres Kleid (mit starkem Wasserschaden), das aber nicht
überstickt wurde. Die Tradition und Kunstfertigkeit qualitätvoller Stickereien sind in Deutschland für mehrere Ursulinen-
klöster belegt. AIN/AML

LITERATUR: Unveröffentlicht; zu der Stickereitradition in den Ursulinenklöstern
siehe Stolleis 2001, S. 37.

55 Aussteuer des Guten Hirten

19. Jahrhundert
Seide, Leinen, Goldfaden (gelbe Seidenseele), Lahn,
Kantillen, Pailletten
Ursulinenkloster St. Joseph, Landshut
(vorherige Doppelseite)

Das festliche Kleid des Guten Hirten ist einheitlich aus einem
weißen Seidendamast mit farbig broschierten Blumenbouquets
genäht. Zum Ensemble gehören noch zwei Schmuckgürtel und
ein kleines Täschchen. Am Vorderteil des Kleides sind symmetrisch jeweils zwei Falten eingelegt, die in der Halsnaht gefasst
sind und sich nach unten zum weiten Saum hin öffnen. An den
Ärmeln und am Vorderteil wurde der Oberstoff des Kleides
aufwändig mit Gold- und Silberfäden, Pailletten und Kantillen
bestickt. Auf der Rückseite hat man auf diese zusätzliche Dekoration des broschierten Seidengewebes verzichtet. Mit großer
Sorgfalt zeichnen die in Anlegetechnik aufgenähten Metallfäden die Konturlinien der Damastmusterung nach und ergänzen mit in Flecht- und Netzmustern gefüllten Kartuschen die
Motive. Die kunstvolle Technik, ein kostbares Seidengewebe
durch aufgebrachte Gold- und Silberfäden zusätzlich zu dekorieren und aufzuwerten, ist im Kloster der Ursulinen in Landshut auch bei den Jesuskind-Gewändern Kat.-Nr. 54 und 87 zu
beobachten und hat dort offenbar eine Jahrzehnte während
Tradition. Die Ärmel sind mit dem Futter gemeinsam sauber
vernäht und auf Stoß mit lockeren Heftstichen an das Kleid
angesetzt. Rundum kleine gelegte Fältchen geben dem Ärmel
enorme Fülle und eine leicht gebauschte Silhouette. Goldspitzen dekorieren den Saum des Vorderteils, den Halsausschnitt
und die Ärmel, an denen zudem weiße Klöppelspitzen hervorsehen. Das Kleid ist vollständig mit weißem, gewachstem
Leinengewebe gefüttert und wird im Rücken mit einem Druckknopf geschlossen. AML

56 Elfenbeinfarbenes Jesuskind-Kleid

Süddeutschland, 1. Hälfte 18. Jahrhundert
Seide, Goldfaden, Leinen, Baumwolle, 35,5 × 26 cm
Kloster Heilig Kreuz, Mindelheim

Das Kleidchen wurde aus einem elfenbeinfarbenen Seidenatlas
gefertigt, der mit farbiger Seide und Goldfaden prächtig mit
Blumenmotiven bestickt ist. Zarte, geschwungene Stängel mit
grünen Blättern tragen große Rosen-, Nelken- und Tulpenblüten in rosa-, lachs- und orangefarbener Seide und Goldfaden.
Der außerordentlich kostbar und fein bestickte Stoff des Kleides wurde in einer Zweitverwendung für das Jesuskind-Kleid
verarbeitet. Während die hauptansichtige vordere Mitte aus
einem Stück genäht wurde, sind die Seitenteile und die Ärmel
aus vielen kleinen Fragmenten und Zwickelstücken (insgesamt
13 Stück) zusammengefügt worden. Von der Schulter führen
beidseitig zwei bis zur Taille abgenähte Falten zum Saum herab.
Sie geben dem Kleidchen die notwendige Saumweite und ver-
decken zugleich sehr geschickt die Stückelungsnähte am Vorderteil. Die Ärmel sind schmal und geschlossen gearbeitet, und
das Kleid ist hinten mit zwei Haken und Ösen zu schließen.
Goldborten und weiße Spitzen (Baumwollspitzen aus jüngerer
Zeit) schmücken den Saum, die Ärmel und den Halsausschnitt.
Parallele Nahtspuren in der vorderen Mitte lassen auf eine ehemalige Applikation (eventuell Goldspitze) schließen. Das Kleid
ist vollständig mit ungefärbtem Leinenstoff abgefüttert. AML

57 Weißes Jesuskind-Kleid ohne Ärmel

Frankreich, um 1740
Seide, Goldfaden, Leinen, Baumwolle, Draht, Höhe 31 cm,
Saumweite 110 cm
Kloster Heilig Kreuz, Mindelheim

Der Schnitt des ärmellosen Kleidchens ist, wie das gold-gelbe
Lamé-Kleid aus demselben Kloster (Kat.-Nr. 58), mehr wie eine
Schürze mit Rückenteilen gestaltet, die mit einem Leinenbänd-
chen um den Hals gebunden wird. Mit einem zusätzlichen
Band, das innen an der Taille angenäht ist, konnte das Kleid an
dem Jesuskind fixiert werden. Die Schulternähte sind nicht
geschlossen und wurden offenbar nur festgesteckt. Das trapezförmige Vorderteil des Kleides ist aus einem Seidenstoff mit
einem Muster senkrechter Blumenreihen gearbeitet (Rapport:
Höhe 6,5 cm, Breite 4 cm, mit Silberfaden und Silberlahn im
Schuss flottierend). Zur Versteifung des Seidengewebes wurde
eine ebenso trapezförmige Pappe unterlegt und im Saum zusätzlich ein fester Draht eingenäht, damit das Kleid dauerhaft weit
aufgespannt und in Form gehalten werden konnte. Goldborten
rahmen das vordere Trapez und den vorderen Saum des Kleides. Für die Seitenteile des Kleides wurde ein elfenbeinfarbener
Seidendamast mit farbig broschiertem Blumendekor verwendet. Ein Damenkleid, *Robe à la française,* aus einem Stoff mit
einem ähnlichen Blumenmuster aus der Zeit um 1735 hat sich
in der Sammlung des Kyoto Costume Institute erhalten. Die
Rückenteile des Kleidchens sind aus naturfarbenem Leinen gearbeitet, mit dem das Kleid auch ganz gefüttert ist. Am Saum eine
Baumwollspitze (neuere Montage). AML

LITERATUR: Unveröffentlicht; vgl. Fukai 2002, Abb. S. 35.

Jesuskind-Kleid ohne Ärmel

Venedig oder Lyon, um 1700/1710
Seide, Goldlahn (Lancierschuss), Leinen, Papier, Höhe 31 cm,
Saumweite 110 cm
Kloster Heilig Kreuz, Mindelheim

Das prächtig glänzende, ärmellose Kleidchen ist aus kostbarem Goldlamé (gelber Gros de Tours mit lanciertem Goldlahn) gefertigt, der, seitlich am Armausschnitt in mehrere Falten gelegt, dem Rock eine großzügige Weite verleiht. Der Schnitt des Kleidchens ist mehr wie eine Schürze mit Rückenteilen gestaltet, die mit einem rosa Seidenband um den Hals gebunden wird. Die Schulternähte sind nicht geschlossen und wurden offenbar nur festgesteckt (im Oberteil an der linken Brust steckt noch eine rostige Stecknadel). Das Vorderteil ist mittig trapezförmig mit einem anderen Gewebe, einem zweifarbigen Seidendamast, betont und rundum mit einer 4 cm breiten Silberspitze, aus Silberlahn und Silberfaden (Silberlahn um weiße Seidenseele) gefasst. In weißer Zeichnung auf rosa Atlasgrund zeigt der Damast konturierte, stilisierte hängende Blattformen, die an frühe bizarre Muster gemahnen. Der Rapport ist nicht feststellbar. Ähnliche zweifarbige Damaste mit derart klarer Zeichnung

haben sich in verschiedenen Sammlungen erhalten. Festes Papier verstärkt das vordere Trapez. Die Innenseite ist mit gewachstem rosa Leinenstoff gefüttert. Eine geklöppelte Leinenspitze schmückt den vorderen Saum. Zu diesem Kleid muss ursprünglich ein Mantelumhang gehört haben. AML

LITERATUR: Unveröffentlicht; zu vergleichbaren Damaststoffen siehe Hans Christoph Ackermann, *Seidengewebe des 18. Jahrhunderts, I: Bizarre Seiden (Die Textilsammlung der Abegg-Stiftung Bern, IV)*, Riggisberg 2000, S. 99 ff.; Barbara Markowsky, *Europäische Seidengewebe des 13.–18. Jahrhunderts (Kataloge des Kunstgewebemuseum der Stadt Köln, VIII)*, Köln 1976, S. 297 f.

59 Jesuskind mit rotem Haar

Süddeutschland, 1. Hälfte 18. Jahrhundert
Gliederfigur (Schultern, Ellenbogen), Holz, teilgefasst, Glasaugen,
Perücke, Höhe 33 cm
Sockel: Holz, gefasst und vergoldet, Metallbeschlag, Reliquie in
Klosterfrauenarbeit, Metallkugel, frühes 18. Jahrhundert,
23 × 15 × 12 cm
Bekleidung: Seide, Leinen, Goldfaden, 18. Jahrhundert
Kloster St. Johann im Gnadenthal, Ingolstadt

Das in den Armen bewegliche, mit einem zwar ungefassten,
aber sorgfältig mit Lendentuch modellierten Holzkörper aus-
gestattete Jesuskind überrascht durch seine feuerrote Perücke.
Rote Haare galten in der christlichen Ikonografie wie auch in
der populären Vorstellung bis weit in das 20. Jahrhundert als
Schandzeichen, mit dem beispielsweise der Verräter Judas
gekennzeichnet wurde; ein rothaariges Jesulein wäre zum
Zeitpunkt der Entstehung dieser Figur im frühen 18. Jahrhundert undenkbar gewesen. Dasselbe Haarmaterial findet sich
im Kloster Gnadenthal aber nicht nur an einzelnen anderen
Jesuskindern, sondern auch bei Figuren der großen barocken
Klosterkrippe, die ab 1963 von der begabten Künstlerin und
Klosterschwester Sr. Euphemia Blaschke restauriert wurde.
Rothaarig sind auch viele der weiblichen Heiligen und Per-
sonifikationen in den ausgefeilten Bildprogrammen der Klos-
terkirche und des Alten Refektoriums (»Wonnegarten des
Hl. Geistes«), die ebenfalls von Sr. Euphemia in der schwie-
rigen Enkaustik-Technik (Wachsmalerei) ausgemalt wurden.
Das rote Haar dürfte daher eine neuzeitliche Ergänzung durch
Sr. Euphemia sein, für deren persönliche Symbolsprache es
offenbar eine tiefe Bedeutung hatte.

Unter den vielen Gnadenthaler Jesuskindern ist eine
ganze Reihe (vgl. Kat.-Nr. 77) auf einem Reliquiensockel positioniert, der eine metallene Weltkugel trägt, um die sich die
(in einigen Fällen nicht erhaltene) Schlange des Sündenfalls
windet. Die vermutlich aus derselben Werkstatt stammenden
Sockel verweisen so auf die Inkarnation Christi als die Erlösung von der Erbsünde, die durch Adam und Eva in die Welt
gekommen war. Die Reliquie im Sockel dieses Kindes (»IOANNE
BON…«) stammt wohl von dem berühmten Franziskanerheiligen Johannes Bonaventura.

Das Kleid des rothaarigen Kindes ist aus lila Seidengewebe (Köperbindung) mit broschierten Blumenmustern
gearbeitet. Mit Goldfaden und grünen, rosa, roten und weißen
Seidenfäden heben sich Blumenbouquets mit je zwei Rosen-
blüten vom lila Grund ab. Wie bei einer Vielzahl der Kleidchen
sind auch bei diesem am Oberteil beidseitig zwei Falten in den
Halsausschnitt eingelegt, die sich zum Saum hin weit öffnen.
Goldspitze und geklöppelte Leinenspitze schmücken die
Säume. Der Mantel wurde in jüngerer Zeit genäht. AIN/AML

LITERATUR: Blomenhofer 2009, S. 62, 71 ff.

60 Violettes Jesuskind-Kleid

19. Jahrhundert
Seide, Leinen
Ursulinenkloster St. Joseph, Landshut

61 Lachsfarbenes Jesuskind-Kleid

Frankreich, um 1730
Seide, Goldfaden, Lahn, Leinen, Höhe 47 cm, Saumweite 152 cm
Kloster Heilig Kreuz, Mindelheim

Das sehr weit geschnittene, lachsfarbene Seidenkleid ist aus einem reich mit Goldfaden und bunter Seide broschierten Gewebe gefertigt. Das Vorderteil wird trapezförmig durch Goldborten begrenzt und hervorgehoben. Seitlich und unter dieser Goldborte sind jeweils zwei Falten eingelegt, die dem Kleid Volumen und Weite geben. Das großrapportige Motiv des dichten Blumenmusters mit eingedrehten, spitzenartigen Blättern und Blüten, die sich wie aus einer Vase erheben, ist für das Vorderteil dekorativ gewählt. Lampasgewebe dieser Art entstanden in Frankreich um 1720 bis 1730. Das Kleid ist hinten mit sieben Metallhaken und Ösen und die Ärmel an der unteren Naht mit drei Haken zu schließen. Mit einem innen angenähten, gestreiften Taillenband kann das Kleid um die Jesuskind-Figur gebunden werden. Es ist ganz mit gewachstem, rosa Leinen gefüttert. Am Halsausschnitt und Saum sind Klöppelspitzen angenäht. AML

62 Jesuskind mit Wachskopf

Süddeutschland (?), Mitte/2. Hälfte 18. Jahrhundert
Gliederfigur (Schultern, Ellenbogen, Hüften, Knie), Holz, teilgefasst,
Wachs, Glasaugen, Höhe 25 cm
Schrein: Holz, vergoldet, Mitte 18. Jahrhundert, 63 × 39,5 × 16 cm
Bekleidung: Seide, Leinen, Goldfaden, Goldlahn, Kantillen, Pailletten,
Perlchen, festes Papier, Mitte 18. Jahrhundert
Diözesanmuseum Freising

Wachs war im 18. Jahrhundert ein häufig verwendetes Material, um Krippenfiguren, Votivbildwerke, Wachsporträts oder Anatomiemodelle zu fertigen. Auch Jesuskind-Figuren waren, wie das berühmte Münchner Augustinerkindl, aus diesem Werkstoff modelliert. Dieses in das rote Kleid der Märtyrerfesttage gekleidete Jesulein besitzt einen Wachskopf, der Körper ist dagegen wie bei den hölzernen Figuren auch aus Holz geschnitzt und mit Gelenken versehen; lediglich Hände und Füße sind gefasst. Das Jesuskind unbekannter Herkunft war mit seinem nur auf der Vorderseite bestickten Mantel für die Aufstellung in einem Schrein gedacht; in Handhaltung und Gesichtstypus erinnert es an das Gnadenbild des Prager Jesuleins.

Das Jesuskind trägt ein rotes Seidensamtkleid, das mit Metallfäden, Perlen und Schmucksteinen reich dekoriert ist. Am Oberkörper sind seitlich je zwei Falten eingelegt, die bis zur Taille fixiert sind und von da zum Saum hin aufspringen. Ein Gürtel mit großer Schleife aus einer Borte mit Goldlahn (vergoldeter Silberlahn, das Gold ist weitgehend abgerieben) und Silberfaden betont die Taille. Rock und Ärmel des Kleides sind mit goldenen Pailletten und locker aufgelegten, geschwungenen Sprengornamenten (Goldfaden eng um Karton gewickelt) bestickt. Goldspitze verziert die vordere Mitte, den Ärmelabschluss und den Rocksaum. Brust und Ausschnitt sind zudem mit Schmuckelementen aus verschieden geformten Kantillen aus Golddraht, (eckige, verdrehte) Perlen und Schmucksteinen verziert. Weiße geklöppelte Leinenspitzen schließen die Säume rundum ab. Um dem Seidengewebe Form und Halt zu geben, wurde das gesamte Kleid mit festem Papier unterlegt, aber nicht gefüttert. Anders als die übrigen Gewänder hat es keinen rückwärtigen Verschluss und war offenbar nicht für eine wechselnde Bekleidung der Jesusfigur vorgesehen, da es hinten ganz zugenäht ist. Ein aufwändig bestickter Mantel ist fest mit dem Kleid vernäht. Diese Kombination war ausschließlich für eine frontale Ansicht vorgesehen. Von der Rückseite sieht man nur das hellrosa, gewachste Leinenfutter, in das am Mantelsaum beidseitig ein kleiner Holzstab eingeschoben ist, um den kostbaren Mantel weit zur Seite hin aufzuspannen. Der Oberstoff des Mantels, ein weißer Seidenatlas, ist symmetrisch mit Tulpenblüten aus Chenillegarn mit Goldfaden, Goldpailletten und Kantillen bestickt. AIN/AML

LITERATUR: Unveröffentlicht; zur Keroplastik (Wachsmodellierung) im 18. Jahrhundert vgl. Susann Waldmann, *Die lebensgroße Wachsfigur: eine Studie zur Funktion und Bedeutung der keroplastischen Porträtfigur vom Spätmittelalter bis zum 18. Jahrhundert (= Schriften aus dem Institut für Kunstgeschichte der Universität München 49)*, München 1990.

63 Jesuskind aus Elfenbein

Süddeutschland, spätes 17. Jahrhundert
Holz und Elfenbein, polychrom gefasst, Perücke, Höhe 29 cm
Bekleidung: Seide, Leinen, Goldfaden (frisé), 19. Jahrhundert
Diözesanmuseum Freising, P 209

Die Elfenbeinteile dieser Kompositfigur, deren Körper mitsamt dem Lendentuch holzgeschnitzt ist, sind von höchster Qualität. Die Hände mit den winzigen Fingern sind perfekt modelliert bis hin zu Fingernägeln und Handinnenfalten; der nicht ausgehöhlte Elfenbeinkopf ist eine massive Kugel und zeigt deshalb mit starken Trocknungsrissen sein Alter an. Das fein modellierte Gesicht ist mit leichten rosigen Farbakzenten zusätzlich gestaltet; Augäpfel, Augenbrauen und Lippen sind bemalt. In seiner meisterhaften Ausführung hat dieses edel wirkende Jesuskind fast schon Kunstkammercharakter, was durch die 1977 erneuerte Haartracht aus einzelnen braunen Wollsträhnen leider beeinträchtigt wird.

Das rote Gewand der Jesuskind-Figur wurde im 19. Jahrhundert aus älteren Materialien nach historischen Vorbildern gefertigt. Das trapezförmige Vorderteil des Kleides und die vorderen Elemente des Mantelumhangs wurden aus Fragmenten eines roten Seidensamts mit prächtiger Goldstickerei in Spreng- und Anlegetechnik aus dem 18. Jahrhundert, möglicherweise einem abgelegten Parament, genäht. Für die jeweiligen rückwärtigen Partien wurden einfachere Gewebe verwendet. Das Kleid ist mit lila und der Mantel mit hellrosa Leinenköper gefüttert. AIN/AML

LITERATUR: Ausst.-Kat. *Vera Icon*, S. 104.

64 Rotes Jesuskind-Kleid

18. Jahrhundert
Seide, Silberfaden, Leinen, Baumwolle, 43 × 40 cm
Kloster Heilig Kreuz, Mindelheim

Das Kleid ist aus rotem Seidenatlas A-förmig geschnitten. Es sind keine Falten am Oberteil eingelegt oder -genäht. Eine doppelte Reihe Silberspitzen betont die vordere Mitte. Zusätzlich führen beidseitig zwei parallel aufgenähte Silberspitzen von der Schulter und der Mitte schräg zum Saum und um diesen herum. Halsausschnitt, Ärmelabschluss und Saum sind zudem mit weißer Spitze verziert. Im Rücken wird das Kleid mit Metallhaken und -ösen geschlossen. <u>AML</u>

65 Rotes Jesuskind-Kleid ohne Ärmel mit Mantel

2. Hälfte 19. Jahrhundert
Seide, Goldfaden, Leinen, Baumwolle, Höhe Kleid 38 cm,
Höhe Mantel 43 cm, Saumweite Kleid 110 cm
Kloster Heilig Kreuz, Mindelheim

Die Kombination des ärmellosen Kleides mit einem halbkreisförmigen Radmantel wurde im 19. Jahrhundert aus rotem Damast nach älteren Vorlagen gearbeitet. Wie bei den Kleidern des frühen 18. Jahrhunderts sind an den Schultern Falten gelegt, die sich zum Saum hin öffnen. Eine breite Goldborte betont die Mitte des Vorderteils. Der Saum des Kleides und die vorderen Kanten des Mantels sind mit einer maschinellen Kurbelstickerei in goldgelbem Faden, einer Goldborte und weißen Spitzen aus Baumwolle verziert. An einem Seitenteil und einem Rückteil ist die mit einer Schablone grau aufgedruckte Vorzeichnung für die Stickerei zu sehen. Die Nähte des Kleides sind überwiegend mit der Nähmaschine genäht. Das Vorderteil ist mit leicht gewachstem Leinen (Köperbindung) gefüttert. Das Kleid ist an den Schulternähten jeweils mit zwei Haken und Ösen und im Rücken mit zwei Kunststoffknöpfen zu schließen. <u>AML</u>

66 Rotes Jesuskind-Kleid

Italien, Frankreich (?), um 1710
Seide, Silberfaden (frisé), Pappe, Höhe 41 cm, Saumweite 123 cm
Kette: mit zwei Stecknadeln aufgesteckt; vergoldeter Silberlahn
und Draht, Glassteine, Perle, Kantillen
Kloster Heilig Kreuz, Mindelheim

Das trapezförmige Vorderteil des Kleides aus rotem Seidensamt ist mit einem lachsfarbenen, reich mit Silberfaden broschierten Seidendamast hervorgehoben. Das bizarre Muster geschwungener und eingerollter Blattmotive mit kleinen Granatäpfeln erscheint in schattenartiger Abwandlung im Damastgrund. Eine breite Silberborte begrenzt das Vorderteil und verziert Halsausschnitt, Saum und Ärmel. Das Kleid wird im Rücken mit drei Metallhaken und -ösen und an der unteren Ärmelnaht mit jeweils vier Haken und Ösen geschlossen. Die Samtpartien sind aus mehreren kleinen Fragmenten zusammengenäht und bezeugen durch etliche Nahtspuren von ehemaligen Applikationen (vor allem an den Rückenteilen) eine

Zweitverwertung des Samtgewebes. Das Kleid ist nicht gefüttert, am Vorderteil jedoch mit einer trapezförmigen Pappe versteift, die am Saum mit schmalen Streifen zu den Seitenteilen hin fortgeführt wird, um dem weiten Rock Festigkeit und Form zu verleihen. AML

Rotes Jesuskind-Kleid

Frankreich, um 1715–20
Seide, Gold- und Silberfäden, Lahn, Leinen, Pappe, 50 × 54,5 cm
Kloster Heilig Kreuz, Mindelheim

Das rote Seidenkleid des Jesuskindes ist aus zwei unterschied-lichen Geweben, die verschiedene Dekorationstechniken zei-gen, genäht. Das Vorderteil des weit geschnittenen Kleides aus einem roten Seidenatlas ist mit einer aufwändigen Paramen-tenstickerei aus Metallfäden verziert. Unterschiedliche Metall-fäden, Goldfaden (frisé) und Lahn sind in Anlegetechnik und Sprengtechnik aufgebracht. Karton und Fadenstückchen dienen der Sprengarbeit als plastisch modellierende Einlage. Aus einer Kelchform wachsen Blumenzweige mit Tulpenblüten, über denen sich eine Herzform mit einbeschriebenem Christus-monogramm IHS und Traubenreben erhebt. Die Stickerei ist professionell und scheint eigens auf das Format des leicht tra-pezförmigen Vorderteils gefertigt worden zu sein. Rundum wird sie von einer goldenen Webborte, die auch den Saum und die Ärmel verziert, eingefasst. Ein rosaroter Seidendamast, mit Goldfaden und farbiger Seide broschiert, bildet die Seitenteile und Ärmel des Kleides. Stilisierte Blattformen und Blütenmo-tive lassen ihn in die Übergangszeit von bizarren Motiven zu naturalistischen in der Zeit um 1715 bis 1720 einordnen. Das Kleid ist mit einem gewachsten, rosa Leinengewebe gefüttert und wird hinten geschlossen. Die untere Ärmelnaht ist offen und mit Haken und Ösen zu schließen. Weiße Klöppelspitzen schmücken rundum den Saum, Halsausschnitt und die Ärmel-abschlüsse. Eine Dekoration am Halsausschnitt, gebildet aus Goldlahn, Kantillen und Golddraht, erscheint wie eine Gold-kette. AML

68 Jesuskind

Süddeutschland, spätes 18. Jahrhundert
Gliederfigur (Hals, Schultern, Ellenbogen, Hüften, Knie),
Holz, teilgefasst, Höhe 31,5 cm
Sockel: Holz, gefasst und vergoldet, 9 × 19 × 12,6 cm
Bekleidung: Seide, Leinen, Goldfaden (frisé, riant),
Goldlahn, Silberlahn, Silberfaden, Frankreich, um 1740
Kloster Heilig Kreuz, Mindelheim

Als einziges der ausgestellten Jesuskinder, die als Gliederfiguren gestaltet sind, besitzt dieses Jesuskind Metallscharniere in den Gelenken, was auf eine relativ späte Entstehung hindeutet. Auch der Kopf ist nicht mehr für eine Perücke glatt belassen, sondern mit einer blonden, gewellten Schnitzfrisur versehen, und statt Glaseinsätzen sind die Augen aufgemalt. Das Kind ist überreich geschmückt mit zahlreichen Halsketten aus Perlen, roten Glassteinen und Metalldraht sowie einem großen Brustschmuck in Drahtarbeit, was auf eine lange Verwendung und Verehrung hinweist. Die holzgeschnitzten, blond gefassten Haare zeigen den Wandel in der ästhetischen Wahrnehmung weg von der barocken Perücke und hin zu einer natürlicheren Eigenfrisur, der im ausgehenden 18. Jahrhundert einsetzt.

Das Jesuskind trägt ein Kleid, das aus zwei unterschiedlichen Seidengeweben genäht wurde. Ärmel, Seiten- und Rückteile sind aus hellblauem, mit farbiger Seide und Goldlahn broschiertem Seidendamast gearbeitet. Der Stoff zeigt ein Blumenmotiv mit Nelken und Rosen und ist um 1740 nach Frankreich zu lokalisieren. Das Vorderteil ist trapezförmig durch einen weiteren Seidenstoff hervorgehoben. Auf rosa Damastgrund sind kleine blaue und rosa Blüten auf zarten grünen Stängeln broschiert. Goldlahn, Silberfaden und Silberlahn wirken reichlich im Grund und bei der Mustergestaltung mit. Zwischen dem Oberstoff und dem Futterstoff, einfarbig grünem Seidendamast, ist das Kleid vollständig mit festem Papier unterlegt, um den leichten Geweben Stand und dem weiten Rock Form geben zu können. Im Rücken wird das Kleid mit vier blauen Seidenbändern geschlossen. Goldborten sind entlang des trapezförmigen Mittelstückes, des Saums und an den Ärmeln aufgenäht. Weiße Klöppelspitzen, Perlenketten und zwei Schmuckstücke mit hellblauem und rotem Stein ergänzen die prächtige Verzierung des Gewandes. AIN/AML

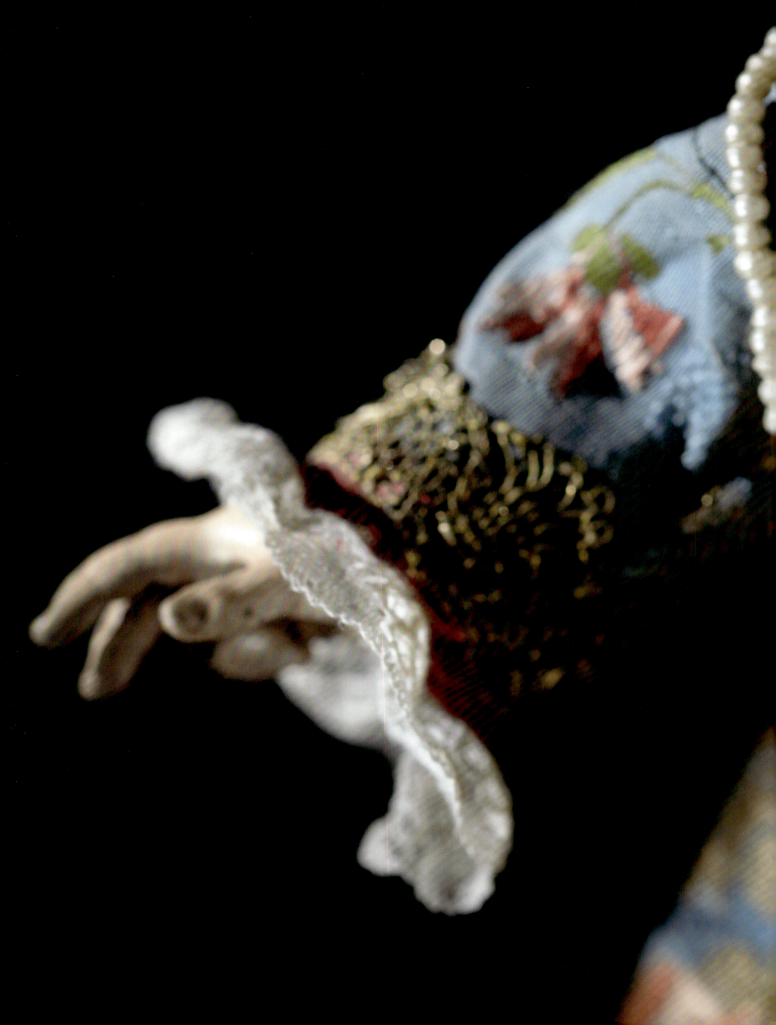

69 Blaues Jesuskind-Kleid

Frankreich, um 1740
Seide, Goldfaden, Lahn, Leinen, Baumwolle, 51 × 54 cm
Kloster Heilig Kreuz, Mindelheim

Für das blaue Kleid wurden mehrere verschiedene Seidengewebe verarbeitet. Ein hellblauer Damast mit Blütennetzdekor wurde für Vorder- und Seitenteile des Kleides gewählt, während für die Rückteile ein anderer, ebenfalls hellblauer Seidendamast mit gold broschierten Blütenmotiven verwendet wurde. Zarte Blattranken und Blüten an längeren geschlungenen Zweigen bilden den Dekor. Die Rückenteile wurden mehrfach gestückelt und in neuerer Zeit an zahlreichen Stellen mit zusätzlichen Stoffen ausgebessert. Das Kleid ist ganz mit gewachstem, blauem Leinengewebe gefüttert. An der Innenseite ist ein blaues Taillenband aus Seide angenäht, das beidseitig durch ein weißes Seidenband, auf dem ein Wappen aufgedruckt ist, verlängert wurde. Das Wappen zeigt je einen steigenden Löwen und Hirschen, die einen bekrönten Schild mit drei Tieren (Löwen?) flankieren. Die weißen Spitzen an den Säumen und am Halsausschnitt wurden in jüngerer Zeit durch Baumwollspitzen erneuert. Eine breite Metallspitze (vergoldeter Silberlahn um weiße Seele) grenzt das Vorderteil trapezförmig aus und ziert rundum die Säume. Die vielen gestückelten Ersatzstoffe an den Rückenteilen und der starke Lichtschaden, den das Kleid vor allem am Vorderteil aufweist, lassen auf einen intensiven Gebrauch des Gewandes schließen. AML

70 Blaues Jesuskind-Kleid

Italien, 4. Viertel 17. Jahrhundert/1. Viertel 18. Jahrhundert
Seide, Goldfaden (gelbe Seidenseele), Silberfaden (weiße Seidenseele), Lahn, Leinen, Papier, Höhe 39 cm, Saumweite 102 cm
Kloster Heilig Kreuz, Mindelheim

Das Kleid ist einheitlich aus einem hellblauen Seidendamast gefertigt. Für das Futter wurden zwei weitere Seidenstoffe verwendet. Das Motiv des Oberstoffs zeigt versetzte Reihen kurzer Zweige mit drei großen Blüten und einem geschwungenen Blatt. Die Zeichnung ist flächig, doch hebt sich das Blütenzweigmuster durch die Bindungsart in feinem Relief von der Grundfläche ab. Zahlreiche Stoffe dieser Art, vor allem auf rotem oder grünem Grund, haben sich in Kirchenschätzen in Italien erhalten. Dort, wohl zuerst in Lucca, aber auch in Genua und im ligurischen Umland wurden solche Damaste, in zeitgenössischen Quellen *a due fiori* oder *a tre fiori* genannt, das 17. Jahrhundert über produziert. Der blaue Damast, dessen Rapport nicht feststellbar ist, aber vergleichsweise große Motive zeigt, dürfte ein späteres Beispiel dieses Typus sein und im letzten Viertel des 17. Jahrhunderts entstanden sein. Zwischen Oberstoff und Futter des Kleides ist am Vorderteil ein trapezförmiges festes Papier zur Versteifung eingenäht. Diese Form wird durch eine Silberspitze gerahmt, die mit einer zusätzlichen weißen Spitze (neuerer Zeit) auch den Saum und die Ärmelabschlüsse verziert. Das Kleid schließt im Nacken mit Haken und Öse. Die Ärmel sind schmal und geschlossen genäht. Das Vorderteil ist mit einem in Streifen- und Blumenmotiven broschierten Seidegewebe gefüttert, das ins erste Viertel des 18. Jahrhunderts datiert. Breite blasslila Streifen mit vierblättrigen Kleeblättern, seitlich jeweils von einer grünen Wellenranke umwunden, gliedern den dunkelroten Grund mit zarten Blütenzweigen, lindgrünen Blättern und bizarren, flächigen Ornamenten. Das Futter der Seitenteile wurde aus einer einfacheren hellblauen Seide gearbeitet. AML

LITERATUR: Unveröffentlicht; zu vergleichbaren Stoffen in Kirchenschätzen siehe Marizia Cataldi Gallo, *Arte e lusso della seta a genova dal '500 al '700,* Ausst.-Kat. Genua, Turin 2000, Abb. 18, 19, 35 und 36; Birgitt Borkopp-Restle, *Mit großen Freuden, Triumph und Köstlichkeiten. Textile Schätze aus Renaissance und Barock – aus der Sammlung des Bayerischen Nationalmuseums,* hrsg. von Renate Eikelmann, Ausst.-Kat. Bayerisches Nationalmuseum, München 2002, S. 42; *La seta. Tesori di un' antica arte Lucchese. Produzione tessile al Lucca dal XIII al XVII secolo,* Ausst.-Kat. Museo Nazionale di Palazzo Mansi, hrsg. von Donata Devoti, Lucca 1989, S. 70.

71 Jesuskind-Kleid

19. Jahrhundert
Seide, Silberfaden, Lahn, Leinen, Papier, Höhe 39 cm,
Saumweite 120 cm
Kloster Heilig Kreuz, Mindelheim

Das Jesuskind-Kleid wurde aus blauem, mit bunter Seide broschiertem Seidendamast genäht. Ein Netz aus Rosenblütenkränzen mit kleinen Blättchen, die mit Granatäpfeln verbunden sind, überzieht das Gewebe (Rapport: Höhe 15 cm, Breite 13 cm). Das Vorderteil ist trapezförmig mit reichem Silberspitzenbesatz hervorgehoben und in dieser Form mit festem Papier verstärkt. Silberspitzen zieren auch Halsausschnitt, Ärmel und Saum des Kleides. Auf der Rückseite und an den unteren Ärmelnähten ist das Kleid mit drei Haken und Ösen zu schließen. Innen ist es ganz mit einem locker gewebten Leinengewebe (blau-beiges Querzackenmuster) gefüttert. AML

72 Thronendes Jesuskind

Süddeutschland, 2. Hälfte 18. Jahrhundert
Gliederfigur (Hals, Schultern, Ellenbogen, Hüften, Knie),
Holz, teilgefasst, Glasaugen, Wachs, Höhe 32 cm
Holzthron mit vier Stufen, gefasst, textil gepolstert, 35 × 39 × 25 cm
Bekleidung: Seide, Baumwolle, Goldfaden, Pailletten, 20. Jahrhundert
Ursulinenkloster St. Joseph, Landshut

Die verschiedenen Möglichkeiten, die Jesuskind-Gelenkfiguren des 18. Jahrhunderts zu nutzen, zeigt dieses thronende Kindlein. Die Figur ist an Hals, Armen und Beinen mit Gelenken versehen und kann deshalb sowohl stehen als auch – wie hier – sitzen. Der hohe, mehrstufige Thronaufbau ist wohl rezenter. Im Gegensatz zu Jesuskind Kat.-Nr. 53 könnten die aus Wachs gebildeten dunklen Locken dieses »Trösterleins«, die gekonnt das fein geschnittene Gesicht rahmen, ursprünglich sein.

Die Gewänder wurden nach historischen Vorlagen neu angefertigt. Das vordere Mittelstück des Kleides ist mit Goldborten und Pailletten verziert. An den Füßen, die auf einem kleinen Schemel ruhen, trägt das Jesuskind gestrickte weiße Strümpfe und rote Seidenschuhe. AIN/AML

73 Thronendes Jesuskind

Süddeutschland, 3. Viertel 18. Jahrhundert
Gliederfigur (Hals, Schultern, Ellenbogen, Hüften, Knie), Holz, gefasst,
Glasaugen, Perücke (Menschenhaar), Höhe 29 cm (sitzend)
Thron: Holz, gefasst, mit Samt bezogen, Drahttroddeln,
19./20. Jahrhundert, 35,5 × 16,5 × 9,5 cm
Bekleidung: Seide (Viskose ?), Goldfaden, Goldlahn, 20. Jahrhundert
Zisterzienserinnen-Abtei Seligenthal

Dieses ungewöhnliche »Trösterlein« mit seinem fast schon orientalisch anmutenden Gesicht ist eine voll bewegliche Gliederfigur. Der Thron, auf dem es sitzt, ist wohl eine Erneuerung des
19. Jahrhunderts, entspricht aber dem ursprünglichen Aufbau.
Die überdimensionierte Krone, mit der das Kind heute im Kloster präsentiert wird, verweist auf seine dortige Bedeutung und
Wertschätzung; auch bei Gnadenbildern haben Kronen häufig
übergroßen Maßstab.

Als einziges der ausgestellten Jesuskinder besitzt diese
Figur geschnitzte Sandalen an den Füßen, während sonst die
Füße des Jesuskindes nicht nur als Armutsverweis, sondern
auch als Zeichen für die Inkarnation Christi stellvertretend für
das nackte neugeborene Kind immer unbekleidet sind. Hier-
von zeugen auch die zahlreichen Aussteuern an Strümpfen
und Schuhen, die viele Jesuskinder besitzen. Die geschnitzten
Schuhe dieses thronenden »Trösterleins« können in Anlehnung
an die Sandalen antiker Imperatoren als verstärkender Hinweis
auf die königliche Natur Christi aufgefasst werden.

Die aufgeklebten Haarsträhnen aus Menschenhaar könnten
möglicherweise tatsächlich von der Klosterschwester stammen,
der das Kind ursprünglich gehörte. Das rot-goldene Gewand
des kleinen Königs ist in neuerer Zeit nach älteren Vorbildern
gefertigt worden. AIN/AML

74 Drei Kronen für das Jesuskind
Süddeutschland, 18./19. Jahrhundert
Messing, versilbert und vergoldet, Glassteine, Höhe bis 12,5 cm
Diözesanmuseum Freising, Slg. Gantenhammer

Mindelheim, 18./19. Jahrhundert
Holz, Keramik, Zinn, Silber und weitere Materialien,
Durchmesser 1–7 cm
Kloster Heilig Kreuz, Mindelheim

Da die Figur des Jesuskindes an den festlichen Tafeln der
Ordensschwestern teilnahm, besaß es auch eigenes Mobi-
liar und Geschirr. Neben Tischen und Stühlen reicht die
Bandbreite von Körben und einfachen Tongefäßen bis zu
Trinkgläsern und feuervergoldeten Silberbechern, von
Zinntellern bis zu filigranen Obstkörben mit Früchten aus
Glas, Wachs und Masse. SM

LITERATUR: Vgl. Gockerell 1979, S. 32 f.

76 Heilige Familie

Schwaben, Anfang 18. Jahrhundert
Holz, gefasst, Textilien und weitere Materialien, 60 × 117 × 43 cm
Kloster Heilig Kreuz, Mindelheim

In einem spätbarocken Schrein mit Säulenstellung und dreisei-
tiger Verglasung ist ein mit Schachbrettboden und Brokatdekor
geschmückter Raum zu sehen, der das Haus Nazaret darstellen
soll. Im Zentrum sitzt das Jesuskind an einem Tisch, der mit
einem Obstkorb, silbernen Bechern und Geschirr reich gedeckt
ist. Der Knabe ist festlich gekleidet und trägt aufwändig gearbeitete Schuhe aus feinem Leder. Zu seiner Rechten sitzt Maria,
begleitet von ihrer Mutter Anna, links sitzen die hll. Josef und
Joachim. Durch die Positionierung der aufwändig gearbeiteten
Figuren erhält die Darstellung der Heiligen Familie einen durchaus repräsentativen Charakter, behält aber dennoch durch die
gefühlvolle Inszenierung die Intimität einer Krippenszene. Da
die Figuren des Jesuskindes häufig an der klösterlichen Tafel
teilnahmen, befand sich auch dieser Schrein ursprünglich wohl
im Refektorium des Klosters. SM

LITERATUR: Pörnbacher 2006, S. 28.

77 Jesuskind aus Elfenbein

Süddeutschland, 1. Viertel 18. Jahrhundert
Gliederfigur (Hals, Schultern), Holz, teilgefasst, Kopf und
Gliedmaßen Elfenbein, Glasaugen, Perücke, Höhe 34 cm
Sockel: Holz, gefasst, Metallbeschläge (Punzen: a) Münchner Kindl,
b) »FL«), Glassteine, Reliquie in Klosterfrauenarbeit, 18. Jahrhundert,
22,5 × 14,5 × 10 cm
Bekleidung: Seide, Leinen, Pailletten, Perlchen, Silberfaden, Lahn,
19. Jahrhundert
Kloster St. Johann im Gnadenthal, Ingolstadt

78 Zwei Silberspiegelvasen des Elfenbein-Jesuskindes

Süddeutschland, 1. Hälfte 18. Jahrhundert
Holz, vergoldet, Spiegelglas, geätzt, Drahtarbeit, 28 × 19 × 6 cm
Kloster St. Johann im Gnadenthal, Ingolstadt

An Machart wie Ausstattung stellt dieses Jesuskind ein absolutes Meisterwerk dar. Nicht nur der ausgehöhlte und mit Glasaugen versehene Kopf, sondern auch Hände und Füße des Kindes sind aus Elfenbein geschnitzt und an den ungefassten Holzkörper angesetzt. Um das Bekleiden zu erleichtern, sind die Arme an den Schultern beweglich, aber auch der Kopf kann in verschiedenen Positionen fixiert werden. Offensichtlich wurde auf unterschiedliche Blickrichtungen des Kindes, die ihm einen jeweils anderen Ausdruck geben, großen Wert gelegt. Die Fassung des elfenbeinernen Gesichtes, der Augenbrauen und des Mundes ist leicht verrieben, was auf einen realen Umgang mit diesem Kind, wie in Quellen beschrieben (Küssen, Berühren …), hindeutet. Schnitztechnisch zeugt dieses Kind von der hohen Kunst der barocken Elfenbeinschnitzerei: Der Kopf wurde zur Einsetzung der Glasaugen und zur Vermeidung von Trockenrissen hauchdünn ausgehöhlt, die grazilen Finger sind in allen anatomischen Einzelheiten modelliert.

Das besonders prächtig verzierte Kleid des Jesuskindes ist ganz aus einem locker gewebten Silberstoff genäht. Am Oberteil gelegte Falten öffnen sich zum Saum und bilden eine A-förmige Silhouette. Blüten-, Blatt- und Rocaillemotive, aus Silberfaden, Pailletten, Perlen, Silberspitzen, Seidenbändchen, Kantillen, kleinen Seidenröschen und farbigen Glasperlchen gestaltet, überziehen üppig die Vorderseite und den gesamten Rock des Kleides. Lachsrosa Seidensamtband mit angesetztem, fein plissiertem weißem Seidengewebe beschließt den Saum und die Ärmel. Auf den Schultern sind rosa Seidenbänder zu Schleifen mit lang herabhängenden Enden gebunden. Das Kleid schließt hinten mit zwei Druckknöpfen (neuerer Zeit) und ist im unteren Rockbereich mit rosa Seidenatlas gefüttert.

Der Sockel des Kindes, ein überreich mit Metallbeschlägen und Glassteinen verziertes Prunkstück, kann aufgrund der Punzen vielleicht dem Münchner Goldschmied Ferdinand Lang (tätig um 1760) zugewiesen werden, was bedeuten würde, dass das etwas ältere Kind seinen Sockel erst nachträglich erhalten hat. Eine Reparatur am linken Knie des Jesuskindes deutet auf eine Veränderung der Fußstellung hin, was dies stützen könnte. Die Reliquie im Sockel (»S. Felicitat: M.«) stammt von der spätantiken Märtyrerin Felicitas. AIN/AML

Mit diesen beiden kunstvollen Drahtblumenvasen wird das Elfenbeinkind (Kat.-Nr. 77) auch heute noch im Kloster Gnadenthal inszeniert. Diese Art der filigranen Wickelarbeit, bei der vorgeschnittene Blattformen (Seelen) aus Karton mit Golddraht umwickelt werden, wird sonst meist eher zur Verzierung des Inneren von Kastenbildern oder Reliquientafeln verwendet. Möglicherweise waren die beiden flachen Altarvasen früher ebenfalls in eigene kleine Schaukästen eingesetzt. AIN

LITERATUR: Unveröffentlicht; zu Drahtwickelarbeiten vgl. Ritz 1990, bes. S. 79–80.

LITERATUR: Hufnagel 1961, S. 269 (Abb.); zu der Silberpunze vgl. Marc Rosenberg, *Der Goldschmiede Merkzeichen*, Bd. 2, Frankfurt a. M. 1923, S. 345.

79 Jesuskind

Süddeutschland, spätes 17. Jahrhundert
Holz gefasst, Glasaugen, Flachsperücke, Höhe 36 cm
Sockel: Holz gefasst, mit Silberbeschlägen, Reliquie in
Klosterarbeit, 16,5 × 23 × 13,8 cm
Bekleidung: Seide, Leinen, Goldfaden, Goldlahn, Italien
oder Frankreich, um 1710
Kloster Heilig Kreuz, Mindelheim

Das strahlende Jesuskind ist unter seiner Kleidung vollständig
ausgeschnitzt und gefasst. Das Gesicht zeigt einen lebendigen
Ausdruck freudiger Erwartung, für dessen Wirkung gewisse
anatomische Schwächen, wie die unterschiedlich tief liegenden
Augen, in Kauf genommen wurden. Die qualitätvollen Glasaugen sind in Hinterglasmalerei mit weißem Augapfel, brauner
Iris und schwarzer Pupille sorgfältig differenziert. Die Hände
des Kindes sind stark überfasst, was auf eine rege Nutzung, bei
der unterschiedliche Attribute in den Händen befestigt wurden, hindeutet. Der Sockel trägt laut Cedula (»Peter v. Alk.«)
eine Reliquie des 1669 kanonisierten Franziskanerheiligen
Petrus von Alcántara.

Das Jesuskind trägt ein kostbares gold-grünes Kleid
mit rostrotem Mantel. Das wertvolle Gold im Gewand domi-
niert, und man meint, ein Kleid aus einem dicht mit Metallfäden durchwobenen Stoff, einem *ganzo*, mit einem vertikalen
Streifenmuster zu erkennen, das im späten 17. und frühen
18. Jahrhundert sehr beliebt war. Das Muster zeigt ein Blatt-
und Granatapfelmotiv. Doch ist dieses Kleid nicht aus einem
gewebten Stoff genäht, sondern raffiniert aus einer breiten goldenen Webborte gefertigt worden. In Form des Kleiderschnit-
tes wurden die Kanten der Borte streifenweise aneinanderge-
näht, sodass daraus ein flächiges Textil entstanden ist. Auf der
Rückseite, die mit Haken und Ösen zu schließen ist, wird das
kostbare Material durch einfaches rotes Leinengewebe ersetzt,
da der Rücken stets mit einem Seidenmantel überdeckt war.
Das Kleid hat beidseitig eine Falte an der Schulter gelegt, die,
in der Taille von einem Gürtel mit Goldspitze gefasst, dem Rock
seine Weite verleiht. Weiße geklöppelte Leinenspitzen zieren
die Säume und den Halsausschnitt. Das Kleid ist mit lachsfarbenem Leinengewebe gefüttert. Der Mantelstoff besteht aus
einem rostroten Seidendamast mit großrapportigem Blumenmuster in gelber, grüner und weißer Seide mit bizarr anmutenden Elementen. Das Gewebe könnte um 1710 in Frankreich
entstanden sein. AIN/AML

80 Zwei Altarsträuße

Mindelheim, 2. Hälfte 18. Jahrhundert
Holz, vergoldet, Drahtarbeit, Chenillegarn, Pailletten, 34,5 cm
Kloster Heilig Kreuz, Mindelheim.

Der Blumenschmuck der Kirchen hat sich seit dem Ende des
19. Jahrhunderts stark verändert, denn bis zu diesem Zeitpunkt
standen häufig Kunstblumensträuße aus Blech, Draht, Glasperlen oder Papier zwischen den Altarleuchtern. Auch in kleinen
Formaten wurden sie hergestellt, um damit den Hausaltar zu
schmücken oder ein Andachtsbild altarähnlich zu inszenieren.
Diese Exemplare zeigen kunstfertig gestaltete, schillernde
Blumen, die aus vergoldeten Pflanztöpfen wachsen. SM

LITERATUR: Ritz 1990, S. 119 f.

81 Jesuskind

Süddeutschland, 2. Hälfte 17. Jahrhundert
Gliederfigur (Schultern, Ellenbogen), Holz, gefasst und vergoldet,
Glasaugen, Höhe 37 cm
Sockel: Holz, gefasst und ölvergoldet, 4,5 × 11 × 10 cm
Bekleidung: Seide, Leinen, Silberlahn, Goldfaden, Goldlahn,
Mitte 18. Jahrhundert
Ursulinenkloster St. Joseph, Landshut

Die stark überarbeitete Figur, deren Hände (und eventuell die
gesamten Arme) erneuert wurden und ursprünglich zu einer
anderen, größeren Figur gehörten, stammt vermutlich aus dem
17. Jahrhundert. Sie weist noch Anklänge an die Spätgotik auf
wie die mit Gold unterlegte Lockenfrisur. Gleichzeitig entspricht das spitze, edel wirkende Gesicht zusammen mit der
technischen Neuerung der eingesetzten Glasaugen bereits den
typischen Merkmalen der barocken Jesulein.

Wie die anderen Landshuter Jesuskinder stand auch diese Figur über Jahrhunderte hinweg in Gebrauch. Den neugoti-
schen Nimbus, den es heute trägt, erhielt es beispielsweise im
19. Jahrhundert. Zu seiner Bekleidung gehört neben Prunkgewand und Unterhemd auch ein angenähtes, windelartiges Lendentuch, unter dem es in seiner Nacktheit ausgeschnitzt und
durchgehend gefasst ist. Das Jesuskind trägt ein weißes Seidenkleid mit Blumenmusterung. Das Grundgewebe, Gros de
Tours mit lanciertem Silberlahn (jeder zweite Schusseintrag)
ist mit lachsfarbener Seide ganz mit Blumen-, Ast- und Blattmotiven und mit einzelnen kleinen Käfern überstickt. Das
gesamte Kleid wurde aus diesem aufwändig in Stiel- und Knöt-
chenstich bestickten Gewebe, das möglicherweise von einem
abgelegten Damenkleid stammt, genäht. Am Oberteil sind beidseitig zwei Falten eingelegt und bis zur Taille fixiert, von wo sie
sich zum Saum hin weit öffnen. Eine Goldborte mit Schmuckstück dient als Gürtel. Die vordere Mitte und der Saum des Kleides sind mit einer breiten Goldspitze verziert. Weiße Klöppelspitzen sehen am Halsausschnitt und den Ärmeln hervor. Das
Kleid ist mit apricotfarbenem, gewachstem Leinengewebe gefüttert und wird hinten gebunden. Der rote Mantel aus Seidentaft
(19. Jahrhundert) ist an den vorderen Kanten mit Goldspitze
gefasst. AIN/AML

82 Zwei Reliquienpyramiden

Süddeutschland, um 1780
Holz, vergoldet, Drahtarbeit, Perlen, 32 × 13 cm
Diözesanmuseum Freising, Slg. Gantenhammer

Entsprechend den Reliquienpyramiden, wie sie in katholischen Kirchen zu Festzeiten aufgestellt wurden, haben sich auch kleine Ausführungen erhalten. Diese Pyramiden wurden zum Schmuck der Hausaltäre verwendet, im Kloster auch häufig, um ein Andachtsbild oder die Figur des Jesuskindes zu flankieren. SM

83 Jesuskind

Süddeutschland, Ende 17./Anfang 18. Jahrhundert
Gliederfigur (Schultern, Ellenbogen), Holz, gefasst, Glasaugen,
Flachsperücke, Höhe 46,5 cm
Sockel: Holz, gefasst mit Silberbeschlägen, Reliquien in
Klosterarbeit, 20 × 23 × 18 cm
Bekleidung: Seide, Leinen, Goldfaden, Goldfaden (riant), Goldlahn,
Frankreich, um 1730/40
Kloster Heilig Kreuz, Mindelheim

In unbekleidetem Zustand ist dieses Jesuskind eine der ein-
drucksvollsten Erscheinungen unter den ausgestellten Figuren. Das Bildwerk ist am ganzen Körper mit einem sorgfältig
gestalteten, matten Inkarnat gefasst. Nicht nur die üblichen
Rundungen wie Wangen und Kehrseite sind rötlich betont,
sondern selbst im Brustbereich lässt sich eine minimale unter-
stürzende Farbmodellierung beobachten, die der Physiognomie des Kindes eine ungeheure Lebensnähe verleiht. Der kunstvollen Fassung entspricht in jeder Hinsicht die meisterhafte
Schnitzarbeit. Lediglich die Oberarmstücke der beweglichen
Arme zwischen Schulter- und Ellenbogengelenken sind summarischer geschnitzt, aber dennoch sorgfältig gefasst, sodass
die Armgestaltung des Kindes auch im nackten Zustand im
ersten Moment durchaus natürlich erscheint. Möglicherweise
wurde dieses normalerweise bekleidete Kind tatsächlich zu

bestimmten Gelegenheiten im Jahr unbekleidet oder lediglich mit einem Schultermantel bedeckt aufgestellt.

Die Reliquienpartikel im barocken Sockel stammen
aus verschiedenen Zeitstufen und wurden nach der Mitte des
20. Jahrhunderts neu zusammengesetzt. Jüngstes Partikel ist
das des 1954 heiliggesprochenen Papstes Pius X.; andere Reliquien stammen von dem hl. Franziskus, Theresa von Ávila,
der 1900 seliggesprochenen Kaufbeurer Mystikerin Creszentia
und dem in Mindelheim geborenen verehrten Wilhelm Eiselin
(1564–1588), Prämonstratensermönch in Rot an der Rot, von
dem das Mindelheimer Kreuzkloster eine große Reliquie besitzt.

Das sehr schmal geschnittene Kleid des Jesuskindes ist
aus einem elfenbeinfarbenen, mit Gold- und Seidenfäden
(Goldfaden riant mit hellgelber Seele) broschierten Seidendamast genäht. Für die seitlichen Rückenteile wurde ein farbig broschierter Seidendamast ohne Metallfäden verwendet
und die Partien der rückwärtigen Mitte aus einem einfachen
Leinengewebe gearbeitet. Am Halsausschnitt ist der Stoff beidseitig in eine Falte gelegt, die bis zur Taille fixiert ist und sich
dann zum Saum hin öffnet. Eine breite Goldspitze betont die
vordere Mitte des Kleides. Weitere Goldspitzen und geklöppelte Leinenspitzen zieren die Säume und den Halsausschnitt.
Die Spitzen an den dreiviertellangen Ärmeln sind sehr breit
und erscheinen mit den darunter sichtbaren Spitzen des Lei-
nenuntergewandes wie die mehrstufigen Spitzenvolants, die
Engageantes, der zeitgleichen Damenmode. Das Kleid ist mit
lachsfarbenem Leinengewebe gefüttert. Ein hellblauer Mantelumhang aus mit Goldspitze gefasstem Seidentaft fällt von
den Schultern herab. AIN/AML

84 Zwei Reliquienpyramiden

Mindelheim, 2. Hälfte 18. Jahrhundert
Holz, vergoldet, Drahtarbeit und weitere Materialien,
34 × 17,5 × 3,5 cm
Kloster Heilig Kreuz, Mindelheim

Die sicher im Mindelheimer Kloster selbst hergestellten Reliquiare zeichnen sich durch eine besonders virtuos angelegte und in großem Variantenreichtum ausgeführte Drahtarbeit aus. Diese ist zusätzlich mit geprägten Papierblüten, Glassteinen und Perlen durchsetzt und bildet so eine prächtige Fassung für die großen Reliquien. Das kleine Format legt eine Verwendung im privaten Bereich einer Klosterzelle nahe. SM

LITERATUR: Ritz 1990, S. 109.

85 Jesuskind

Süddeutschland, 1. Drittel 18. Jahrhundert
Gliederfigur (Schultern, Ellenbogen), Holz, gefasst, Glasaugen,
Höhe 33,5 cm
Sockel: Holz, ölvergoldet, 10 × 20 × 12,5 cm
Bekleidung: Seide, Leinen, Silberfaden, Silberlahn, Goldfaden,
Goldlahn, Schmuckstück (Kreuz mit roten Steinen),
Mitte 18. Jahrhundert
Ursulinenkloster St. Joseph, Landshut

Dieses verhalten lächelnde Jesulein zeigt die fortdauernde Nutzung und den sich wandelnden Gebrauch, denen die klösterlichen Jesuskinder dienen konnten. Ursprünglich war es sicherlich als privates »Trösterlein« einer Klosterschwester angefertigt worden, das diese als Novizin mit ins Kloster brachte; darauf verweisen das typische Kleinformat und die Gestaltung als Gelenkfigur. Bei seiner Entstehung besaß das Kind, das nur an den Armen mit Gelenken versehen ist, einen vollständig ausgeschnitzten und durchgehend gefassten Leib und wies so seine Besitzerin auf die Inkarnation Christi hin.

Zu einem späteren Zeitpunkt wurde das Jesuskind, das nach dem Tode seiner Besitzerin wohl dem Kloster zufiel, überarbeitet: Der kahle, zum Anbringen einer Echthaarperücke gedachte Schädel wurde mit holzgeschnitzten Haaren versehen, und das gerundete Bäuchlein wurde zu beiden Seiten tief eingekerbt, um das Befestigen von Gürteln zu erleichtern. Vor allem aber wurde das im Originalzustand voll ausgeschnitzte Geschlechtsteil abgehobelt.

Die Jesuskinder des Landshuter Ursulinenklosters waren zumindest in der ersten Hälfte des 20. Jahrhunderts bestimmten Bereichen innerhalb des Klosters zugewiesen, wie aus den eingestickten Zeichen in der Unterkleidung, die in dieser Zeit erneuert wurde, hervorgeht. Die Zuordnung der Kinder dürfte aber mit Sicherheit älter sein. Dieses Jesuskind (»NOV«) war das Jesuskind des Noviziats. Im 19. und frühen 20. Jahrhundert besaßen Novizinnen bei ihrem Klostereintritt offensichtlich kein privates »Trösterlein« mehr, sondern hatten dieses Jesuskind zur Verehrung und Versorgung. Zu diesem Zweck dürfte das Kind, bei dem aufgrund von Größe und Machart davon auszugehen ist, dass es ursprünglich zum Privatbesitz einer Nonne gehörte, »zensiert« worden sein.

Der Sockel entspricht nicht den üblichen der klösterlichen Jesuskinder, sondern dürfte eher von einer größeren, holzgeschnitzten Statue stammen, die auf einem Altar oder in einer Kapelle verehrt wurde. Die Abriebspuren in der Kartusche deuten darauf hin, dass der Sockel hier früher einmal mit dem Namen des oder der Heiligen beschriftet war.

Das Kleid des Jesuskindes ist ganz aus einem kostbar bestickten, elfenbeinfarbenen Seidenatlas genäht. Es liegt am Oberkörper durch die symmetrisch auf der Brust eingelegten und bis zur Taille fixierten Falten schmal an und öffnet dann den weiten Rock. Mit Goldfaden in Anlegearbeit, Sprengtechnik und Kordelstickerei ist das gesamte Gewebe mit Blattranken, Blüten, Weinblättern und -reben überzogen. Lachsfarbener Seidenfaden konturiert in Stielstich die Goldfadenstickerei. Wie die meisten Gewebe der Jesuskind-Gewänder hatte auch dieser kostbare Stoff ursprünglich eine andere Bestimmung. Sehr geschickt wurde für das Kleid eine vollständig bestickte Partie für das Vorderteil gewählt, die zudem durch die Faltenlegung begrenzt und hervorgehoben wird. An den Rücken- und Seitenteilen sind kleinere, gestreute Motive gestickt. Weiße Klöppelspitzen und Spitzen aus Goldfaden sind am Halsausschnitt, Ärmel und Saum aufgenäht. Das Kleid ist mit rosa Seidentaft gefüttert und vollständig mit einem festen Leinengewebe unterlegt, um den leichten Seidengeweben mit der Metallfadenstickerei Halt und Form zu geben. Ein orangeroter Samtmantel mit Stickereien aus Silberfaden und -lahn (Sprengarbeit) und Silberspitzen an den Rändern bedeckt den Rücken des Kindes. AIN/AML

86 Zwei Blumenkästchen

Süddeutschland, Mitte 18/19. Jahrhundert
Holz, gefasst, Textilblumen, Federn, Papier, Naturmaterial,
19 × 27 × 14 cm
Kloster Heilig Kreuz, Mindelheim
(ohne Abbildung)

87 Jesuskind

Süddeutschland, um 1500, mit Überarbeitungen
im 19./20. Jahrhundert
Holz, polychrom gefasst, Glasaugen, Höhe 45 cm
Sockel: Holz, gefasst und vergoldet, 9,5 × 19,3 × 12 cm
Bekleidung: Seide, Leinen, Goldfaden, Goldfaden (riant, frisé),
Pailletten, Goldlahn, Kantillen, Frankreich/Süddeutschland,
Mitte 18. Jahrhundert
Ursulinenkloster St. Joseph, Landshut

Das ernst, fast schon bedrückt dreinschauende Jesuskind ist
bedeutend älter, als es den Anschein hat. Unter der textilen
Bekleidung ist der geschnitzte Holzkörper als nacktes Jesulein
der Spätgotik gestaltet, bekleidet mit einer roten, mit stilisierten Blüten bemalten Schaube, einem Mantel mit breitem Schul-
terkragen. Das Kleidungsstück wurde später an den Ärmeln und
Faltenhöhungen abgeschnitten, um die Bekleidung mit Textilien
zu ermöglichen. Das geschnitzte Gewand ist vorne offen und
legt sich so um den Unterleib, dass der Intimbereich des Kindes
gerade noch sichtbar ist – ein Motiv, dass aus Neujahrsdrucken
aus dem späten 15. Jahrhundert (etwa von Martin Schongauer)
bekannt ist, die auf diese Weise auf den Neujahrstag, als Festtag
der Beschneidung Christi, Bezug nahmen.

Vermutlich gleichzeitig mit den Abschnitzungen wurde
das Kind neu gefasst und der nackte Körper bis auf Füße, Kopf
und Hände mit einer braunen Farbe überstrichen. Das Kind
erscheint so in unbekleidetem Zustand ähnlich gestaltet wie
die zahlreichen Gelenkfiguren-Jesuskinder des 18. Jahrhunderts, bei denen die nicht sichtbaren Körperteile holzsichtig
belassen wurden. Der Nacktheit des Jesusknaben, die zwischen
der Öffnung des Schnitzgewandes erscheint, wurde so einiges
an ihrer Schärfe genommen. Kopf und Halspartie des Kindes
sind ebenso wie Hände und Füße von mehreren dicken Über-
malungsschichten überdeckt, sodass nicht mit letzter Sicherheit gesagt werden kann, ob es sich um den ursprünglichen
Kopf des mittelalterlichen Kindes handelt, der lediglich stark
überschnitzt und mit Glasaugen versehen wurde, oder ob ein
gänzlich neuer, dem Zeitgeschmack angepasster Kopf auf den
gotischen Körper gesetzt wurde.

Die starken Umarbeitungen verweisen wie bei dem
großen Ursulinenkind (Kat.-Nr. 22) auf eine fortgesetzte
Beschäftigung mit diesem Jesulein, auch als seine Nacktheit
als problematisch empfunden wurde und die textile Bekleidung zu einem unverzichtbaren Bestandteil der klösterlichen
Jesulein geworden war.

Das Jesuskind trägt ein schmal geschnittenes Kleid aus
elfenbeinfarbenem Seidendamast, mit farbig broschiertem Blumenmuster. Das ursprüngliche Webmuster des Seidenstoffes
ist zusätzlich aufwändig mit Metallfäden überstickt. In Anlegetechnik aufgenähte Gold- und Silberfäden (frisé) konturieren
die Blatt- und Blütenmotive der Damastmusterung. Partiell
sind Goldfäden flächig aufgebracht und erweitern das Muster,

ebenso wie goldene Pailletten und Stickereien mit hellbraunem
Seidenfaden (Stielstich). Für die Rückseite des Kleides wurde
ein anderer, etwas gröber gewebter Seidendamast mit farbig
broschierter Blumenmusterung verwendet. Er ist aus mehreren Fragmenten gestückelt und nicht überstickt. Die Ärmel
sind an der unteren Naht zugenäht, und das Kleid wird hinten
mit einer Nadel geschlossen. Ein Gürtel, aus einer Webborte
mit Goldlahn (stark oxidierter vergoldeter Silberlahn), vorne
zu einer großen Schleife mit Schmuckstück mit rotem Stein
geformt, hält das Kleid in der Taille. Das Kleid ist mit gewachstem, weißem Leinengewebe gefüttert. Goldspitzen zieren den
Saum, Halsausschnitt und die Ärmel. Ein orange-roter Seiden-
samtmantel mit Umlegekragen und Goldspitze an den Kanten
fällt locker von den Schultern herab. Die broschierten Seidengewebe für dieses Kleid dürften aus Frankreich bezogen worden
sein, die Überarbeitung mit der aufwändigen Goldfadenstickerei hingegen ist eine Veredelung des Gewebes, die die Ursulinen im Kloster selbst ausgeführt haben. Die Ursulinen waren
vielerorts für ihre Stickkünste bekannt. AIN/AML

LITERATUR: Unveröffentlicht; zu dem Schongauer-Stich und anderen spätgotischen Darstellungen des nackten Jesuskindes im Mantel siehe Weniger 2010,
S. 163–165.

88 Zwei Reliquiare

Schwaben, 2. Hälfte 18. Jahrhundert
Holz, vergoldet, Gouache auf Papier und weitere Materialien,
28 × 13,5 × 3 cm
Kloster Heilig Kreuz, Mindelheim

LITERATUR: Ritz 1990, S. 110

89 Sitzendes Jesuskind im Schrein, sogenanntes Haushälterle

Schwaben, 14. Jahrhundert
Holz, polychrom gefasst, auf Kissen sitzend, Höhe 13,5 cm,
Sockel: 18. Jahrhundert, Holz, vergoldet, Reliquie in Drahtarbeit,
8,2 × 11,8 × 5,8 cm,
Schrein: Mitte 18. Jahrhundert, Holz, polychrom gefasst und
vergoldet, aufgesetzte Figurengruppe: Engel mit Brotkorb,
54 × 36,5 × 17,5 cm, textile Bekleidung, Kranz aus Drahtarbeit,
vier Devotionalanhänger,
Kissen: Holz, polychrom gefasst, textil bezogen, 14. Jahrhundert
Kloster Heilig Kreuz, Mindelheim

Das Jesuskind ist hier in sehr naturalistisch kindlicher Haltung, mit überkreuzten Beinen, mit seiner linken Hand den rechten Fuß haltend und am rechten Zeigefinger saugend, dargestellt. Die Kleinskulptur ist mehrfach überfasst, weshalb die Konturen sehr unscharf wirken. Das Sitzkissen ist original gefasst, auf vergoldetem Grund sind stilisierte rote Nelken und Blätter aufgemalt. Die Skulptur stammt ursprünglich aus dem Franziskanerinnenkloster in Leutkirch im Allgäu und kam durch die Auflösung des Klosters 1803 nach Mindelheim. Laut Legende fanden die Leutkircher Klosterfrauen die Skulptur im 14. Jahrhundert bei der Besiedelung des Klosters bereits vor, da sich im Gebäude schon vorher eine Ordensgemeinschaft befunden haben soll. Anhand der C14-Methode konnte die Skulptur ins mittlere 14. Jahrhundert datiert werden. Textile Bekleidung und Devotionalschmuck weisen auf eine besondere Verehrung hin. Die damit verbundene Legende der »wunderbaren Speisung« der Schwestern durch das Jesuskind führte zur Bezeichnung »Haushälterle«; die im Sockel präsentierte Brotreliquie diente als Beglaubigung. Der Schrein nimmt die Legende der himmlischen Brotspende ikonografisch auf. Der Typus des auf dem Kissen sitzenden Jesuleins bezieht sich auf die mittelalterliche Liturgie, in der es üblich war, das Missale beziehungsweise das Evangeliar im Gottesdienst auf ein *cussinus* beziehungsweise *pulvinum* zu legen. Das Jesuskind erhält so eine theologische Deutung als das lebendige Wort und Sakrament. Die ausgeprägte Kindlichkeit der Bildsprache nimmt Bezug auf die Inkarnation und damit auf die menschliche Natur Christi.

Unter den Devotionalanhängern ist besonders eine Medaille aus dem Jahr 1530 aus dem Kloster Weingarten mit dem Bildnis des Abtes Gerwik Blarer (1520–1567) hervorzuheben. In diesem Jahr wurde der politisch sehr einflussreiche Blarer zum kaiserlichen Rat und Hofkaplan ernannt.

Zu Legende und Verehrungsgeschichte vgl. den Aufsatz von Christoph Kürzeder in diesem Katalog. CK

90 Maria Gravida

Mitte 18. Jahrhundert
Übermalter Kupferstich, auf Leinwand kaschiert,
108 × 66 cm
Kloster Heilig Kreuz, Mindelheim

Das Motiv der Maria Gravida, auch »Maria in der Hoffnung« oder »Maria in Erwartung« genannt, gehört in den Bereich des Marienlebens und der Kindheitsgeschichte Jesu und meint die sichtbar schwangere Jungfrau Maria. Neben den biblischen Grundlagen (Lk 1,31 f., 1,41–45, 2,4–6, Mt 1,18–24) standen die Überlieferungen in den Apokryphen, besonders diejenige des Protoevangeliums des Jakobus und die des Pseudo-Matthäus, zur Verfügung. In der Kunst wurde die Schwangerschaft Mariens einerseits in den Szenen der Verkündigung des Engels Gabriel an Maria, vor allem aber in der Heimsuchung, der Begegnung Marias mit ihrer Verwandten Elisabeth im judäischen Bergland oder der Herbergssuche in Bethlehem thematisiert. Andererseits entwickelten sich aus dem szenischen Zusammenhang herausgenommene Bilder der stehenden Muttergottes, die auf Beschreibungen der apokalyptischen Frau zurückgreifen (Off 12,1–5). Das Anwachsen des Mutterschoßes wird poetisch im Bartholomäus-Evangelium aus dem 3. Jahrhundert mit den Worten besungen: »O Mutterschoß, geräumiger als eine Stadt! O Mutterschoß, weiter als der Himmelsraum! [...] O Mutterschoß, der du, im Leib verborgen, den weit sichtbaren Christus geboren hast! O Mutterschoß, der du geräumiger wurdest als die ganze Schöpfung.«

Das Gemälde zeigt die isolierte Version der Maria Gravida, wie sie in einer summarisch angedeuteten Landschaft steht. Ihre Arme hat sie weit ausgebreitet, wodurch sich der Mantel öffnet und der Blick auf den gewölbten Bauch als deutlicher Hinweis auf ihre Schwangerschaft fällt. Von ihrem Leib gehen hell leuchtende Strahlen aus. Diese meinen das Licht der Welt, wie es der Engel im Pseudo-Evanglium des Matthäus erläutert: »Glückselig bist du, Maria, weil du in deinem Schoß dem Herrn eine Wohnung bereitet hast. Siehe, das Licht vom Himmel wird in dir wohnen, und durch dich wird es in die gesamte Welt zurückleuchten« (Ps.-Mt 9,1). Der Hymnus Akathistos des 6. Jahrhunderts preist Maria als Mutter des Lichts: »Sei gegrüßt, durch dich leuchtet das Heil hervor«.

Der übermalte Kupferstich zeigt ein von den regulierten Augustiner-Chorherren seit 1697 im Prager Karlshof verehrtes Gnadenbild. Nur wenige Jahre später sind Kopien in Böhmen und Österreich nachweisbar, die vor allem über die Klöster der Augustiner-Chorherren verbreitet wurden. Der Stich stammt von dem Augsburger Kupferstecher und Verleger Martin Engelbrecht (1684–1756) und beweist die weite Verbreitung des Urbildes auch im schwäbischen Raum. Anders als bei dem Kupferstich hat der Maler dieses Gemäldes die Symbolik durch die

Darstellung marianischer Blumen vertieft. Am Fest Mariä Heimsuchung zogen die Schwestern von Mindelheim in einer Prozession mit Gebeten an Maria zu neun verschiedenen Bildern der Gottesmutter. In diesem Fall dürfte der Lobpreis »Benedicta Tu in mulieribus / Et Benedictus Fructus Ventris Tui« (Lk 1,42) angestimmt worden sein, der zweite Vers des Avemarias, eines der wichtigsten christlichen Gebete überhaupt. CR

LITERATUR: Hans Aurenhammer, *Die Mariengnadenbilder Wiens und Niederösterreichs in der Barockzeit. Der Wandel ihrer Ikonographie und ihrer Verehrung* (Veröffentlichungen des Österreichischen Museums für Volkskunde, Band VIII), Wien 1956, S. 140–142; Ritz 1990, S. 41–47, bes. S. 45 f.; Lechner 1981, S. 433–435, Abb. 190; *Allgemeines Lexikon der Bildenden Künstler von der Antike bis zur Gegenwart*, begr. von Ulrich Thieme und Felix Becker, hrsg. von Ulrich Thieme, 10. Bd., S. 534.

91 Heimsuchung *(Visitatio Fructuosa)*

2. Hälfte 18. Jahrhundert
Andachtsbild nach einem Kupferstich Sebastian Klaubers,
Gouachemalerei auf Pergament, 16,5 × 12,5 cm
Kloster Heilig Kreuz, Mindelheim

Das golden gerahmte Andachtsbildchen zeigt die schwangere
Maria (Maria Gravida), wie sie in Reisekleidung bei ihrer Verwandten Elisabeth und deren Mann, dem Priester Zacharias,
eintrifft. Elisabeth, selbst hochschwanger, eilt der Jungfrau
entgegen und grüßt sie mit den Worten »Wer bin ich, dass die
Mutter meines Herrn zu mir kommt? Gesegnet bist du unter den
Frauen, und gesegnet ist die Frucht deines Leibes« (Lk 1,43 ff.).
Maria antwortet mit dem hymnischen Magnificat, auf das sich
der Schriftzug aus Marias Mund (»Magnificat anima mea Domi-
num«) bezieht. Auch an der Figur der Elisabeth sind Auszüge
aus biblischen Texten mit Hinweisen auf die Begebenheiten der
Heimsuchung zu sehen (Ps 60; 1 Petr). Als Erläuterung ist eine
Bildunterschrift mit dem Schrifttext »Intravit in domum Zacha-
riae, et salutavit Elisabeth, Luc 1« beigefügt. Ikonografisch sind
besonders das goldgelb leuchtende Christusmonogramm über
Marias schwangerem Bauch mit dem Zusatz »verbum« sowie die
Lichtgloriole mit dem Wort »vox« als Hinweis auf den Christus-
vorgänger Johannes über Elisabeths Schoß auffällig.

Die Gouacheausführung beruht auf einem Kupferstich
des Augsburger Künstlers Sebastian Klauber. Die beliebten Vorlagen Klaubers fanden im späten 18. Jahrhundert zunächst weite
Verbreitung, stießen jedoch mit der ausgehenden Aufklärung
zunehmend auf Ablehnung. Ein Beispiel hierfür ist der sarkas-
tische Seitenhieb auf Klauber in Johann Pezzls *Reise durch den
baierischen Kreis* von 1784: »Hier ist ein Stück, das den Besuch
der Maria bey Elisabeth vorstellt. […] Damit man sich über den
Platz des Vorläufers und des Messias nicht verstoße, so steht
auf dem Mittelpunkt des Bauches der Maria der Name IHS mit
Strahlen umgeben […]. Diese frommen Sottisen des Herrn
Klaubers belaufen sich ins Unendliche, und ein getreuer Katalog seiner Stiche von dieser Art müsste das Publikum ungemein
belustigen.« JP

LITERATUR: Lechner 1981, S. 173 f.

92 Heimsuchung

Lienhart von Brixen, um 1465
Mischtechnik auf Holz, je 69 × 50 cm
Diözesanmuseum Freising, Inv.-Nr. P 222/223

In Südtirol entstanden die beiden doppelseitig bemalten Tafeln eines Altarschreines, deren ursprünglicher Standort unbekannt ist. Über beide Flügel erstreckt sich die Szene, wie Maria von ihrer Verwandten Elisabeth begrüßt und gesegnet wird (Lk 1,39–45). Maria hatte sich von Nazaret ins Bergland von Judäa aufgemacht, nachdem ihr der Engel die Geburt des Sohnes Gottes angekündigt hatte. Auch Elisabeth war in hohem Alter überraschend schwanger geworden und erwartete ihr erstes Kind. Die Außenseiten der Altartafeln zeigen die beiden Frauen halbfigurig vor dunklem Hintergrund, wie sie sich begrüßend die Hände entgegenstrecken. Die ungeborenen Kinder sind in den Leib ihrer Mütter gemalt. Beide sind von einem hellen Strahlenkranz umgeben, doch während Jesus sitzend die Arme vor der Brust überkreuzt hat, kniet der Johannesknabe vor seinem Herrn. Bereits im Mutterleib hat er den Sohn Gottes erkannt, den er anbetet. Obwohl Elisabeth die ältere der beiden Frauen ist, hat sie sich ehrfürchtig vor der jüngeren gebeugt.

Bei geöffneten Flügeln waren die Anbetung des Kindes und die Anbetung der Könige zu sehen. Die Figuren des Schrei-

nes sind verloren. Die Heimsuchung mit der Darstellung der noch ungeborenen Kinder auf dem Leib der Mütter ist seit dem 14. Jahrhundert häufig anzutreffen, bringt sie doch deutlich die erste Station des Erdenlebens Jesu nach der Inkarnation zum Ausdruck. Vermutlich wurden Bilder der Heimsuchung wie schon andere Szenen aus dem Marienleben in den liturgischen Ablauf des Klosters integriert. In einer Andacht, die in den *Geistlichen Krippen-Bau* eingebunden ist und bei Maximilian Simon Pingizer 1741 in Augsburg gedruckt wurde, wird am Gedenktag der Heimsuchung empfohlen: »Die Tugenden diß Monats sonderlich zu üben seynd: Liebe des Nächsten, Fleiß und Emsigkeit, Demuth, Reinigkeit, Einsamkeit, das Stillschweigen, sich allein in Gott erfreuen, und ein kindliches Vertrauen zu der Mutter Gottes.« CR

LITERATUR: Ausst.-Kat. Madonna, S. 240 f., Kat.-Nr. VIII.4 (Sylvia Hahn); LCI, Bd. 2, Sp. 229–236; Lechner 1981, S. 363 f.

93 Herbergssuche

Mindelheim, um 1770
Öl auf Leinwand, 81 × 61 cm
Kloster Heilig Kreuz, Mindelheim

Die im zweiten Kapitel des Lukas-Evangeliums mit den knappen Worten »[…] denn sie hatten sonst keinen Platz in der Herberge« geschilderte Situation der Heimatlosigkeit kurz nach Ankunft der hochschwangeren Maria und ihres Mannes Josef in der Stadt Bethlehem gehört zu den wichtigen Bild- und Brauchthemen des Advents. Der Kargheit des Textes zum Trotz wurde diese existenzielle Notsituation der Heiligen Familie seit dem Spätmittelalter in Herbergssuchspielen und -liedern aufgegriffen und fantasievoll ausgeschmückt. Als Bildthema ist die Reise von Maria und Josef von Nazaret aus nach Bethlehem bereits seit dem Frühmittelalter als Bestandteil von Bilderzyklen zur Kindheit Jesu und zum Marienleben verbreitet. Das Thema der Ankunft und das Klopfen sowie das Abgewiesenwerden durch einen Hauswirt ist dagegen erst seit nachreformatorischer Zeit verbreitet und eher auf Medien populärer Frömmigkeit wie Krippe und Andachtsbildchen beschränkt. Das Gemälde aus dem Mindelheimer Kreuzkloster zeigt deutliche Parallelen zu einem Kupferstich von Johann Michael Söckler (vgl. Kat.-Nr. 95). Maria erscheint in Reisekleidung mit Hut, Pilgerstab und einem Korb, in dem als Hinweis auf die bevorstehende Geburt die Windeln Jesu zu sehen sind. Josef, ebenfalls mit Mantel und Hut, führt den Esel, hinter ihm ist die Stadt Bethlehem in zeitgenössischer, heimischer Stadtarchitektur gestaltet. Das Bild gehört zur originalen Ausstattung der Josephskapelle im Mindelheimer Kreuzkloster, die zwischen Noviziat und Krankenzimmer auch als Beichtkapelle diente. CK

94 Reise nach Bethlehem

Christoph Anton Mayr, genannt Stockinger, zugeschrieben
Tirol, um 1750
Tempera auf Karton, 29,4 cm (Heilige Familie), 32 cm (Engel)
Diözesanmuseum Freising, Inv.-Nr. D 9111

Die Figurengruppe, Maria und Josef vom Engel geleitet, gehörte ursprünglich zu einer mehrteiligen Krippe. Die Szene der Reise nach Bethlehem wurde am dritten Adventssonntag aufgestellt. Das Motiv des Engels als Führer und Reisebegleiter fand besonders durch die Illustrationen zum Buch Tobit (Tobias mit dem Erzengel Raffael als Reisebegleiter) Eingang in die christlichen Ikonografie. Das Jesusmonogramm »IHS« auf dem Bauch Mariens weist auf ihre Schwangerschaft und baldige Niederkunft hin. Neben dem Esel als Lasttier, der üblicherweise zum festen Bestandteil dieser Szenerie gehört, ist hier als Vorgriff zu Stall und Krippe sogar der Ochse Teil der Szenerie. CK

LITERATUR: Hahn 2011, S. 66.

95 Gebetsheftchen zur Herbergssuche

München, um 1770
Frontispiz, Kupferstich von Johann Michael Söckler (1744–1781)
Kloster St. Johann im Gnadenthal, Ingolstadt

Das Gebetsheftchen *Anmuthige Unterhaltung mit den zwoen heiligsten Personen Maria und Joseph in ihrer Beherbergung zur heiligen Adventszeit* wurde laut Vorwort als Begleitbüchlein zum Brauch der Herbergssuche herausgegeben. Im Kloster Gnadenthal, aus dessen Beständen dieses Büchlein stammt, wird dieser Brauch heute noch gepflegt. Die bekleideten, circa 35 cm großen Figuren von Maria und Josef werden an jedem Tag des Advents nach der Vesper in einer kleinen Prozession in eine andere Zelle des Klosters getragen und dort »beherbergt«. Dieser Brauch war seit dem frühen 17. Jahrhundert nicht nur im Kloster verbreitet, sondern fand auch als populärer religiöser Volksbrauch außerhalb von Klostermauern große Verbreitung. Laut Vorwort des Büchleins wurde er in München sogar vom »churfürstl. Hof selbst angefangen«. Neben der inneren Motivation der Beherbergung als sozusagen spirituelle Wiedergutmachung wird auch die äußere Form der häuslichen Beherbergung beschrieben: »Diese den heiligsten Personen erwiesene Unbild in etwas zu ersetzen, pflegen gottselige Einwohner dieser Stadt dieselbe zur heil. Adventzeit in ihren Häusern zu beherbergen, da sie ihre Bildnisse in köstlich ausgezierten, und mit vielen Lichtern schimmernden Zimmern zur Verehrung aussetzen.« Dem Gebot der christlichen *Hospitalitas,* der Gastfreundschaft, folgend, wird den Gläubigen auch ein ganz konkretes Werk der Barmherzigkeit ans Herz gelegt: »An dem Tag, an welchem man diese zwo heiligsten Personen beherberget, einen armen Mann, und eine arme Jungfrau, oder eine schwangere Frau speisen.« Im Anhang des Büchleins ist das bis heute im Alpenraum weitverbreitete Adventslied *Felsenharte Bethlemiten* abgedruckt. CK

96 Anbetung der Hirten

Weihnachtskrippe des Freisinger Fürstbischofs Veit Adam von
Gepeckh (1584–1651)
Philipp Dirr (um 1582–1633), Freising, um 1618
Holz, polychrome Originalfassung, freigelegt, 76 × 67 cm × 25 cm
Diözesanmuseum Freising, Inv.-Nr. P 767

Aus fürstbischöflichem Besitz stammt die reizvolle Anbetung
der Hirten. Die Szene ist meisterlich aus dem wenig tiefen Holz
herausgearbeitet und zeigt den Variantenreichtum schnitzeri-
schen Könnens in der Bandbreite vom flachen Relief des Hin-
tergrunds bis zu fast vollständig herausgearbeiteten Figuren.
Maria und Josef, der eine Kerze hält, knien andächtig betend
vor dem Neugeborenen, das nackt in der weidengeflochtenen
Krippe auf einem großen Tuch liegt und selbst die Hand zum
Segensgestus erhoben hat. Zwei aufgeregte und ehrfürchtig
hinzutretende Hirten verehren das Kind. Ochs und Esel wie
auch der auf die Geburt hinweisende Putto im Himmel dürfen
in dieser Szene nicht fehlen. Der brüchige Stall verweist auf die
Armut der Heiligen Familie. Dirrs bewegte Bildhauerkunst
hatte die Aufmerksamkeit des 1618 zum Fürstbischof von Freising gewählten Veit Adam von Gepeckh erregt, der den Künstler sofort nach seinem Amtsantritt mit einem Altar in der neu
zu schaffenden Privatkapelle seiner Residenz beauftragte. In
diesem Zusammenhang dürfte die Anbetung entstanden sein,
die schon den räumlichen Eindruck eines Krippenkastens aufnimmt, auch wenn die Skulpturen noch nicht einzeln beweglich sind. Die fürstbischöfliche Weihnachtskrippe bildet ein
wichtiges Verbindungselement zwischen der traditionellen
Form eines Andachtsreliefs und der um 1600 von Jesuiten verbreiteten Krippenkunst mit beweglichen Figuren, wie sie dann
vor allem von Klöstern übernommen wurde.

Der Weilheimer Bildhauer Philipp Dirr hatte unter anderem bei dem Kistler Clemens Betle, dem Vater Georg Petels,
gelernt und kam wohl gegen 1611 nach Freising, wo er sich nie-
derließ. Ab 1618 war Dirr für Veit Adam von Gepeckh tätig,
entwarf den Hochaltar des Freisinger Doms und schuf unter
anderem die Skulpturen seiner frühbarocken Ausstattung. CR

LITERATUR: Sigmund Benker, *Philipp Dirr und die Entstehung des Barock
in Baiern,* München 1958, S. 30 f.; Peter B. Steiner, *Diözesanmuseum Freising.
Christliche Kunst aus Salzburg, Bayern und Tirol, 12. bis 18. Jahrhundert,*
Regensburg 1984, S. 252 f.; Hahn 2011, S. 36 f.

97 Antiphonarium, Initiale der Antiphon zur Vesper des 1. Weihnachtstages

Ingolstadt, Anfang 17. Jahrhundert
Schmuckinitiale, Gouache auf Papier, 8,3 × 6,8 cm,
Einband: Leder geprägt,
Schließen und Eckzier: Messing, gegossen und graviert
Kloster St. Johann im Gnadenthal, Ingolstadt

98 Graduale aus dem Dominikanerinnenkloster Altenhohenau

Altenhohenau, datiert 1477
Graduale de tempore, pars hiemalis, Handschrift auf Pergament
(242 Blatt), geprägter Ledereinband über Holzdeckel,
Messingbeschläge, 62 × 41 × 13 cm
Bibliothek des Metropolitankapitels München, Altenhohenau,
Chorbuch Nr. 2

Am Anfang der ersten Vesper zum Weihnachtsfest steht diese Antiphon mit dem Lobpreis Christi als dem neugeborenen König des Friedens *(Rex pacificus)*, dem Messias, dessen Kommen der ganze Erdkreis ersehnt hat. Diese Worte sind die Antwort auf die im Advent täglich im Responsorium der Laudes formulierte Bitte aus Psalm 80 »Ostende faciem tuam, et salvi erimus« (Lass dein Angesicht leuchten, dann ist uns geholfen). Mit der Schmuckinitiale R wird das Wort REX optisch hervorgehoben und zugleich theologisch gedeutet. Denn obwohl dieser neugeborene König nackt und bloß in einem aus Weiden geflochtenen Futtertrog liegt, ist er, wie die nachfolgende zweite Antiphon feierlich verkündet, der Friedensfürst, der über alle Könige des Erdkreises erhaben ist: »Magnificatus est Rex pacificus super omnes reges universae terrae.« Dies erkennend, knien Maria und ein Engel anbetend vor dem Kind. CK

Das spätmittelalterliche Chorbuch ist Teil der reichen schriftlichen Überlieferung des Dominikanerinnenklosters Altenhohenau am Inn, die erst jüngst Gegenstand wissenschaftlicher Untersuchungen wurde. Das Kloster, 1235 durch Graf Konrad von Wasserburg gestiftet, war das erste seines Ordens im Herzogtum Bayern (nach der Regensburger Niederlassung). 1465 wurde es von der spätmittelalterlichen Ordensreform erfasst, indem Nonnen aus dem bereits reformierten Nürnberger Dominikanerinnenkloster nach Altenhohenau übertraten. Zu ihnen zählte (im Jahr darauf) auch Anna Zinner, die dem Kloster später lange als Priorin (1484–1512) vorstehen sollte. Weitere Nürnberger Patrizierinnen folgten, im Übrigen setzte sich der Konvent aus Frauen altbayerischer adeliger und bürgerlicher Herkunft zusammen.

Das Streben nach strenger Befolgung der Ordensregel zeigte sich unter anderem in der Neuanschaffung einer Serie großformatiger liturgischer Bücher für das (lateinische) Chorgebet und die Messfeier. Der Winterteil des Graduale (mit den veränderlichen Gesängen der Messe von Advent bis Ostern sowie einigen weiteren liturgischen Gesängen) wurde von Anna Zinner geschrieben. Die Fertigstellung ist durch einen Vermerk der Schreiberin (fol. 222r) auf den 31. Oktober 1477 datiert.

Die Initiale P (fol. 38r) zum Introitus der Messe am Weihnachtstag *(Puer natus est nobis)* zeigt Maria in Anbetung des neugeborenen Jesuskindes. Im Hintergrund sind im Stall Ochs und Esel zu sehen, daneben Engel. Zwei weitere Engel über der Initiale halten das Schriftband »Gloria in excelsis Deo«. Die Darstellung Marias mit dem auf dem Boden liegenden nackten Kind im Strahlenkranz dürfte von grafischen Vorlagen beeinflusst sein, die ihrerseits auf die Visionen der hl. Birgitta von Schweden (1303–1373) zurückgehen. Die Nacktheit des Kindes verweist dabei auf die wahre Menschheit Jesu und auf das ihm bevorstehende Leiden.

Die spätmittelalterlichen liturgischen Bücher wurden in Altenhohenau (wie zum Beispiel ein Vermerk auf fol. 238v bezeugt) jedenfalls bis in die Barockzeit im Gottesdienst verwendet. RG

LITERATUR: Alois Mitterwieser, *Das Dominikanerinnenkloster Altenhohenau am Inn (1235 bis heute)* (= Germania Sacra. Serie B: *Germania Sacra Regularis. II: Die Mendikantenklöster. D: Die Dominikanerinnenklöster)*, Augsburg 1926, S. 10–11, 56–57; Link zur Homepage des DFG-Verbundprojekts *Schriftlichkeit in süddeutschen Frauenklöstern*, abgerufen am 19.09.2012 unter http://www.bayerische-landesbibliothek-online.de/frauenkloester.

Per natus est

nobis et fili

us tatus est nobis ai

uis imperium sup hu

merum e ius et uo

cabitur nomen e ius

magni consili i an

99 Geburt Christi

Wohl Augsburg, 18. Jahrhundert
Hinterglasmalerei, 23 × 18,5 cm
Kloster Heilig Kreuz, Mindelheim

100 Anbetung der Könige

Wohl Augsburg, 18. Jahrhundert
Hinterglasmalerei nach Kupferstich,
Unterlage braunes Büttenpapier, 23 × 18,5 cm
Kloster Heilig Kreuz, Mindelheim

Maria und Josef knien in dieser innigen Szene auf dem Boden und beten das neugeborene Jesuskind in der Krippe an. Die verfallenen Balken und Mauern deuten den Stall an. Ochs und Esel wärmen das nackte Kind mit ihrem Atem. Die typischen Elemente der Geburt Christi sind mit der Darstellung der Verkündigung an die Hirten, wie sie im Lukas-Evangelium geschildert wird, verknüpft. Die eigentlich zeitlich leicht versetzten Begebenheiten zeigen sich dem Betrachter so zeitgleich. Im Hintergrund sind perspektivisch vergrößert zwei Hirten mit ihrer Herde auf einer nahe gelegenen Weide dargestellt. Im Abendhimmel über den Hirten ist der von Gott ausgesandte Engel zu sehen, wie er dem einfachen Volk die frohe Botschaft verkündet und den Hirten den Weg zum Heiland in der Krippe weist.

Wie in der Volkskunst der Zeit üblich, ist das Geschehen in Bethlehem vor den Hintergrund einer süddeutschen Landschaft verlegt.

Hinterglasbilder mit biblischen Themen dienten meist der privaten Andacht und erfreuten sich gerade im Volksglauben großer Beliebtheit. Ab der Mitte des 18. Jahrhunderts entstanden bayerische Zentren der Hinterglasmalerei vor allem in den Gebieten um Staffelsee und Augsburg, wo Werke von außergewöhnlich hoher Qualität, zu welchen auch diese Darstellung der Geburt Christi zählt, geschaffen wurden. JP

Dargestellt ist die Anbetung der Könige, wie sie bei Matthäus (Mt 2,1–12) geschildert wird.

Die drei Könige sind traditionell als Vertreter der drei Lebensalter und der drei Erdteile (Europa, Asien, Afrika) charakterisiert. Der Jüngste unter ihnen ist der Mohrenkönig, der keine Krone, sondern einen geschlungenen Turban trägt. Im Schatten hinter ihm ist ein Kamel zu sehen. Dessen etwas unbeholfene Darstellung ist der Tatsache geschuldet, dass die exotischen Tiere zur Ikonografie des Sujets gehörten, den Künstlern aber nur in den seltensten Fällen aus eigener Anschauung bekannt waren. Der älteste und damit würdigste König kniet vor dem Jesuskind. Ein orientalisch anmutender Knabe hält seinen weiten Königsmantel, dessen prächtiger Schmuck sehr detailliert ausgearbeitet ist. Im Angesicht des Kindes verzichtet der Herrscher allerdings auf alle zeremonielle Pracht: Demütig hat er die Krone abgenommen und umfasst die Füße des Jesuskindes. Die Könige bringen dem neugeborenen Christus kostbare Geschenke in Form von liturgischen Geräten, die das Christuskind im Arm seiner Mutter empfängt. In einer segnenden Geste legt es seine kleine Hand auf den Kopf des Königs. Der Christusknabe steht im Zentrum der Darstellung, und so kommt auch dem Stern, der im Evangelium den Königen den Weg zum Jesuskind geleitet, eine hinweisende Funktion zu: Sein Lichtstrahl geht in den hellen Schein über, der vom Jesuskind ausgeht, und taucht die ganze Szene in »heiliges« Licht. Die kompakte, detailliert ausgearbeitete Figurengruppe im Vordergrund zieht so den Blick des Betrachters auf sich und überdeckt beinahe die Umrisse von Josef, der traurig und abgewandt im Schatten der Ruinenarchitektur des Stalls kauert. Dieses Bildmotiv ist den *Meditationes vitae Christi* des Pseudo-Bonaventura entlehnt, die den Typus des Josef prägten, der bei der Geburt mit Trauer erfüllt ist, weil er dem Christuskind keine Würdigung anbieten kann. JP

101 Anbetung der Hirten

Mindelheim, Mitte 18. Jahrhundert
Andachtsbild, Gouache auf Papier,
Drahtarbeiten mit Glassteinen, Pailletten und Reliquien,
Rahmen, Holz, vergoldet, Spiegelglas, 39,5 × 25,5 × 4,5 cm
Kloster Heilig Kreuz, Mindelheim

Die sehr detailreich gestaltete Szene der Anbetung der Hirten wird von Drahtarbeiten mit Reliquienpartikeln und Glassteinen eingerahmt. Der fein geschnitzte Rahmen ist teilweise durchbrochen und mit Spiegelglas hinterlegt. In die Kartusche in der Rahmenbekrönung ist ein gedrehtes Spiegelglas montiert, in das der weihnachtliche Lobpreis der Engel »GLORIA IN EXCELSIS DEO« eingeritzt ist. Dieses weihnachtliche Andachtsbild aus den Beständen des Klosters Heilig Kreuz in Mindelheim ist ein typisches Beispiel für die gestalterisch oft hochwertigen Klosterfrauenarbeiten Süddeutschlands in der Mitte des 18. Jahrhunderts. Bemerkenswert ist an diesem Beispiel vor allem die Übernahme von Gestaltungselementen des Rokoko, die vor

allem bei der Rahmung zur Geltung kommen. Der Effekt der feinen Ajourschnitzerei des Rahmens sollte bei Kerzenlicht durch das unterlegte Spiegelglas verstärkt werden und damit auch der Festlichkeit des Weihnachtsgeschehens entsprechen. Besonders interessant ist auch das thematische Zusammenspiel von Bilderzählung des zentralen Andachtsbildes und bekrönender Kartusche mit dem Gloriaruf. Dieser inhaltliche Bezug von Bildinhalt und Rahmung war im Barock und Rokoko äußerst beliebt und sollte neben der Schmuckfunktion durch meist emblematische Ikonografie auch eine erläuternde und interpretierende Aufgabe erfüllen. CK

102 Kastenkrippe mit Geburt Christi

1. Hälfte 18. Jahrhundert
Massefiguren, polychrom bemalt, verschiedene Naturmaterialien
Spiegelrahmen, teilvergoldet und geprägte Metallfolie,
25 × 30 × 7,7 cm
Zisterzienserinnen-Abtei Seligenthal

In dieser aus Naturrinde gestalteten Landschaft (Krippenberg)
sind zwei Krippenszenen simultan dargestellt: die Anbetung
der Hirten und die Ankunft der Heiligen Drei Könige. Die in
Größe, Qualität und Alter unterschiedlichen Figuren und
Architekturteile (Stadtansicht von Bethlehem) wurden wahrscheinlich bereits im 18. Jahrhundert als halbplastische Reliefs
aus Masse aus verschiedenen Krippenszenen zusammengestellt. Dabei stand nicht die ikonografische Genauigkeit im
Vordergrund – so ist beispielsweise der Mohrenkönig gleich
dreimal vertreten –, sondern vor allem die Gesamtwirkung
der Szene. CK

104 Maria mit Kind

Antonio Balestra (1666–1740), Umkreis
Öl auf Leinwand, 58,5 × 75 cm
Privatbesitz

Innig und liebevoll ist hier die Beziehung der Mutter Maria zu ihrem neugeborenen Kind Jesus dargestellt. Dieses auf den ersten Blick eher konventionell wirkende Bild des frühen Venezianischen Settecento birgt jedoch neben der Innigkeit und Präsenz der Beziehung von Mutter und Kind zwei ikonografische Besonderheiten. Die erste und auffälligste ist bei vielen Bildern der Geburt Christi ein wichtiges Element der Bildkomposition: Das Kind Jesus ist die einzige Lichtquelle des Bildes, durch ihn werden seine Mutter und die angedeutete Stallarchitektur beleuchtet. Die biblischen Bezüge zu dieser theologischen Vorstellung des mit Christus in die Welt gekommenen Lichtes der Gnade und Erkenntnis sind vielfältig, jedoch im Johannes-Evangelium am deutlichsten ausgeprägt. Im Prolog (Joh 1,1–18) finden wir bereits die entscheidenden Vorstellungen der johanneischen Theologie des Lichts, die auch in das ikonografische Konzept dieses Bildes eingegangen sind: »In ihm war das Leben, und das Leben war das Licht der Menschen. Und das Licht leuchtet in der Finsternis […]. Das wahre Licht, das jeden Menschen erleuchtet, kam in die Welt« (Joh 1,4–9). Die Liturgie des Weihnachtsfestes ist deshalb auch reich an Gesten und Wortbildern, die Christus als das lang ersehnte und die Menschheit erleuchtende Licht preisen. In der europäischen Malerei des 17. und 18. Jahrhunderts wurde das Thema des lichtvollen Gottessohnes als maltechnische und kompositorische Herausforderung gerne aufgegriffen, um die eigene Könnerschaft unter Beweis zu stellen. Effektvoll und raumfüllend hat diese Aufgabe der Veroneser Antonio Balestra (1666–1740) in der venezianischen Kirche San Zaccaria mit seinem Gemälde der Anbetung der Hirten bewältigt. Die aus der Bildmitte leicht nach rechts gerückte Hauptszene des im himmlischen Glanz erstrahlenden Kindes mit seiner Mutter ist mit unserem Gemälde eng verwandt. Doch neben der leicht veränderten Körperhaltung Marias gibt es noch einen weiteren auffälligen Unterschied, der zugleich auf die zweite ikonografische Besonderheit dieses Bildes hinweist: ein entrolltes, stark gefältetes weißes Stoffband, das sich von der einen Hand Marias zur anderen erstreckt und teilweise durch das darauf liegende Kind verdeckt wird. Bei diesem Band handelt es sich um ein Wickelband, mit dem Neugeborenen und Kleinkindern bis weit in das 19. Jahrhundert hinein der ganze Körper inklusive der Arme und Beine bis zur Brust eng umwickelt wurde. Diese Form der Kinderpflege galt aus medizinischen Gründen als angeraten, da man sich so ein gerades und gesundes Wachstum der Gliedmaßen versprach. Abgeleitet vom lateinischen *fascia* für Binde, Wickelband, wurden in der frühen Neuzeit in Süddeutschland diese Bänder »Fatschen« oder »Fetschen«, das Einwickeln »Einfatschen« oder »Einfet-schen« genannt. Daraus entwickelte sich in Bayern und Österreich für Darstellungen des in ein Wickelband eingebundenen Jesusknaben der Begriff des »Fatschenkindes«. Symbolisch stehen diese Wickelbänder, ebenso wie die Windeln, für die menschliche Natur Jesu und damit für seine demütige Hingabe als Menschensohn. In der theologischen Reflexion werden sie deshalb oft als Vorzeichen seiner späteren Passion gedeutet. Die Besonderheit dieses Bildes liegt jedoch darin, dass Maria dieses Wiegenband erst wie eine Schriftrolle entrollt und den Knaben damit noch nicht eingewickelt hat. Indem Jesus auf dieser Schriftrolle ruht, wird er gemäß johanneischer Theologie als das fleischgewordene Wort dargestellt: »Und das Wort ist Fleisch geworden und hat unter uns gewohnt, und wir haben seine Herrlichkeit gesehen« (Joh 1,14). Dass damit auch der Kern des eucharistischen Geheimnisses ausgedrückt wird, zeigt ein unscheinbares zusätzliches Detail: Im Stroh, auf dem das Kind liegt, zeichnet sich im Vordergrund eine einzelne Weizenähre ab. CK

105 Maria mit dem Wickelkind auf dem Arm

1. Hälfte 18. Jahrhundert
Andachtsbild, Gouache auf Pergament,
Drahtarbeiten mit Glassteinen und Reliquien,
Rahmen, teilvergoldet und ornamental bemalt, 24,5 × 19,5 cm
Diözesanmuseum Freising, Inv.-Nr. D 7778 (Pendant zu D 7777)

Das zentrale Andachtsbildchen mit der Bildunterschrift »MATER SALVATORIS« zeigt Maria mit dem eng in Wickelbänder gebundenen Jesusknaben. Der bereits in Kat.-Nr. 104 formulierte Gedanke, dass die Wickelung des Kindes seine menschliche Natur unterstreicht, ist hier überdeutlich gezeigt. Die Bildunterschrift erscheint angesichts der vollkommenen Bewegungsunfähigkeit des Retters Christus wie ein Widerspruch, soll jedoch eine bewusste Analogie zu seinem späteren Kreuzestod herstellen. In der exegetischen Tradition wurde deshalb bereits in der frühen Kirche eine Verbindung zwischen Krippe und Kreuz hergestellt; beide gelten als Holz des Heils, das Binden in Windeln wird mit dem Annageln an das Kreuz verglichen. Die Reliquien der Windeln Christi gehörten im Mittelalter deshalb auch zu den wichtigsten und begehrtesten Herrnreliquien. So gehört eine Windel Jesu zu den vier verehrten textilen Heiligtümern des Aachener Doms. In der klösterlichen Erbauungsliteratur des 17. und 18. Jahrhunderts wurde der Gedanke der heilsgeschichtlichen Bedeutung der Windeln Jesu immer wieder aufgegriffen und im Licht der Vollendung durch Kreuz und Grab gedeutet: »Er ist in Windlein gewickelt, daß du von den Banden und Stricken des Todts aufgelöst seyst« (Gleich 1760, Vorrede S. 3). Indem sie im Bild der Inkarnation bereits auf Passion und Erlösung verweisen, haben Bildmotive dieser Art in der katholischen Bildtradition einen präfigurativen Charakter. CK

106 Josef mit dem schlafenden Jesuskind auf dem Arm

1. Hälfte 18. Jahrhundert
Andachtsbild, Gouache auf Pergament,
Drahtarbeiten mit Glassteinen und Reliquien,
Rahmen, teilvergoldet und ornamental bemalt, 24,5 × 19,5 cm
Diözesanmuseum Freising, Inv.-Nr. D 7777 (Pendant zu D 7778)

107 Jesus in der Krippe und Strohreliquie

1. Hälfte 18. Jahrhundert
Gouache auf Papier, Drahtarbeiten,
Spiegelrahmen, 18,5 × 13,5 cm
Diözesanmuseum Freising, Inv.-Nr. D 2012-19

Das Andachtsbild mit der Bildunterschrift »S. JOSEPHUS«
zeigt im Gegensatz zum Pendantbild (Kat.-Nr. 105) nicht den
neugeborenen, sondern den etwa zweijährigen Jesus auf dem
Arm seines Pflegevaters Josef. Das Kind ist hier sehr menschlich
dargestellt, wie es an der Schulter des hl. Josef schläft. Seine
göttliche Natur wird lediglich durch den Lichtschein, der beide
umgibt, ausgedrückt. Diese liebevolle Auffassung einer Vater-
Sohn-Beziehung ist für Darstellungen des Heiligen im 17. und
18. Jahrhundert durchaus üblich. Als Ergänzung zu Kat.-Nr. 105
bildet dieses Bild die inhaltliche Parallele zur Mutterliebe Mariens. Das dogmatisch genau festgelegte Verhältnis von Vater und
Sohn wird oft durch einen Lilienzweig dargestellt, der die Jungfräulichkeit Josefs ausdrücken soll. Hier jedoch fehlt dieser ikonografische Hinweis. Die Darstellung der innigen, »irdischen«
Beziehung soll in der barocken Bildtradition die Liebe Gottes
zu seinem Sohn Jesus und zu den Menschen ausdrücken. CK

In dieses Andachtsbildchen des auf Stroh gebetteten Jesuskindes ist ganz prominent unter dem ovalen Bildchen eine
besondere Reliquie eingefügt, die herzförmig mit Silberdraht-
arbeit eingefasst ist. Durch die Beschriftung der Cedula »Stroh
Christi« ist sie als ein Partikel des Strohs aus der Krippe in Bethlehem gekennzeichnet. Eine Strohreliquie befand sich auch im
Reliquienschatz der Reichen Kapelle in der Münchner Residenz.
Die Verehrung des Strohs aus der Krippe in Bethlehem hat ähnliche Wurzeln wie die Verehrung der Windeln Jesu. Hintergrund ist auch hier die Deutung der Umstände der Geburt
Christi im Hinblick auf sein späteres Leiden und Sterben. Das
Bild des zarten Körpers des Neugeborenen, der auf dem harten
Stroh liegt und von den Halmen gestochen wird, galt als die
erste Pein, die Jesus in dieser Welt zu ertragen hatte. Diese theologische Bedeutungsebene wird in diesem Bild durch die vor
der Krippe liegende Erdkugel mit der Schlange, dem Symbol
der Erbsünde, verstärkt. CK

108 Kastenkrippe mit Anbetung des Kindes

Mitte 18. Jahrhundert
Kulissenbilder, Gouache auf Papier und kolorierter Kupferstich,
Jesuskind aus Wachs, getrocknetes Moos, Reliquien, in Krülltechnik
gefasst, verglaster Holzschrein, schwarz gestrichen, 27 × 24 × 7,5 cm
Ursulinenkloster St. Joseph, Landshut

Die Kastenkrippe aus dem Ursulinenkloster in Landshut ist ein sehr typisches Produkt klösterlichen Kunsthandwerks aus der Mitte des 18. Jahrhunderts, vereint es doch Reliquien- und Gnadenbildverehrung in einem Andachtsbild. Die im Hintergrund in Krülltechnik gefassten Heiligenreliquien und das Heilig-Land-Siegel, unter dem sich ein Partikel aus der Geburtsgrotte in Bethlehem verbirgt, sollen dieser Krippenszene einen quasisakramentalen Charakter verleihen. Dies gelingt vor allem durch die mit einem Siegel beglaubigte Heilig-Land-Reliquie, die als wertvoller Gnadenschatz mit reichen Ablassprivilegien verbunden war. Die eigentliche Szene im Vordergrund bildet in ihren Hauptelementen ein populäres und sehr verehrtes Jesuskind-Gnadenbild des 18. Jahrhunderts ab: das Münchner Augustinerkindl. Die beiden aus Papier geschnittenen und kolorierten Hauptfiguren, Maria und Josef, wurden nämlich aus einem Kupferstich herausgeschnitten, den der Augsburger Kupfer-

stecher Gottfried Bernhard Göz (1708–1774) um 1735 als Andachtsbild geschaffen hatte. Dieser Kupferstich zeigt das bis zur Säkularisation 1803 in der Münchner Augustinerkirche verehrte Gnadenkindl, wie es im 18. Jahrhundert in einer Krippenszene mit bekleideten Assistenzfiguren und gemaltem Hintergrundprospekt aufgestellt war. In dieser Landshuter Kastenkrippe wurde die bühnenartig gestufte Aufstellungsform in Miniatur nachgebaut. Den Hintergrund bildet hier jedoch nicht wie im Stich von Göz eine himmlische Vision mit Gottvater, Heiligem Geist und Engeln, sondern die Szene der Verkündigung an die Hirten. Kniender Hirte, Ochs und Esel sind wie der Hintergrund ebenfalls frei gemalt und nicht dem Kupferstich entnommen. Das dreidimensionale Jesuskind aus Wachs ist nicht original und ersetzt die ursprüngliche kleine Devotionalkopie des Münchner Augustinerkindls. CK

Mindelheim, um 1780
Kupferstich, koloriert, Textil- und Drahtarbeiten,
Rahmen, geschnitzt und vergoldet, 19 × 21,5 cm
Kloster Heilig Kreuz, Mindelheim

Das gefatschte Jesuskind liegt auf einem stilisierten höfischen
Paradebett mit üppigen Draperien. Der Kopf des Kindes ist ein
ausgeschnittener und kolorierter Kupferstich. Auf die Rückseite ist ein auf Papier geprägtes Heilig-Land-Siegel aufgeklebt,
was darauf hindeutet, dass in das Kästchen eine Reliquie aus
der Geburtsgrotte in Bethlehem eingearbeitet ist. Ähnlich
wie in Kat.-Nr. 108 erstrebte man auch hier mit der Einbezie-
hung der Heilig-Land-Reliquie eine Aufwertung des Andachtsbildes. CK

110 Fatschenkind

Mindelheim, Mitte 18. Jahrhundert
Fein bemalter Wachskopf mit Glasaugen (erneuert), Nimbus aus
vergoldetem Messing, Fatschenbänder aus Silberlamé und filigranen
Drahtarbeiten mit Glassteinen und Perlen, Halskette aus geschliffe-
nen Granatsteinen und Flussperlen, Samtkissen mit Goldborten,
darüber eine Gaze mit Silberfäden und geklöppelten Silberspitzen,
Schrein mit vergoldeter Bleiverglasung, 41 × 41 × 25 cm
Kloster Heilig Kreuz, Mindelheim

Die äußerst fein gearbeiteten Verzierungen der Fatschenbänder
gehören zu den besten Klosterfrauenarbeiten aus dem Mindelheimer Kreuzkloster überhaupt. Sie zeigen beispielhaft die hohe
Meisterschaft in der Verarbeitung und formalen Gestaltung, die
dort in der Mitte des 18. Jahrhunderts erreicht wurde. Die an
zeitgenössische Produkte des Gold- und Silberschmiedehand-
werks erinnernde Feinheit entspricht dem ursprünglichen Typus
dieses Fatschenkindes, dem Münchner Augustinerkindl, das als
äußerst populäres Gnadenbild im 18. Jahrhundert auch in bayerischen Frauenklöstern große Verehrung genoss. Warum der
Kopf der Devotionalkopie im 20. Jahrhundert ausgetauscht
wurde, ist nicht bekannt. Der originale Nimbus wurde jedoch
für den neuen Kopf wiederverwendet. CK

111 Fatschenkind im Schrein

Süddeutschland, um 1820
Holz, polychrom gefasst, Seide, Spitzen, Papier, 33 × 30,5 × 11 cm
Diözesanmuseum Freising, Inv.-Nr. L 7711 (Leihgabe der Englischen Fräulein, München)

Das Südtiroler Grödnertal war im 19. Jahrhundert ein Zentrum der Schnitzproduktion vergleichbarer holzgeschnitzter Fatschenkinder (»Grödner Docken«), aber auch in Oberammergau wurden ähnliche gedrechselte und bemalte Schnitzfiguren hergestellt. Dieses Kind hebt sich allerdings durch die qualitätvolle Gesichtsmodellierung und die feine Inkarnatgestaltung von der Masse der Heimarbeitsprodukte ab. Die textile Einkleidung und Ausstattung weist darauf hin, dass sich dieses Fatschenkind bereits im 19. Jahrhundert in einem Frauenkloster befunden hat. Das Loblied der Engel, »Gloria in excelsis deo«, auf dem Schrein zeigt die weihnachtliche Verwendung dieses Fatschenkindes an. AIN

LITERATUR: *Von Korbinian bis Lichtmess. Kunst und Symbolik im Weihnachtsfestkreis,* Ausst.-Kat. Diözesanmuseum Freising, Regensburg 2011, S. 37; zur Grödner und Oberammergauer Dockenschnitzerei vgl. Krafft 1991, S. 61 ff.

112 Krippe für das Jesuskind

Schwaben, 2. Hälfte 18. Jahrhundert
Holz, gefasst, 49 × 53 × 25 cm
Kloster Heilig Kreuz, Mindelheim

Statt einer Krippe ist es hier ein leerer Futtertrog, in den zu Weihnachten die Figur des Jesuskindes gelegt werden konnte. Vermutlich handelte es sich um eine Kopie des Münchner Augustinerkindls, denn ein zeitgenössischer, weitverbreiteter Kupferstich zeigt dieses verehrte Gnadenbild in einer ähnlichen Inszenierung. SM

Fatschenkind in Christkindwiege

Oberbayern, 18. Jahrhundert
Kind: Wachs, Textilien, Länge 43 cm,
Wiege: Holz, Stuck, Glas, 80,5 × 76,5 × 43,5 cm
Katholische Kirchenstiftung St. Jodok, Landshut

Das gefatschte Wachskind ist eine gute, lebensnahe Wachsarbeit aus dem mittleren 18. Jahrhundert. In dem freudigen Lächeln und der leichten Kopfdrehung lehnt es sich an das berühmte Münchner Augustinerkindl an. Das Kind liegt in einer Gestellhängewiege: Die eigentliche, mit Nussbaumfurnier verzierte Wiege, die bereits auf den Querkufen schwingen könnte, ist in ein gedrechseltes Gestell eingehängt. Bereits die ältesten erhaltenen gotischen Christkindwiegen (z. B. Köln, Schnütgen-Museum, um 1340–50) sind als Gestellhängewiegen gebildet. Während Wiege und Wiegengestell durchaus bürgerlicher Wohneinrichtung des späteren 18. Jahrhunderts entsprechen, dient der vergoldete Glasschrein über dem Fatschenkind nicht nur dem Staubschutz: Er erinnert gleichzeitig an die Glasschreine, in denen in vielen oberbayerischen

Kirchen Katakombenheilige ausgestellt sind. Auch im Aufbahrungszeremoniell verstorbener Könige oder bei der Zurschaustellung der unverwesten Körper neu erhobener Heiliger wurden solche Glassärge im 18. Jahrhundert verwendet. Die gläserne Abdeckung des Wiegenkindes verweist somit bereits deutlich auf die bevorstehende Passion und Grablegung Jesu Christi.

In der Pfarrkirche St. Jodok in Landshut wird dieses Wiegenkind, das ursprünglich sicherlich zu einem Wiegenspiel geschaukelt wurde, heute noch in der Weihnachtszeit auf dem Altar präsentiert. AIN

LITERATUR: Peter Keller, *Die Wiege des Christuskindes. Ein Haushaltsgerät in Kunst und Kult,* Worms, 1998, Kat.-Nr. 28, S. 204 und Abb. 44.

115 Christkindwiege

Mindelheim, datiert 1647
Wiege: Holz, polychrom gefasst, 24,6 × 38,5 × 30 cm
Jesuskind: Wachs, bossiert und teilbemalt, Glasaugen,
textile Haube, 35 cm, Fatschenbänder aus textiler Spitze,
Borten und Drahtarbeiten, 20. Jahrhundert
Kloster Heilig Kreuz, Mindelheim

Über den Gebrauch dieser kleinen Wiege im Kreuzkloster
Mindelheim als Brauchrequisit für das Kindlwiegen gibt es
keine historischen Nachrichten. Da es jedoch die einzige
erhaltene Wiege des Klosters ist, kann es als wahrscheinlich
gelten, dass sie in der Weihnachtszeit dafür benutzt wurde.
In die Wiege ist eine Devotionalkopie des Münchner Augustinerkindls gelegt, die sogar den für das Original typischen
und durch die Legende erklärten Sprung im Wachskopf aufweist. Auf der Unterseite ist die Wiege mit der Jahreszahl
»1647« und dem Zusatz »Renoviert, 1779« beschriftet. CK

1. Hälfte 18. Jahrhundert
Holz, geschnitzt, Lüsterfassung und Vergoldung, Höhe 25 cm
Kloster St. Johann im Gnadenthal, Ingolstadt

Bei diesem Objekt handelt es sich um eine äußerst seltene Variante des Kindlwiegens. Die Arme der Gottesmutter, auf denen das neugeborene Kind liegt, sind beweglich. Durch leichtes Antippen bewegen sich die Arme auf und ab; das Kind wird so symbolisch in den Schlaf gewiegt. CK

117 Stern von Bethlehem

Datiert 1764
Gouache auf Papier, 63,5 × 49 cm
Kloster Heilig Kreuz, Mindelheim

Das 1764 datierte Bild mit dem Stern von Bethlehem im Zentrum scheint zunächst lediglich eine Illustration des Sterns von Bethlehem zu sein, der laut dem zweiten Kapitel des Matthäus-Evangeliums den Weisen aus dem Morgenland den Weg zur Krippe gewiesen hat. Im oberen Bildteil ist der Ort des Geschehens, die Stadt Bethlehem, in barocker Fantasiearchitektur wiedergegeben und durch ein Schriftband mit der Aufschrift »Bethlehem in Judaea« gekennzeichnet. Mit dem den Stern bekrönenden, leicht veränderten Zitat aus der Vulgata »VIDIMUS STELLAM IN ORIENTE« (*Vidimus enim stellam eius in oriente,* Wir haben den Stern im Morgenland gesehen Mt 2,2), ist jedoch nur ein Teilaspekt des Bildes erläutert. Der Stern soll nämlich einen der heiligsten Orte der Christenheit

nachbilden, den Ort der Geburt Christi in Bethlehem. Dieser wurde im Jahr 1717 mit einem silbernen Stern gekennzeichnet und mit der Inschrift »Hic de virgine Maria Jesus Christus natus est« (Hier wurde Jesus Christus von der Jungfrau Maria geboren) versehen. Es handelt sich hier also um eine gemalte Devotionalnachbildung des Geburtsortes Christi. Um die Authentizität zu steigern, wurde der Stern exakt in Originalgröße wiedergegeben und zudem mit einem Erdpartikel aus der Geburtsgrotte versehen, dessen Echtheit durch ein aufgemaltes Siegel mit dem Jerusalemer Kreuz im Zentrum des Sterns bestätigt wird. Seit seiner Erneuerung im Jahr 1852 hat der Silberstern in Bethlehem 14 Zacken, während er noch im 18. Jahrhundert, wie auf diesem Bild, zwölfzackig war. CK

118 Anbetung der Könige

Mindelheim, um 1770
Andachtsbildchen, Gouache auf Pergament,
Drahtarbeiten mit Glassteinen, Rahmen, vergoldet mit
Schleifenaufsatz, 22 × 18,5 cm
Kloster Heilig Kreuz, Mindelheim

119 Darstellung des Herrn (*Puritas purificata*)

2. Hälfte 18. Jahrhundert
Andachtsbild nach einem Kupferstich Sebastian Klaubers,
Gouachemalerei auf Pergament, 16,5 × 12,5 cm
Kloster Heilig Kreuz, Mindelheim

Maria kniet im Tempel vor einem Hohepriester, der den Jesusknaben in der rituellen Reinigung nach alttestamentarischen Vorschriften wie jedes Neugeborene dem Herrn darbringt. Die Mutter eines Sohnes galt vierzig Tage nach der Geburt als unrein und musste daher zur Reinigung (*purificatio*) im Tempel weiße Tauben darbringen, wie sie am unteren Bildrand zu sehen sind. Die Bildunterschrift »Impleti sunt dies purgationis MARIA, Lu 2« verweist auf diesen Tag der Reinigung, der auch in der katholischen Liturgie und Tradition als »Fest der Darstellung des Herrn« (*Festum Purificationis*) oder auch »Mariä Lichtmess« am vierzigsten Tag nach Weihnachten gefeiert wird.

Lukas beschreibt, wie die Eltern im Tempel der Prophetin Hannah begegnen, die Jesus als den Messias erkennt (Lk 2,21–40). Diese Szene ist im Andachtsbildchen metaphorisch inszeniert dargestellt: Gottvater, der, auf den Wolken thronend, über das Geschehen wacht, und der Heilige Geist, der als Taube über Hannah schwebt, rahmen den Sohn Gottes ein. Gleichzeitig beten die junge Maria und die greise Hannah den Jesusknaben an. In ihrer Ikonografie ist die Darstellung schon deutlich auf die Passion und Auferstehung Christi hin ausgerichtet, was sich etwa an den trauernden Putti oder der Darstellung Marias als Schmerzensfrau zeigt. JP

Die Pendants zeigen die Flucht und die Rast der Heiligen
Familie auf ihrem Weg nach Ägypten, auf dem sie von einem
jugendlichen Schutzengel begleitet wird, der sich um sie küm-
mert. Anlass zur Flucht war König Herodes der Große, dem
von den drei Sterndeutern die Geburt eines neuen Königs der
Juden berichtet worden war. Daraufhin trachtete jener nach
dem Leben des Kindes, doch ein Engel warnte den schlafenden
Josef: »Als die Sterndeuter wieder gegangen waren, erschien
dem Josef im Traum ein Engel des Herrn und sagte: Steh auf,
nimm das Kind und seine Mutter und flieh nach Ägypten […],
denn Herodes wird das Kind suchen, um es zu töten. Da stand

Josef in der Nacht auf und floh mit dem Kind und dessen Mut-
ter nach Ägypten« (Mt 2,13 f.). Die Frage, was wohl auf dem
Weg dorthin und zurück oder in der Zeit in Ägypten alles passiert ist, beantworten apokryphe Schriften, das Evangelium
des frühmittelalterlichen Pseudo-Matthäus und das Arabische
Kindheitsevangelium, die von den Wundertaten des jungen
Jesus berichten: »Am dritten Tag ihrer Reise geschah es, dass
Maria von der allzu großen Sonnenglut in der Wüste müde
wurde, und als sie einen Palmbaum sah, sprach sie zu Josef:
Ich möchte in seinem Schatten ein wenig ausruhen. Josef aber
führte sie eilends zu der Palme und ließ sie von dem Lasttier

121 **Ruhe auf der Flucht nach Ägypten**
2. Hälfte 18. Jahrhundert
Öl auf Leinwand, 65 × 84 cm
Kloster Heilig Kreuz, Mindelheim

absteigen«. (Ps.-Mt. 20,1) Diese Szene scheint hier gemeint zu sein, wenn Josef und die bereits vom Esel abgestiegene Maria miteinander reden, zumal im Hintergrund eine Palme Schatten verspricht. Das antikisierende Postament daneben mit den Resten eines heidnischen Kultbildes deutet auf eine weitere Begebenheit aus den apokryphen Schriften, wonach heidnische Kultbilder beim Erscheinen des Jesuskindes vom Sockel stürzten: »[…] sodass sämtliche Götterbilder zur Erde stürzten, sodass sie alle gänzlich umgestürzt und zerbrochen auf ihrem Angesicht lagen. Auf diese Weise erteilten sie klar die Lehre, dass sie nichts waren.« (Ps.-Mt. 23). Die Ruhe auf der Flucht ist zwar seltener dargestellt, dennoch fließen hier vielfältige Legenden ein. Maria rastet mit ihrem Kind vor einer denkmalartigen Vasenstele. Zu ihnen hat sich der kleine Johannesknabe gesellt, der zärtlich einen Fuß Jesu streichelt. Mittelalterliche Quellen schildern den Tod Elisabeths und ein Zusammentreffen des Jesuskindes mit dem verwaisten Johannes »in einer Wüste voller Engel und Propheten«. CR

LITERATUR: LCI, Bd. 2, Sp. 43–50.

122 Heiliger Wandel im Schrein

18. Jahrhundert
Schrein aus Holz, Rahmenleisten, vergoldet, 33 × 40 × 13 cm
Figürchen: Holz, gefasst, Stoff: kaschiert, Sand, Moos, Blüten,
Papier, Wachs, Schneckenhäuschen, Glitter
Kloster Heilig Kreuz, Mindelheim

Der Heilige Wandel ist seit dem frühen 17. Jahrhundert ein in Süddeutschland und Spanien beliebtes Thema und gehört zu jenen mit der Katholischen Reform ausgebildeten neuen Sujets. Dargestellt ist eine Szene aus der Kindheitsgeschichte Jesu, der Gang Marias und Josefs mit dem Zwölfjährigen von oder nach Jerusalem. Gleichrangig halten sich Eltern und Kind an den Händen. Die Darstellung entwickelte sich zu einem beliebten Andachtsbild, das das Schreiten auf dem Lebensweg symbolisiert und zu christlicher Lebensführung ermahnt.

Die Dreizahl der Heiligen Familie wiederholt sich in der göttlichen Dreifaltigkeit mit Jesus, der Taube und Gottvater darüber. Somit ist die symbolische Zahl horizontal wie vertikal verankert. Es gibt nur wenige großformatige Altargemälde mit diesem Thema, doch war die Darstellung hauptsächlich im Privaten verbreitet. Sie fehlte in keinem katholischen Haus, ob als Einblattdruck, Hausschutzsegen, Hinterglasbild, Medaille oder gar als Holzschnitzerei oder Tonfigürchen. Eher selten ist die szenische Fassung in einem Schrein. Der täglich andächtig

gesprochene Ausruf »Jesus, Maria und Josef« war als Stoßgebet gebräuchlich und sollte für einen guten Tod sorgen. Obwohl es sich um einen mit Naturmaterialien schlicht ausgestatteten Schrein handelt, sind die Figürchen liebevoll geschnitzt und gefasst. CR

LITERATUR: Lenz Kriss-Rettenbeck, *Bilder und Zeichen religiösen Volksglaubens*, München 1963, S. 36, 56; Ausst.-Kat. Vera Icon, S. 113, Kat.-Nr. IX.14 (Sylvia Hahn).

Georg Petel? (1601/02–1634), um 1628–1633
Lindenholz, Höhe 54,5 cm, 37 cm, 54,5 cm
Abtei der Benediktinerinnen Frauenwörth im Chiemsee

Die Skulpturengruppe von ausgezeichneter bildhauerischer Qualität wurde 1987 versuchsweise Georg Petel zugeschrieben und bei der letzten Präsentation 2007 mit dem Hinweis auf Vergleichsstücke vorerst bestätigt. Kritische Stimmen verorten sie allerdings eher bei einem Bildhauer der für die Entwicklung des Barock bedeutenden Weilheimer Schule. Üblicherweise stehen die Figuren in der Klausur des Frauenklosters in einem bemalten, für die Gruppe geschaffenen Glasschrein, dessen Farben und Formen sich symbolisch auf die Darstellung beziehen. Eine Durchsicht der Klosterchroniken ließ vermuten, dass Petel die Skulpturen für eine jüngere Schwester, die als »Maria Päldtl« identifiziert wurde, schuf. Dann wären sie aus familiären Gründen und unmittelbar aus den Händen des Künstlers in das Benediktinerinnenkloster Frauenwörth gekommen. Jedoch lässt sich der Schrein mit dem Heiligen Wandel erst seit 1912 im Kloster nachweisen.

Thema ist der Heilige Wandel, eine Szene aus der Kindheitsgeschichte Jesu. Lukas (Lk 2,41–52) berichtet von der Pilgerreise der Heiligen Familie zum Paschafest nach Jerusalem. Auf dem Rückweg bemerkten Maria und Josef, dass ihr zwölfjähriger Sohn fehlte, worauf sie ihn drei Tage lang suchten, bis sie ihn inmitten der Schriftgelehrten fanden, die er durch sein kluges Auftreten in Erstaunen versetzt hatte. Seit dem frühen 17. Jahrhundert ist der Heilige Wandel ein beliebtes Thema, vor allem im süddeutschen Raum. Das Schreiten symbolisiert den Lebensweg des Menschen und ermahnt den Betrachter zu christlicher Lebensführung. Das vor allem von Jesuiten verbreitete Thema war im Mittelalter als *Infantia Christi* bekannt und geht wohl auf eine Textstelle des Marienlebens des Kartäusers Philipp von Seitz (gestorben 1345/46, Kartause Mauerbach bei Wien) zurück. CR

LITERATUR: León Krempel, *Georg Petel 1601/02–1634. Bildhauer im Dreißigjährigen Krieg,* München 2007, S. 86–91, Kat.-Nr. 24, S. 156 f. (dort ältere Literatur); Judith Regensburger, *Die frühbarocke Skulpturengruppe »Heiliger Wandel« im Benediktinerinnenkloster Frauenwörth,* Diplomarbeit am Lehrstuhl für Restaurierung, Kunsttechnologie und Konservierungswissenschaft, München 2007.

124 Klappreliquiar mit Jesuskind und Ecce Homo

Süddeutschland, 1. Hälfte 18. Jahrhundert, mit späteren
Umarbeitungen
Holz, gefasst, Klosterarbeit, Gouache, in Messingklapprahmen,
17,3 × 10,5 × 6,2 cm (geschlossen)
Zisterzienserinnen-Abtei Seligenthal

Dem kleinen, ursprünglich vielleicht separat auf seinem Sockel
stehenden Jesuskind im linken Flügel des Klappreliquiars, das
Glasaugen besitzt und (wohl nachträglich) mit einem Kreuz in
Drahtarbeit, ähnlich dem des Loretokindls, versehen wurde,
ist eine von Reliquien gerahmte Gouachemalerei des leidenden
Christus gegenübergestellt. Die fast schon grotesk betonten
Leidenszüge des mit Dornen gekrönten Heilands, insbesondere
die geröteten, vorwurfsvoll aus dem Bild heraus den Betrach-
terkontakt suchenden Augen, stehen in Beziehung zu der volkstümlichen Bilderwelt des 18. und 19. Jahrhunderts. Die Zusammenstellung der einzelnen Bestandteile erfolgte wohl erst im
19. oder frühen 20. Jahrhundert, die Gegenüberstellung des
kleinen Jesuskindes mit seinem künftigen Leiden dürfte aber
älter sein.

Unter den von qualitätvoller Drahtwickelarbeit gesäum-
ten Reliquienpartikeln finden sich neben Reliquien von Apos-
teln und einer Reihe von schwer zu identifizierenden Märtyrer-
heiligen auch solche der Leiden Jesu: Geißeln, Grab, Kreuz und
Stroh – das harte Stroh in der Krippe, auf dem das Jesuskind
liegen musste, galt als das erste Werkzeug seines Leidens.

Cedulae (von oben, im Uhrzeigersinn): »S. Crucis«; »De
Sepul.D.N.J.Ch.«; »S. Laur.Lev. M.«; »S.Deusdedit M.«; »Strami-
nis Chr.«; »S. Severae M.«; »S. Castuli M.«; »S. Liberati M.«; »De
Cruce S. Andr[...]«; »S. Illuminati M.«; »S. Modesti M.«; »S. Spe-
ciosi M.«; »S. Cassiani M.«; »S. Clementi M.«; »S. Barthol. Ap.«;
»Flagelli D.N.J.Ch.« AIN

LITERATUR: Unveröffentlicht; zu dem leidenden Christus im 19./20. Jahrhundert
vgl. Gockerell 1990.

S. Barthol. Ap.
De Sepul. D. N. I. Ch.
S. Laur. Lev. M.
Flagelli D. N. I. Ch.
Cruce
S. Clementi M.
S. Deusdedit M.
S. Casstani M.
Straminis Chr.
S. Speciosi M.
S. Severe M.
S. Modesti M.
S. Castuli M.
S. Mumirati M.
S. Liberati M.
De Cruce S. Andr.

125 **Jesuskind mit Passionssymbolen**

Süddeutschland, um 1620
Öl auf Leinwand, 67 × 47 cm
Kloster Heilig Kreuz, Mindelheim

Mit dem dunklen, mit einem Goldmuster verzierten Kleid, den Spitzenmanschetten und der Halskrause entspricht das Bild des Jesuskindes in jeder Hinsicht den Porträts adeliger Fürstenkinder aus dem frühen 17. Jahrhundert. Selbst die Gängelbänder, an denen Kleinkinder beim Laufenlernen gehalten werden konnten (vgl. Kat.-Nr. 173) und die auch bei größeren Kindern fester Bestandteil der Kinderkleidung waren, hängen von den Schultern herab. Wie alle Knaben im 17. und 18. Jahrhundert, die aus Hygienegründen erst in einem Alter von etwa fünf Jahren ihr erstes Paar Hosen bekamen, trägt das Jesuskind ein mädchenhaft wirkendes Kleid mit weitem Rock. Auch die Attribute sind an zeitgenössische Kinderdarstellungen angelehnt: Der Kreuzstab entspricht dem häufig dargestellten Windrad, die Weltkugel dem Apfel oder einem anderen Spielzeug. Lediglich die Passionssymbole, die in aller Ausführlichkeit auf der weißen Schürze aufgestickt zu sein scheinen, machen aus diesem kleinen Prinzen den Erlöser Jesus Christus. Der düstere Hintergrund und die Lilien als Zeichen der Reinheit unterstützen die unheilschwangere, auf das zukünftige Leiden verweisende Bildatmosphäre. Mit diesem Bild, das auf ungewöhnlich enge Weise Kinderporträts des frühen 17. Jahrhunderts rezipiert, sollte die Inkarnation des Gottessohnes als gewöhnlicher, sterblicher und leidensfähiger Mensch möglichst nahe an die Lebenswelt der ursprünglichen Besitzerin herangerückt werden. <u>AIN</u>

LITERATUR: Unveröffentlicht; zum barocken Kinderporträt vgl. *Kleine Prinzen: Kinderbildnisse vom 16. bis 19. Jahrhundert aus der Fundación Yannick und Ben Jakober,* Ausst.-Kat. Kunst- und Ausstellungshalle der Bundesrepublik Deutschland, Bonn, Ostfildern 2003.

Andachtsschrein mit dornengekröntem Jesuskind

2. Hälfte 18. Jahrhundert
Holz, Glas, Wachs, Textilien, Papier, Glimmer, 22,5 × 23 × 12 cm
Kloster Heilig Kreuz, Mindelheim

Jesuskind, auf Kreuz schlafend

Augsburg, 18. Jahrhundert
Hinterglasbild, vergoldeter Holzrahmen, 20 × 10 cm
Privatbesitz

Der feste Bildtypus des schlafenden Jesusknaben schlägt eine Brücke zwischen der Geburt des Heilands und seinem Tod am Kreuz und zeigt damit wie in einem Brennpunkt die heilsgeschichtliche Bedeutung des Jesusknaben auf. Bildliche Darstellungen des Schlafes waren schon seit jeher eng mit denen des Todes verknüpft. Ein erstes Beispiel hierfür ist der antike Typus des schlafenden kindlichen Thanatos. Ein ähnliches Motiv kennt auch die Programmatik der mittelalterlichen Mystik, die das Mit-Leiden mit Christus zum obersten Ziel geistlicher Versenkung erklärte. In diesem Kontext wurden gerade in den klösterlichen Gemeinschaften die Gedanken an den kindlichen Messias immer wieder mit der Vorausschau auf die Passionsgeschichte verknüpft. Die Schutzlosigkeit des nackten Kindes in der unwirtlichen Umgebung weist bereits auf den Opfertod am Kreuz hin. Schon der schlafende Knabe weiß um seine spätere Bestimmung. Allerdings wird er nicht Opfer, sondern Bezwinger des übermächtigen Todes sein. In der Ikonografie des Passionskindes verschmilzt die Darstellung des schlafenden Heilands häufig mit dem Motiv des mythologischen Cupido, der ebenso wie das Jesuskind der mystischen Theologie die Herzen seiner Verehrer entflammt.

Auch die Darstellung der Szene auf diesem Hinterglasbild ist einer reichen Bildtradition entlehnt. Das Motiv des schlafenden Knaben findet sich in sehr ähnlicher Ausführung auf einer allegorischen Darstellung der Caritas, die dem italienischen Maler Jacopo Amigoni, der um 1715 auch in München wirkte, zugeschrieben wird. Die Neugestaltung von Szenen aus typisierten Motiven in Anlehnung an zuvor gesammeltes Bildmaterial ist vor allem in der Hinterglasmalerei, die technisch bedingt auf grafische Vorlagen angewiesen war, weit verbreitet. JP

LITERATUR: Unveröffentlicht; zum ikonografischen Typus vgl. Gockerell 1997, S. 50–55.

Jesuskind, auf Golgota blickend

Spätes 18./frühes 19. Jahrhundert
Öl auf Leinwand, 42 × 53 cm
Diözesanmuseum Freising, Inv.-Nr. NSV 254

Dass Jesus Christus bereits als Kind, ja vom Moment der Emp-
fängnis an nicht nur über alle seine Sinne verfügte, sondern
auch seinen ganzen Leidensweg und seinen Kreuzestod bereits
vor sich sah, wird seit der Erbauungsliteratur des Mittelalters
(Pseudo-Bonaventura) in allen Andachtsbüchern zur Kindheit Christi hervorgehoben. In diesem Bild werden die Voraus-
ahnungen des vermeintlich unschuldigen Kindes originell in
Szene gesetzt, indem sich der kleine, offenbar schlaflose Säugling umwendet und den Blick auf die drei Kreuze Golgotas richtet, die hinter seinem Rücken in der Ferne erscheinen. Für eine
Betrachterin bot das Bild so eine geeignete Meditationsvorlage,
die die ersten und die letzten Momente der irdischen Inkarnation Christi miteinander verknüpft und gleichzeitig die Emoti-
onen rührt. <u>AIN</u>

129 Jesusknabe mit Leidenswerkzeugen

Süddeutschland, 2. Hälfte 17. Jahrhundert
Öl auf Kupfer, 22,5 × 17 cm
Diözesanmuseum Freising, Inv.-Nr. D 2012-14

Der Jesusknabe trägt das Kreuz, den Essigschwamm und die Lanze auf der Schulter. Das Körbchen in seiner Hand enthält die übrigen Zeichen seiner Kreuzigung wie Hammer, Nägel und Zange. Energisch schreitet er voran, sein Blick scheint die Aufforderung zu tragen: «Nimm dein Kreuz und folge mir nach!» (nach Mk 8,34). In der klösterlichen Passionsfrömmigkeit spielt die Vorstellung, mit der bewussten Entscheidung für die asketische klösterliche Lebensweise »ein Kreuz auf sich zu nehmen« und so Christus nachzufolgen, eine große Rolle (vgl. Beitrag Steffen Mensch in diesem Band). Die Kreuztragung durch den kindlichen Jesusknaben, in der die Gegenüberstellung von unbeschwerter Kindheit und zukünftigem, unausweichlichem Leiden besonders prägnant zum Ausdruck kommt, geschieht bereits in der Andachtsgrafik des 16. Jahrhunderts. Die konkrete Vorlage für dieses Ölbild liegt in einem beliebten und vielfach verbreiteten Stich des niederländischen Druckgrafikers Hieronymus Wierix (vor 1619). Der Stich existiert in zahlreichen Nachdrucken, die meist die Unterschrift »In laboribus a iuventute mea« (Von Kindheit an leide ich) tragen. Der auffordernde Blick aus dem Bild heraus ist allerdings erst in späteren Nachstichen zu finden, was auf eine mögliche Verbreitung in Klöstern hindeutet, wo die Metapher der Kreuznachfolge besonderen Widerhall fand. AIN

LITERATUR: Unveröffentlicht; zu dem Wierix-Stich vgl. *Les estampes des Wierix, conservées au Cabinet des Estampes de la Bibliothèque Royale Albert Ier,* Bd. 1. *Ancien Testament, Nouveau Testament, Dieu le Père, le Christ, le Saint-Esprit, les Anges et la Vierge,* hrsg. von Marie Mauquoy-Hendrickx, Brüssel 1978, Nr. 486.

130 Josef mit dornengekröntem Jesuskind

2. Hälfte 18. Jahrhundert
Andachtsbildchen, Gouache auf Pergament, 12 × 8 cm
Diözesanmuseum Freising, Inv.-Nr. D 2012-26b

131 Jesusknabe mit Leidenswerkzeugen

Mitte/2. Hälfte 18. Jahrhundert
Andachtsbildchen, Gouache auf Papier, 18,5 × 13 cm
Kloster Heilig Kreuz, Mindelheim

Mit aller Brutalität wird an die Vorherbestimmung der Leiden
Christi durch die Dornenkrone auf dem Haupt des Säuglings in
den Armen seines Ziehvaters Josef erinnert. AIN

Mit dem Kontrast zwischen dem bewusst lieblich-zart gemal-
ten Jesusknaben (»O Dulsis Iesu«), hinterfangen von einem
Rosenhag, und den brutalen Werkzeugen seines Leidens unter
ihm sollen nicht nur die Betrachteremotionen, sondern auch
die Reflexion über die eigene Schuld am Erlösungswerk Christi
geweckt werden. AIN

130 Josef mit dornengekröntem Jesuskind

131 Jesusknabe mit Leidenswerkzeugen

132 Jesuskind auf Kreuz/Hl. Cäcilie

2. Hälfte 18. Jahrhundert
Andachtsbildchen, Gouache auf Pergament, bestickt, 13 × 9 cm
Kloster St. Johann im Gnadenthal, Ingolstadt

Das beidseitig bemalte Blatt mit dem auf den Leidenswerkzeugen schlafenden Jesuskind und der hl. Cäcilie ist kunstvoll mit Blütenranken umstickt, sodass das Blumenmotiv auf beiden Seiten gleichermaßen erscheint. AIN

LITERATUR: Blomenhofer 2009, S. 61.

133 Kreuztragender Jesusknabe mit Lamm

18. Jahrhundert
Kupferstich auf Papier, koloriert, mit Klosterarbeit, 8,6 × 12 cm
Diözesanmuseum Freising, Sammlung Gantenhammer, Inv.-Nr. 90

Der beliebte Kupferstich mit dem Jesusknaben und dem ihm nachfolgenden Lamm, die beide ihr Kreuz tragen, wurde vermutlich in einem Kloster zusätzlich mit der Kolorierung, aufgestreutem Glitzerstaub und Glassteinen verziert. AIN

LITERATUR: Unveröffentlicht; vgl. Zoepfl 1936, S. 151.

DE PAS SIONE CHRISTI.

134 a Josef mit Jesuskind, das Kreuz umarmend

Um 1790
Andachtsbildchen, Gouache auf Pergament, 13 × 9 cm
Kloster St. Johann im Gnadenthal, Ingolstadt

134 b Jesuskind mit Kreuz auf Rosenkorb

Ende 18. Jahrhundert
Andachtsbildchen, Lithografie, koloriert, 8,6 × 14 cm
Kloster St. Johann im Gnadenthal, Ingolstadt

Auf der Rückseite eine handschriftliche Widmung eines
Joseph Benedict Scherer »zur H. Profession« seiner »ehmals
geistl. Tochter, jetztmaliger Braut Christi« von 1792. AIN

Gebet: »Ach Herz Liebstes Jesulein / Mach dir ein ruh sanffts
bettelein / Hir ruhe in meines Herzens Schrein / Auf das ich
nimmer mehr vergesse dein.« AIN

S. IOSEPHUS

135 Klappbildchen: Korb mit Jesuskind auf Kreuzen

Um 1770
Andachtsbildchen, Kupferstich auf Papier, 14 × 8,8 cm
Diözesanmuseum Freising, Inv.-Nr. D 2012-26a

Der Deckel des Korbes, der als Neujahrsgruß bezeichnet ist,
lässt sich hochklappen; darunter erscheint im Korb das Jesuskind auf zahlreichen Kreuzen (»Armuth«, »harte Herrschafft«
u. a.) liegend. Rückseitig handschriftlich: »Sor Dominica […]
Professin, 1777, 19. März«. <u>AIN</u>

136 Jesuskind mit Kreuzstab

Süddeutschland, 1. Hälfte 18. Jahrhundert
Gliederfigur (Schultern, Ellenbogen, Handgelenke, Hüften, Knie),
Holz, teilweise polychrom gefasst, Glasaugen, Flachsperücke,
Höhe 34 cm, Sockel: Holz, gefasst, Silberbeschläge (Punzen:
1. Münchner Kindl, 2. »CE«), um 1700, 18,5 × 20,5 × 18 cm,
Bekleidung: Seide, Goldfaden, Goldlahn, Leinen (Baumwolle),
um 1700
Kloster Heilig Kreuz, Mindelheim

Dieses fast schon grimmig dreinblickende Jesulein verkörpert
Christus nicht als niedliches Kleinkind, sondern als Ehrfurcht
gebietenden Herrscher und Sohn Gottes. Technisch interessant
ist der Aufbau des Körpers der nur an den sichtbaren Körpertei-
len gefassten Gliederfigur: Die Arme sind mit gleich drei Gelenken in Schultern, Ellenbogen und Handgelenken ausgestattet,
was bei einer so kleinformatigen Skulptur eher ungewöhnlich
ist. Diese Besonderheit legt nahe, dass zu dem Jesuskind eines
der großen, mit den Passionssymbolen geschmückten Leidenskreuze (vgl. Kat.-Nr. 137) gehört, die im Kloster Mindelheim
mehrfach vorhanden sind. Die beweglichen Handgelenke
erleichtern es, das Jesuskind ein solches Kreuz umfassen zu
lassen.

Der »kleine König« trägt ein überaus kostbares Kleid aus golde-
nem Lamé. Gold- und Silberstoffe mit derart dicht eingewebten
Metallfäden, auch *Ganzo* genannt, waren vor allem in Venedig
im späten 17. und frühen 18. Jahrhundert verbreitet. Eine feine
grüne Musterung im Goldstoff ist nur schwach zu erkennen.
Das Kleid ist ohne Falten schmal am Oberkörper geschnitten
und weitet sich zum Saum hin trapezförmig. Breite Goldspitzen
zieren senkrecht die vordere Mitte, Saum und Ärmel des Kleides. Halsausschnitt, Ärmel und Saum heben sich zudem mit
weißen Spitzen hervor. Über den Schultern trägt das Jesuskind
einen Mantel aus rotem Seidenatlas, der ein reich mit Goldfaden
broschiertes Blumenmuster zeigt, das ins letzte Viertel des
17. Jahrhunderts zu datieren ist. Wie am Kleid sind auch hier
die vorderen Kanten mit Goldspitze verziert.

Der Sockel (Münchner Beschauzeichen um 1700, Monogramm nicht aufgelöst) ist mit prächtigen Rankenwerkbeschlä-
gen verziert. In seinem Aufbau unterscheidet er sich deutlich
von den anderen erhaltenen barocken Sockeln (vgl. Kat.-Nr. 59,
77, 79, 83), zudem besitzt er oben zwischen den Beinen des Kindes eine heute sinnlose, abgebrochene Metallbefestigung. Der
Reliquieneinsatz in der ovalen Frontöffnung fehlt. Es handelt
sich bei diesem Sockel ursprünglich um den eines Standkruzifi-
xes, der erst nachträglich für das Jesuskind verwendet wurde. In
seiner Ausstattung als Passionskind ist er dem Jesulein jedoch
durchaus angemessen. AIN/AML

LITERATUR: Unveröffentlicht; zu vergleichbaren Geweben siehe Drappi, *Velluti,
Taffetà et altre cose, Siena, Chiesa de Sant´Agostino*, Ausst.-Kat. Siena 1994, S. 91,
Fig. 1.

137 Leidenskreuz

17./18. Jahrhundert
Silber über Holzkern, geschwärzt, Vergoldung, Glassteine, 60 × 21 cm
Kloster Heilig Kreuz, Mindelheim

Das Kreuz, mit den Arma Christi, den Passionssymbolen und den Wunden Christi, geschmückt, ist durch Palmzweig und Krone in ein Siegeszeichen umgedeutet, doch die dunkle Farbgebung verweist auf die Seelenstimmung, mit der die in diesem Kreuz verkörperten Leiden Christi betrachtet werden sollten.

Aus fast allen Frauenklöstern mit größeren Sammlungen barocker Jesuskinder haben sich solche Leidenskreuze als Attribute erhalten, auch wenn nicht mit letzter Sicherheit gesagt werden kann, welchem der Kinder sie ursprünglich gehörten oder ob sie überhaupt einem bestimmten Kind zugeordnet waren. Im *Geistlichen Krippen-Bau* findet sich eine fast wörtliche Anleitung für die Nutzung solcher Kreuze: »Du sollst auch dem allersüssesten Kindlein ein Präsent bringen; dieses aber soll seyn ein schönes, köstliches, güldenes, mit Edelstein versetztes Creutzlein, geziert mit 4. Rubinen, mit 3. Diamant; zu unterst aber muß hangen ein schönes grosses Zahl Perlein, auf der andern Seiten aber sollen die Geheimnüß und Instrument des Leydens Christi geschmelzt werden.« Dieses Kreuz ist eine reine Andachtsübung – das Gold steht beispielsweise für die Liebe zu Gott – und soll in der zweiten Woche einer sechswöchigen Andacht zu Ehren der »aller-seeligsten Mutter Gottes in ihrem Geistlichen Kindel-Bett« betrachtet werden, also anlässlich des 1. Januar, dem Festtag der Beschneidung Christi. Dies wiederum reflektiert den tatsächlich in Klöstern geübten Brauch, dem Jesuskind an diesem Tag, der das erste Blutvergießen Christi markiert, ein Kreuz als Beginn seines Leidensweges in die Hand zu geben. AIN

LITERATUR: Unveröffentlicht; vgl. *Geistlicher Krippen-Bau* (siehe Beitrag Christoph Kürzeder), S. 60–61.

138 Andachtsbild mit Darstellung des P. Chrysostomus Schenck

Salzburg (?), 18. Jahrhundert
Kupferstich, 12,8 × 9 cm
Diözesanmuseum Freising, Inv.-Nr. D 2012-26g

139 Loretokindl

Süddeutschland, 18. Jahrhundert
Elfenbein, Papier, Textilien, 29 × 23,5 × 10 cm
Kloster St. Johann im Gnadenthal, Ingolstadt

In einer klösterlichen Zelle, ausgestattet mit religiösen Gemälden und einem Weihwasserkessel, steht auf einem Halbschrank das Salzburger Loretokindl. Die von ihm ausgehenden Gnadenstrahlen treffen auf den Kapuzinerpater Chrysostomus Schenck, der das Jesuskind besonders tief verehrte und die kleine Figur als persönliches Andachtsbild über viele Jahre bei sich trug. SM

Die kleine Figur ist eine detailgetreue Kopie des wundertätigen Originals, besitzt dieselbe Größe und ist ebenfalls aus Elfenbein geschnitzt. Das feine Gesicht ist zart akzentuiert, die Locken sind vergoldet, und selbst die Bruchkanten des beschädigten Vorbilds sind an der Stirn zu erkennen. Das Jesuskind trägt ein prächtiges Kleid aus Silberlamé und Goldborten, das weit über den Sockel reicht. Eine feine Krone aus Drahtarbeit schmückt sein Haupt, während Kreuz und Szepter leider verloren sind. SM

140 Loretokindl

Schwaben, 2. Hälfte 18. Jahrhundert
Holz, gefasst, Textilien und weitere Materialien,
28,5 × 19,5 × 13 cm
Kloster Heilig Kreuz, Mindelheim

Die Figur des Jesuleins zeichnet sich durch eine sorgfältige
Fassung und eine aufwändige Bekleidung aus, die mit großer
Wahrscheinlichkeit im Mindelheimer Kloster gefertigt wurde.
Besondere Beachtung verdient der kostbare rubinbesetzte
Anhänger, der vermutlich aus der Mitgift einer Franziskane-
rin stammt. SM

141 Loretokindl im Schrein

Süddeutschland, um 1730
Holz, Wachs, Textilien und weitere Materialien, 35,5 × 23 × 12 cm
Diözesanmuseum Freising, Inv.-Nr. D 2012-12
(Abbildung folgende Seite)

In einem besonders festlichen Kleid aus grünem Samt, das
reich mit Goldstickerei geschmückt ist, steht das Loretokindl
auf einem Altärchen im Zentrum einer prachtvoll ausgekleide-
ten Nische. An den Seitenwänden sind Wachsmedaillons mit
Darstellungen der Maria mit Kind und des hl. Peregrinus ange-
bracht. Diese sind umgeben von zahlreichen Reliquien, die von
Katakombenheiligen stammen. In den Rippen der Muschelka-
lotte sind weitere Reliquien angeordnet, auch eine Reliquie des
hl. Johannes von Nepomuk, der 1729 heiliggesprochen wurde,
ist darunter. Analog zu dieser befindet sich auf der Altarmensa
eine wächserne Nepomukszunge. Die Fülle der prachtvoll
gefassten Reliquien mit dem Jesuskind in deren Mitte erinnert
an Ehrentitel aus der Namen-Jesu-Litanei, in der Christus als
Stärke der Märtyrer, Licht der Bekenner und Krone aller Heiligen bezeichnet wird. SM

142 Loretokindl im Schrein

Süddeutschland, Mitte 18. Jahrhundert
Holz, Wachs, Textilien und weitere Materialien, 39,5 × 39,5 × 15 cm
Kloster Heilig Kreuz, Mindelheim

143 Loretokindl im Schrein

Süddeutschland, um 1760
Holz, vergoldet, Wachs, Textilien und weitere Materialien,
45 × 31 × 12 cm
Diözesanmuseum Freising, Inv.-Nr. NSV 125

In einem dreiteiligen verglasten Schrein befindet sich im
Zentrum die Figur des Jesuskindes, flankiert von zwei Altar-
sträußchen. Das Schmücken des Salzburger Loretokindls mit
sogenannten Maien war im 18. Jahrhundert üblich und entspricht deshalb der typischen Inszenierung des Gnadenbildes.
Die aufwändige Arbeit aus der Zeit des Rokoko wurde Mitte
des 19. Jahrhunderts überarbeitet, dabei wurden der Seidenstoff des Kleides und die Kunstblumen erneuert, außerdem
der Schrein bronziert und innen kräftig blau gestrichen. SM

144 Reisealtar mit Loretokindl

Süddeutschland, 1. Hälfte 18. Jahrhundert
Holz, bemalt, Wachs, Textilien und weitere Materialien, 18 × 12 × 5 cm
Kloster Heilig Kreuz, Mindelheim

Mit großer handwerklicher Präzision ist das Kästchen gearbeitet, das mit kleinen Türen verschlossen werden kann. Die Außenseiten sind mit den liebesentflammten Herzen der Heiligen Familie bemalt, die im Inneren zu sehen ist. In der Nische des kleinen Altärchens, die mit Seide, Gold- und Silberborten ausgeschlagen ist, steht eine kleine Wachsfigur des Jesuskindes, die von feinen Kunstblumengebinden flankiert wird. Auf den Innenseiten der Flügel finden sich Darstellungen der lesenden Muttergottes und des hl. Josef mit der Lilie als Symbol der Reinheit. Gemeinsam weisen sie mit ihren Attributen auf die Inkarnation des Wortes hin. SM

145 Loretokindl mit Maria und Josef im Paradiesgarten

Süddeutschland, 2. Hälfte 18. Jahrhundert
Holz, Wachs, Draht, Textilien, Watte, 36 × 33,5 × 26 cm
Diözesanmuseum Freising, Slg. Gantenhammer

In einer an Pracht kaum zu überbietenden Blumenwiese aus gefärbter Watte und feinen, aus Drahtarbeit gefertigten Blüten und Blättern, steht das Jesuskind, begleitet von Maria und Josef. Die Gruppe wird von stehenden Blütenstängeln und zwei weit gespannten, ebenfalls aus Blüten gebildeten Bögen gerahmt. Die Darstellung des Jesuskindes im Paradiesgarten illustriert die paulinische Vorstellung von Jesus als neuem Adam, durch den auch das verlorene Paradies wiedergewonnen werden kann. Darüber hinaus erinnern die Bögen an Brautkronen, die Blütenstände an die bei Professjubiläen am Habit getragenen Blütenarrangements, in denen Gold und Silber vorherrschen. Vielleicht handelt es sich um ein Kunstwerk, das bei diesen feierlichen Anlässen im Kloster eine gewisse Rolle gespielt hat. SM

146 Loretokindl im Schrein

Süddeutschland, um 1700
Holz, Wachs, Textilien und weitere Materialien, 34,5 × 17,5 × 8 cm
Diözesanmuseum Freising, Slg. Blatner, Inv.-Nr. 87

147 Loretokindl im Schrein

Süddeutschland, Anfang 18. Jahrhundert
Holz, Wachs, Textilien und weitere Materialien, 34,5 × 16,5 × 8,5 cm
Kloster Heilig Kreuz, Mindelheim

Süddeutschland, um 1720
Holz, vergoldet, Elfenbein, Textilien und
weitere Materialien, 47,5 × 21 × 14 cm
Diözesanmuseum Freising, Inv.-Nr. D 7834

149 Loretokindl im Schrein

Süddeutschland, Mitte 18. Jahrhundert
Holz, Wachs, Textilien und weitere Materialien,
47,5 × 25 × 10,5 cm
Kloster Heilig Kreuz, Mindelheim

150 Jesuskind im Schrein

Süddeutschland, Ende 17. Jahrhundert
Holz, Wachs, Textilien und weitere Materialien,
28 × 18 × 5,5 cm
Kloster Heilig Kreuz, Mindelheim

151 Loretokindl im Schrein

Süddeutschland, um 1700
Holz, Wachs, Textilien und weitere Materialien, 33 × 14,5 × 7 cm
Kloster Heilig Kreuz, Mindelheim

152 Loretokindl im Schrein

Süddeutschland, Mitte 18. Jahrhundert
Holz, E.fenbein, Textilien und weitere Materialien, 17 × 9,5 × 6 cm
Diözesanmuseum Freising, Slg. Blatner, Inv.-Nr. 105

153 Loretokindl im Schrein

Süddeutschland, 2. Hälfte 18. Jahrhundert
Holz, Wachs, Textilien und weitere Materialien, 11 × 11 × 4,5 cm
Kloster Heilig Kreuz, Mindelheim

154 Loretokindl im Schrein

Schwaben, Mitte 20. Jahrhundert
Holz, Wachs, Textilien und weitere Materialien, 22 × 14 × 7 cm
Kloster Heilig Kreuz, Mindelheim
(ohne Abbildung)

155 Loretokindl im Schrein

Schwaben, Mitte 19. Jahrhundert
Holz, Wachs, Textilien und weitere Materialien, 25 × 17,5 × 7 cm
Kloster Heilig Kreuz, Mindelheim

Das reich geschmückte Jesuskind ist über einem Sockel aus krüllgefassten Reliquien positioniert. In der Mitte befindet sich ein Knochenpartikel des hl. Märtyrers Justinian, der von zwei Sekundärreliquien begleitet wird, die auf die schwäbische Herkunft der Arbeit hinweisen: »Vom Messgewand des hl. Ulrich, mit dem er 200 Jahre im Sarge gelegen« und »V. Habit d. gottsel. Cresentia«. SM

156 . Eingericht mit Loretokindl

Süddeutschland, datiert 1745
Glas, Holz, Papier, Federn, bemalt, Höhe 19,7 cm
Diözesanmuseum Freising, Slg. Gantenhammer

Bei diesem Eingericht erhebt sich unter einem aus Spangen
gebildeten Baldachin ein Miniaturaltar, der sogar mit Leuchter-
engeln und einem Altarkreuz ausgestattet ist. Als Altarbild
dient eine fein gemalte Ansicht des Loretokindls, der Tradition gemäß mit Kreuz, Krone und Szepter. Die Flasche kann
aber auch gewendet werden, denn auf der anderen Seite des
Retabels befindet sich die Darstellung des blutüberströmten
Gekreuzigten, der von einer Strahlengloriole hinterfangen
wird. Unter dem Kreuz erscheinen die armen Seelen im Fegefeuer, deren Leid durch das Altarsakrament gemildert werden
kann. So konnte das Eingericht in der Weihnachts- wie in der
Passionszeit der häuslichen Andacht dienen. <u>SM</u>

157 Loretokindl

Süddeutschland, Ende 18. Jahrhundert
Kupferstich, koloriert, Glas, Papier, Textilien, 14,5 × 11,5 cm
Diözesanmuseum Freising, Inv.-Nr. D 84197

158 Loretokindl

Süddeutschland, 1. Hälfte 19. Jahrhundert
Lithografie, koloriert, Glas, Papier, Textilien, 18 × 14,5 cm
Diözesanmuseum Freising, Inv.-Nr. D 84196

Süddeutschland, 18./19. Jahrhundert
Nussbaumholz, Eisen, Wachs und weitere Materialien, 12 × 6 × 5 cm
Ursulinenkloster St. Joseph, Landshut

Das Loretokindl wurde von seinem glühenden Verehrer,
dem Kapuzinerpater Johann Chrysostomus Schenck von
Castell, mit einem Kreuz, einem Vergissmeinnicht und einem
violetten Kleidchen versehen. Um es immer mit sich führen
zu können, verwahrte er es in einem hölzernen Kästchen, dem
sogenannten Stammhäusl. Kopien des Loretokindls im Stammhäusl waren und sind ein beliebtes Andenken an den Besuch
im Salzburger Loretokloster. SM

160 Loretohemdchen mit Authentik

Salzburg, Ende 18. Jahrhundert
Kupferstich auf Leinen, 9 × 15,5 cm
Diözesanmuseum Freising, Inv.-Nr. D 2012-26c

Solche am Loretokindl in Salzburg anberührten Hemdchen
sind seit dem 18. Jahrhundert beliebt und können bis heute als
Andenken am Wallfahrtsort erworben werden. Dass es sich
um ein Original handelt, bestätigte die damalige Oberin des
Klosters in der beiliegenden Authentik vom 13. August 1794. SM

161 Prager Jesulein

Süddeutschland (?), 19. Jahrhundert
Wachs, Glasaugen, Textilien, Drahtarbeit und
weitere Materialien, 66,5 cm
Christkindl-Wallfahrts-Museum, Siegsdorf

162 Prager Jesulein

Süddeutschland, 1. Hälfte 18. Jahrhundert
Öl auf Leinwand, 74,5 × 45 cm
Diözesanmuseum Freising, Inv.-Nr. D 2012-6

Das in seiner ausgeprägt kindlichen Physiognomie stark an
zeitgenössische profane Puppen erinnernde Jesuskind trägt ein
für das Prager Gnadenbild typisches Gewand mit umgeschlage-
nem Mantelsaum. Eine Krone des 18. Jahrhunderts und später
ergänzte Attribute vervollständigen die Ausstattung. SM

Prager Jesulein

Süddeutschland, 18. Jahrhundert
Holz, Glas, Wachs und weitere Materialien 26,5 × 18,5 × 9,5 cm
Diözesanmuseum Freising, Slg. Gantenhammer

Prager Jesulein

Süddeutschland, Ende 19. Jahrhundert
Holz, gefasst, Wachs, Textilien und weitere Materialien,
40 × 27,5 × 12 cm
Kloster Heilig Kreuz, Mindelheim

Die Figur des Jesuskindes, die im späten 19. Jahrhundert
gefertigt und bekleidet wurde, bekam als Weihegeschenk
ein goldenes Kreuz mit Korallenenden, wie es Mädchen
häufig zur Erstkommunion erhielten, darüber hinaus eine
Kette mit dem Heiligen Rock, die an eine Wallfahrt nach
Trier erinnert. Der Schrein selbst stammt aus dem 18. Jahrhundert und wurde für diese Figur wiederverwendet. SM

163 **Prager Jesulein**

Süddeutschland, 18. Jahrhundert
Holz, Glas, Wachs und weitere Materialien 26,5 × 18,5 × 9,5 cm
Diözesanmuseum Freising, Slg. Gantenhammer

165 Prager Jesulein

Süddeutschland (?), um 1800
Kupferstich, koloriert, Textilien und
weitere Materialien, 18,5 × 13,5 cm
Diözesanmuseum Freising, Inv.-Nr. D 2012-20
(ohne Abbildung)

166 Reutberger Jesuskind

Reutberg, Mitte 18. Jahrhundert
Kupferstich, koloriert, Drahtarbeit und
weitere Materialien, 23 × 19,5 cm
Diözesanmuseum Freising, Inv.-Nr. D 83137

167 Reutberger Jesuskind

Reutberg, 2. Hälfte 18. Jahrhundert
Gouache auf Pergament, Drahtarbeit und
weitere Materialien, 42,5 × 24,5 cm
Diözesanmuseum Freising, Slg. Gantenhammer

Im Zentrum des Kastenbildes, das mit einem für das Kloster
Reutberg typischen Rahmen aus geschliffenem Spiegelglas
versehen ist, steht das Jesuskind auf einem angedeuteten Altar,
der durch die rote Decke aus Seidenrips angedeutet ist. Kopf,
Hände und Füße sind auf Pergament gemalt und ausgeschnitten, ebenfalls der Sockel. Das Gnadenkind wird von stilisierten
Granatäpfeln aus Chenillegarn und Drahtarbeit flankiert, da
auch die plastischen Figuren des Jesuskindes gerne mit Kunstblumengebinden inszeniert wurden. Auf der Rückseite befindet
sich eine später erneuerte Inschrift, die Sr. M. Hortulana Peyer-
lacher als Eigentümerin nennt. Die Ordensfrau legte 1747 in
Reutberg die Profess ab und wirkte von 1761 bis 1781 im Kloster
als Oberin. SM

168 Jesulein des Wiener Klarissenklosters

Süddeutschland (?), Anfang 18. Jahrhundert
Wachs, Gouache auf Pergament, Federn, Glassteine, 36,5 × 30,5 cm
Kloster St. Johann im Gnadenthal, Ingolstadt

Im Zentrum des Kastenbildes befindet sich eine bemalte Wachsfigur des Wiener Gnadenbildes, das seit der Aufhebung des Klosters 1782 verschollen ist. Ungewöhnlich ist der dichte Blumendekor, der das Kind mit dem Vögelchen und vier Medaillons mit Darstellungen der hll. Margarethe und Magdalena sowie der Jesuitenheiligen Ignatius und Franz Xaver umgibt. Es handelt sich um fein zugeschnittene und gefärbte Vogelfedern, die auf den hellen Seidengrund geklebt, mit Glassteinen geschmückt und teilweise mit Silberkordeln konturiert wurden, sodass sich die Anmutung einer Emailarbeit ergibt. SM

LITERATUR: Vgl. Rothemund 1982, S. 116.

169 Seminarikindl

Süddeutschland, Mitte 18. Jahrhundert
Holz, gefasst, 59 × 41 × 17 cm
Diözesanmuseum Freising, Slg. Gantenhammer

Die in der Münchner Gregoriuskirche verehrte Darstellung des Jesuskindes war eines der beliebtesten Gnadenbilder des 18. Jahrhunderts. Gemäldekopien wurden bei den Augustiner-Chorherren in Weyarn und Beyharting verehrt, die weite Verbreitung durch Kupferstiche fand außerdem ihren Widerhall in der Miesbacher Möbelmalerei. Ungewöhnlich ist die als Skulptur gestaltete Devotionalkopie, die der privaten Andacht diente. SM

LITERATUR: Vgl. Rothemund 1982, S. 117.

170 Augustinerkindl

München, Mitte 18. Jahrhundert
Fatschenkind mit Wachskopf und Glasaugen, Textilien und
Drahtarbeit, versilberter Messingkorb mit künstlichem
Blumenkranz und Devotionalien, 102 × 70 × 33 cm
Münchenstift GmbH, München

Das Augustinerkindl, das lange als Geschenk der Münchner Bürgerschaft an den Augustinerorden galt, aber wohl um 1600 in Italien entstanden und in der Zeit der Gegenreformation nach München gelangt ist, erlebte äußerst bewegte Zeiten – im Zuge der Säkularisation und der damit verbundenen Aufhebung des Münchner Augustinerklosters gelangte es zunächst in den Besitz der Barmherzigen Schwestern der hl. Elisabeth, die es in ihrer Spitalkirche vor dem Sendlinger Tor alljährlich an Weihnachten zur Verehrung aussetzten. Auch nach der Auflösung des Konvents 1809 widmeten sich die ehemaligen Elisabethinerinnen weiterhin der Pflege des Augustinerkindes und baten Maximilian I. Joseph sogar in einer Bittschrift um eine schriftliche Bestätigung ihres Besitzanspruchs. Bei den aufgeklärten Hofbeamten trafen sie allerdings nur auf herablassende Ablehnung, und so nutzte 1817 die Marianische Männerkongregation, die schon seit Längerem ein Auge auf das Augustinerkindl geworfen hatte und es für ihre Bürgersaalkirche besitzen wollte, die Gunst der Stunde. Mit der Begründung, dass die Kongregation das »im Wachs wirklich sehr schön und künstlich bousierte Jesuskind bisher immer vermisst habe […] und der weite Weg zur Spitalkirche jedem Stadt-Bewohner viel zu beschwerlich« falle, richtete sie eine Anfrage an den königlichen Hof. Gegen den »unbedingten Befehl« des Kronprinzen Ludwig waren die sechs verbliebenen Schwestern machtlos. Dennoch sammelte die ehemalige Konventualin Katharina Grözinger noch im selben Jahr fast 500 fl., um eine Devotionalkopie des Gnadenkindls, die ihre einstige Mitschwester Theresia von Schiestl zunächst für den Privatgebrauch hatte anfertigen lassen, mit versilbertem Korb, Schrein, Blumenkranz und bekleideten Gliederfiguren ausstatten zu können. Fortan wurde diese Kopie des Gnadenbilds vor einem bemalten Hintergrundprospekt im Stil der italienischen *presepe* in der Spitalkirche St. Elisabeth präsentiert. Den Bürgern war

der Weg dorthin offensichtlich keineswegs zu weit, zumal sich in einer Kirche, die direkt neben dem Heiliggeist-Spital lag, sicherlich immer wieder Anlässe zu Gelöbnissen und Devotionaliengaben boten. So scheint die Verehrung der Kopie der des Originals in nichts nachgestanden zu haben. Davon zeugt noch heute das prächtige Gehänge wertvoller Votivgaben wie der Rosenkranz aus Bergkristall oder der künstliche Blumenkranz am außergewöhnlichen versilberten Messingkorb, in dem das Wachskind ruht. Auch die Tatsache, dass noch im 19. Jahrhundert ein Schrein im Rokokostil für die Kopie des Kindes angefertigt wurde, ist ein Beleg für seine ungebrochene Wertschätzung. Unter den Devotionaliengaben finden sich sogar noch Münzen aus den 1920er-Jahren, die darauf schließen lassen, dass das Gnadenbild auch im 20. Jahrhundert noch um Beistand in der Not gebeten wurde.

Die nach dem Zweiten Weltkrieg lange verschollen geglaubte Kopie des Gnadenkindls wird in dieser Ausstellung erstmals zusammen mit den lebensgroßen hölzernen und bekleideten Gliederfiguren von Maria und Josef, die die Elisabethinerinnen im 19. Jahrhundert anfertigen ließen, vor einem Prospekt präsentiert. Diese Komposition entspricht der dem italienischen Barock entlehnten und lange gepflegten historischen Darstellungsweise mit ihrer spielerischen Freude an der Inszenierung, wie sie auch auf zahllosen Stichen dokumentiert ist, deren Entwürfe unter anderem von Künstlern wie Ignaz Günther stammen. Das Motiv findet sich auf Devotionalkopien, Gemälden, Spickelbildern oder gar in Verzierungen von Möbeln, vor allem aber auf den verbreiteten Andachtsbildchen, die »dem Kinde anberührt« wurden, um so die Wirkkraft des Originals auf das Bild zu übertragen. JP

LITERATUR: John, 1997; Rothemund 1982, S. 77 f.

171 Andachtsbildchen von Jesuskind-Gnadenbildern

18. Jahrhundert
Kloster St. Johann im Gnadenthal, Ingolstadt
(ohne Abbildung)

172 **Das Altenhohenauer Christuskind**
(**»Columba-Kindl«**)

Sogenannter Meister von Seeon (Hanns Sweicker), um 1440,
zugeschrieben, Holz, polychrom gefasst, Vergoldung, Höhe 52,7 cm
Dominikanerinnenkloster St. Peter und Paul, Altenhohenau

Das vollrund geschnitzte, ohne Stütze nicht standfähige Bildwerk konnte ursprünglich mit zwei in die Fußsohlen gesteckten Holzdornen auf einem Sockel befestigt werden. Die mit
dem neuzeitlichen Sockel zusammengearbeitete rückseitige
Halterung durch eine eiserne Feder ist mit Industrieschrauben
im Inkarnat befestigt.

Das ursprünglich als Unterhöschen (mittelalterlich
Bruoch) angelegte Schamtuch wurde später in Antragetech-
nik ergänzt. An der rechten Hand sind die Spitzen des kleinen
und des Ringfingers ergänzt. Eine am Hinterkopf mit zwei
Schrauben befestigte geschmiedete Lasche dient zum Aufsetzen eines silbernen, vorn vergoldeten, mit einer nicht deutlich
erkennbaren Meistermarke (M E A, H, oder B) gezeichneten
Strahlenkranzes des 18. Jahrhunderts.

Das Christuskind aus dem Dominikanerinnenkloster
Altenhohenau am Inn gehört zu den frühen erhalten geblie-
benen Beispielen der Bildgattung des stehenden nackten
Jesuleins, die im frühen 14. Jahrhundert aus einer Frömmigkeitspraxis in Frauenklöstern entstanden ist. Nach kunstge-
schichtlichen Kriterien ist es um 1440 zu datieren und damit
die älteste selbstständige Christkindlfigur im heutigen Erzbistum München und Freising. Solche Jesuskinder sind wie Bildwerke anderer heilsgeschichtlicher Themen – der Schwangerschaft der Gottesmutter, des an der Brust des Herrn ruhenden
Jüngers Johannes beim Letzten Abendmahl und des auferstandenen Erlösers – Erfindungen der Kunst im frühen 14. Jahrhundert, um dem Betrachter auch die menschliche Natur des Got-
tessohns vor Augen zu stellen.

Vergleicht man das Altenhohenauer Jesulein mit einigen
Darstellungen des kindlichen Erlösers in den Armen seiner
Mutter Maria aus der Zeit zwischen 1390 und 1440, so ähnelt
es in dem zarten Ausdruck des Köpfchens einigen Kindlein der
frühen »Schönen Madonnen«, etwa dem der Breslauer Madonna
(um 1395–1400), setzt sich aber von den festeren Kindln der
in Salzburg überkommenen Bildwerke jener Zeit ab, wie dem
der Franziskanermadonna (um 1420) und dem der Maria Säul
in St. Peter (1420–1430). Auch die Jesuskinder der um 1430 bis
1435 entstandenen Marienfiguren Hanns Sweickers, der Seeoner und der Halfinger Marien – beide Stiftungen der Laiminger
– gehören einem festeren Typ an. So muss in die Überlegungen
zur Entstehungszeit des Altenhohenauer Jesulein ein Vergleich
mit späteren Werken von Hanns Sweicker einbezogen werden:
In seinen Arbeiten um und nach 1440, wie der thronenden
Maria in St. Johann in Tirol, ist das Jesuskind wieder ähnlich
zart und mimisch bewegt gebildet. So ist die Entstehung des

Altenhohenauer Jesuleins in die Zeit um 1440 anzusetzen und
verdankt seine Existenz den weitgesteckten Verbindungen
jenes alten Geschlechts, das seinen Namen von dem Weiler
Laiming ganz nahe bei Altenhohenau herleitet.

Die Laiminger verkauften ihren Stammsitz samt Rechten
und einigem Grundbesitz schon zu Beginn des 14. Jahrhunderts
an das Kloster Altenhohenau. Sie blieben dem Kloster auch im
folgenden Jahrhundert verbunden, da zwei Laimingerinnen
dort als Chorfrauen eintraten: die Tante des Bischofs von Passau, Leonhard von Laiming (1381 geboren, Fürstbischof 1424–
1451), und Magdalena von Laiming, die 1420 erstmals erwähnt
wird und nochmals 1453 als drittälteste Schwester des Konvents. Nahe Verwandte waren Veronica, Nonne, und Dorothea, Äbtissin von Frauenchiemsee. Der in dieser Familie enge
Zusammenhalt ließ Bischof Leonhard von Laiming 1433 von
Passau in das Benediktinerstift Seeon reisen, um das Grab seines Vaters in dessen Begräbniskapelle zu besuchen, die südlich
an den Chor der Klosterkirche angebaut ist. Vom Altar dieser
Kapelle stammt die sogenannte Seeoner Madonna, heute im
Bayerischen Nationalmuseum, die als ein Hauptwerk des Bildhauers gilt, der nach ihr den Notnamen »Meister von Seeon«
erhalten hatte und den der Verfasser mit dem aus Ulm an den
Chiemsee gewanderten und dort von 1430 bis 1467 in Hitzls-
berg bei Bernau ansässigen Bildhauer Hanns Sweicker identifiziert hat. Diesem Bildhauer wurde von Theodor Müller 1935 das
Christkind von Altenhohenau zugeschrieben und 1950 als frühes Werk eingeordnet. Es kann jetzt mit einiger Wahrscheinlichkeit als Auftragswerk der Familie der Laiminger gelten und
der etwas späteren Stilphase des »bewegten Stils« zugeordnet
werden.

Für die in geistlicher Betrachtung geübten Nonnen waren
die Bildwerke der Kindlein Abbilder des fleischgewordenen
ewigen Wortes, das in der Eucharistie täglich gegenwärtig
wird. Die Weintraube, die auf der linken Hand des Jesuleins
von Altenhohenau liegt, und die Weinbeere, die es mit der
Rechten dem Betrachter hinhält, verweisen allegorisch auf
das eucharistische Blut Christi und dessen heilsgeschichtliche
Wirkung, wie sie im Evangelium des Johannes (Joh 6,54) formuliert ist: »Wer mein Fleisch isst und mein Blut trinkt, hat das
ewige Leben, und ich werde ihn auferwecken am Letzten Tag.«

Das Christkind von Altenhohenau, während der Lebens-
zeit der beiden dortigen Chorfrauen aus dem Hause Laiming
entstanden, war wohl schon für sie und ihre Mitschwestern
bildhafter geistlicher Begleiter. Nach dem Einnahmenbuch des
Klosters für die Jahre 1498 bis 1522 haben die Angehörigen von

neu aufgenommenen Schwestern und andere Wohltäter ab 1515 (fol. 167v, 173r und 180r) »den Jesuskindlein« Spenden »in ire Peutelein geben«. Dies bedeutet, dass diese Bildwerke nicht ausschließlich in der für Laien unzugänglichen Klausur des Frauenklosters, sondern mindestens bei solchen Gelegenheiten öffentlich zugänglich – wohl in der Kirche – aufgestellt wurden, und dass in der genannten Zeit mehrere Jesukindlein vorhanden waren.

Als die Postulantin Elisabeth Franziska Weigl 1730 um Aufnahme in Altenhohenau bat, befand sich ein holzgeschnitztes Jesuskind in ihrer Zelle. Schwester Columba, wie sie nach ihrer Einkleidung hieß, bekam später, wohl 1733, das Jesuskindlein der verstorbenen Schwester Johanna Zunhamer, das diese aus der Sakristei erhalten hatte. Diese kurze Nachricht lässt darauf schließen, dass das Bildwerk alter Besitz des Klosters und nicht einer späteren Schwesternmitgift zu verdanken war.

Dieses Jesulein spielte in Columba Weigls mystisch-geistlichem Leben eine wichtige Rolle und ist bis heute mit ihrem Andenken verbunden. Durch die letzte Priorin vor der Klosteraufhebung, Sr. Claudia Weigl, einer Nichte von Sr. Columba, kam das Kindl in den Besitz von deren Schwester in München. Es wurde häufig an verschiedene Klöster ausgeliehen, dort auch kopiert und gelangte schließlich zu den Münchner Kapuzinern. Kardinal Faulhaber ließ es 1923 nach Altenhohenau zurückbringen und vertraute es der Obhut der damals dort wieder eingezogenen Dominikanerinnen an. <u>HR</u>

LITERATUR· Bayerisches Hauptstaatsarchiv München, Kloster Altenhohenau, Urkunden Nr. 79, 108, 164, 192, 227, 486, 362, abgerufen unter www.monasterium. net; Bayerische Staatsbibliothek München Cgm 697, Einnahmen des Klosters Altenhohenau von 1498–15. fol. 167v.; Karl Besler, *Columba Weigl von Altenhohenau,* 2. Aufl., Selbstverl. 1991; Dieter Grossmann, »Der Meister von Seeon«, in: *Marburger Jahrbuch für Kunstwissenschaft,* 19, 1974, S. 85–138, hier S. 106 f., Abb. 34 und 43; Reiner Hausherr, »Jesuskind«, in: LCI, Bd. 2, Sp. 400–406; Wiguleius Hund, *Bayerisch Stammenbuch. Der ander Theil,* Ingolstadt 1598, S. 140–146; Albrecht Miller, »Der Meister von Seeon«, in: *Maria. Licht im Mittelalter,* Ausst.-Kat. Bergbaumuseum Leogang, Leogang 2003, S. 36–45; Alois Mitterwieser, »Regesten des Frauenklosters Altenhohenau am Inn«, in: *Oberbayerisches Archiv für vaterländische Geschichte,* 54, 1909, S. 54, 413 ff., Nr. 79, 80, 108, 164, 165, 188, 227; 55, 1910, S. 376 (2. Juli 1453) nennt Magdalene Laimingerin als drittälteste Schwester des Konvents von Altenhohenau; Mitterwieser 1926, S. 16 und 31; Theodor Müller, *Mittelalterliche Plastik Tirols,* Berlin 1935, S. 132, Anm. 13; ders., *Alte Bairische Bildhauer,* München 1950, Nr. 58; Hans Ramisch, »Ulm und die Salzburger Plastik im 15. Jahrhundert. Hanns Sweicker von Ulm, der Bildhauer der Pröpste von Chiemsee in der Zeit von 1430 bis 1467«, in: *Skulptur in Süddeutschland 1400–1770. Festschrift für Alfred Schädler,* hrsg. von Rainer Kahsnitz und Peter Volk, München 1998, S. 17–50; Steffan 2008; Alois Thomas, »Weinrebenmadonna«, in: LCI, Bd. 4, Sp. 489–491.

173 Rotes Jesuskind-Kleid

Frankreich, Mitte 18. Jahrhundert
Seide, Leinen, Goldfaden, Goldlahn
Dominikanerinnenkloster St. Peter und Paul, Altenhohenau

Das Jesuskind aus Altenhohenau verfügt über eine umfangreiche Garderobe mit verschiedenen Gewändern in den liturgischen Farben und zahlreichen Accessoires, namentlich eine
Vielzahl an Schuhen, da es diese der Legende nach immer durchgelaufen hat. Hier trägt es ein Kleid aus einem rot-goldenen
Seidensamt aus dem 18. Jahrhundert. Auf rotem Grund sind
große, durch Streifenmuster unterbrochene Blattformen in
Goldfaden (gelbe Seele) lanciert. Im Schnitt unterscheidet sich
das Kleid etwas von den meisten anderen. Die Weite des Kleides ist am Oberteil in eine tiefe Kellerfalte gelegt und nicht wie
sonst häufig in seitlich je zwei Falten. Das Vorderteil ist dadurch
bis zur Taille am Oberkörper anliegend und öffnet dann den
Rock durch die mittig aufspringende Falte. Jeweils drei Haken
und Ösen dienen zum Schließen des Kleides im Rücken sowie
der unteren Naht der Ärmel. Das Gewand wirkt sehr damen-
haft und erinnert an die Mode des 18. Jahrhunderts. Besonders
geschickt wurde hierfür das Muster des sehr festen Gewebes,
das keiner stützenden Unterlage bedarf, eingesetzt. Die alter-
nierende Musterung von durchgängig roten Streifen und gold

gemusterten Streifen sind für das Vorderteil so gelegt, dass die
roten Samtstreifen entlang der vorderen Mitte wie separate
Schmuckbänder wirken. Auf der Rückseite sind zusätzlich im
Nacken zwei Streifen des Oberstoffs (3,5 cm breit, mit rotem
Seidentaft gefüttert), mit Goldspitzen verziert, angenäht. Solche Bänder sind aus der Kinderbekleidung des 16. bis 18. Jahrhunderts als sogenannte Gängelbänder bekannt. Kindern im
Lauflernalter wurden in dieser Zeit häufig solche Bänder im
Rücken der Bekleidung befestigt, um sie daran zu halten. Das
Wissen um dieses Kostümdetail ist in Altenhohenau im Laufe
der Zeit augenscheinlich in Vergessenheit geraten. Neue Kleider des Kindes, die in jüngster Zeit gefertigt wurden, sind exakt
nach dem Vorbild dieses Kleides genäht worden, jedoch erscheinen die Gängelbänder bei den neuen Gewändern nicht nur an
der sinnvollen Rückseite des Kleides, sondern entsprechend
als zusätzliches dekoratives Element an der Vorderseite der
Kleider, wo sie wie eine Stola wirken. Das kostümrelevante
Element der Kinderbekleidung wurde im Laufe der Zeit als
dekoratives Schmuckelement missverstanden. AML

174 Elfenbeinfarbenes Jesuskind-Kleid

Ende 18. Jahrhundert
Seide, Goldfaden (gelbe Seidenseele), Leinen
Dominikanerinnenkloster St. Peter und Paul, Altenhohenau

Das Kleid ist aus einem elfenbeinfarbenen Seidendamast genäht und vollständig mit Goldfaden (gelbe Seidenseele) in Anlegetechnik überstickt. Die Stickerei formt die Konturen der Damastmusterung, eine gleichmäßige Netzstruktur mit einbeschriebenen Sternformen (Höhe 5,5 cm, Breite 5,5 cm), flächig nach und überdeckt sie an der vorderen Mitte, dem Saum und den Manschetten der Ärmel mit Sternblüten. Die Weite des Kleides ist am Vorderteil beidseitig in zwei Falten am Halsausschnitt eingelegt und mit einem Gürtel, der wie das Kleid bestickt ist, in der Taille gehalten. Wie bei den anderen Kleidern aus Altenhohenau sind die Ärmel relativ kurz, da das Jesuskind zwei angewinkelte Arme hat, und schließen mit einer Manschette. Das Kleid ist mit gewachstem Leinengewebe gefüttert und wird hinten mit Bändchen geschlossen. In jüngerer Zeit wurde es an einigen Stellen mit der Nähmaschine (Zickzackstich) überarbeitet. AML

Haube

Süddeutschland, 18. Jahrhundert
Seide, Leinen, Silberfaden, Lahn, Papier
Dominikanerinnenkloster St. Peter und Paul, Altenhohenau

Die Haube wurde aus einem rosa Seidenatlas genäht, mit einer Silberborte (Silberfaden und Lahn) in sechs Segmente gegliedert und in Anlegetechnik mit Silberfaden (frisé), Kantillen und Pailletten mit Blumen- und Blattmotiven fein bestickt. Die Innenseite ist mit festem Papier unterlegt und mit weißem Seidentaft gefüttert. Am Saum ist umlaufend eine geklöppelte Leinenspitze angenäht.

Das Altenhohenauer Jesuskind besitzt noch weitere Kopfbedeckungen, darunter eine zweite vergleichbare Haube aus kostbarem, silber-goldenem Gewebe, das Muster ist in Goldfaden und Goldlahn auf silbernem Grund broschiert. Eine Goldspitze gliedert die mit rosa Seidentaft gefütterte Haube in sechs Segmente und fasst rundum die Kanten. AML

176 Schuhe für das Columba-Jesuskind aus Altenhohenau

Dominikanerinnenkloster St. Peter und Paul, Altenhohenau

Für das Jesuskind von Altenhohenau haben sich mehrere Paare Schuhe erhalten, da es diese der Legende nach regelmäßig durchgelaufen habe. An drei der vier Schuhpaare sind an der Sohle am Ballen kleine Löcher eingestochen, wie von einer dicken Nadel perforiert. Die Löcher durchdringen aber nicht den gesamten Schuh, nur die untere Laufsohle und rühren nicht von einer Aufstellung der Figur mittels eines Dorns im Fuß. Möglicherweise sind sie im Zusammenhang mit der rituellen Abnutzung und Erneuerung der Schuhe für das Kind zu sehen.

a. Mitte 18. Jahrhundert
Seide, Goldfaden, Goldfaden (riant), Goldlahn, Leder,
Länge 10,5 × Breite 4,5 cm
(ohne Abbildung)

Das älteste der vier Schuhpaare datiert in die Mitte des 18. Jahrhunderts und wurde aus einem farbig broschierten Seidengewebe mit Blumenmotiven genäht. Die roten Glattledersohlen weisen beide symmetrisch drei kleine Einstichlöcher auf. Eine Goldborte fasst die obere Kante der Schuhe ein, die seitlich mit je einem Druckknopf (neueren Datums) geschlossen werden.

b. 18./19. Jahrhundert
Seide, Goldfaden, Goldfaden (riant), Leder, Länge 11,5 × Breite 4 cm

Die Schuhe wurden aus einem mit Goldfaden broschierten Seidengewebe, das ins 18. Jahrhundert datiert, im 19. Jahrhundert mit fester Ledersohle und kleinem Absatz gefertigt.

c. 19. Jahrhundert
Seide, Goldfaden, Leder

Die Schuhe aus rotem Seidensamt sind mit Goldfaden bestickt und einer weißen Veloursledersohle belegt. AML

177 Votivbild des Altenhohenauer Jesuleins

Süddeutschland, 1774
Öl auf Holz, 34 × 26 cm
Dominikanerinnenkloster St. Peter und Paul, Altenhohenau

178 Votivbild des Altenhohenauer Jesuleins

Süddeutschland, 1794
Öl auf Holz, 33 × 25,5 cm
Dominikanerinnenkloster St. Peter und Paul, Altenhohenau

Das eigentlich verehrte Jesuskind in Altenhohenau, das Alten-hohenauer Jesulein, ist eine kleine, knapp 10 cm hohe, beklei-dete Elfenbeinfigur in der Art des Salzburger Loretokindls. Während das Columba-Jesulein erst im 20. Jahrhundert auch außerhalb des Klosters verehrt wurde, herrschte bereits im 18. Jahrhundert eine rege Wallfahrt zu dem in der Klosterkirche auf einem Seitenaltar präsentierten Gnadenkind. Zahlreiche Votivbilder aus dieser Zeit bezeugen die Verehrung der kleinen Figur. AIN

LITERATUR: Rothemund 1982, S. 42–45; Steffan 2008.

EX
VOTO
1794

Bibliografie

ANMUTHIGE UNTERHALTUNG
Anmuthige Unterhaltung mit den zwoen heiligsten Personen Maria und Joseph in ihrer Beherbergung zur heiligen Adventszeit, München o. J.

AKL
Allgemeines Künstlerlexikon. Die Bildenden Künstler aller Zeiten und Völker, München 1992.

AUSST.-KAT. FRANKFURT A. M.
Niclaus Gerhaert. Der Bildhauer des späten Mittelalters, hrsg. von Stefan Roller, Ausst.-Kat. Liebieghaus Skulpturensammlung Frankfurt a. M., Petersberg 2011.

AUSST.-KAT. MADONNA
Madonna. Das Bild der Muttergottes, Ausst.-Kat. Diözesanmuseum Freising, Lindenberg im Allgäu 2003.

AUSST.-KAT. VERA ICON
Vera Icon. 1200 Jahre Christusbilder zwischen Alpen und Donau, Ausst.-Kat. Diözesanmuseum Freising, Freising 1987.

BLOMENHOFER 2009
Josef Blomenhofer/Gerald Huber/Georg Pfeilschiffter, *Ein Kind geborn. Ingolstädter Krippen aus drei Jahrhunderten,* Ingolstadt 2009.

BONAVENTURA
Das Leben Jesu Christi, erzählt und betrachtet von dem heiligen Bonaventura. Aus dem Lateinischen übersetzt von einem Mitgliede des Benedictinerordens, München 1890.

CCHRCM
Corpus Christianorum continuatio mediaevalis, Torhout 1966.

CSEL
Corpus scriptorum ecclesiasticorum Latinorum Academiae Vindobonensis, Wien 1866 ff.

DIE HAUSS-GENOSSENSCHAFFT DESS HEILIGEN KIND JESU 1723
Die Hauß-Genossenschafft Deß Heiligen Kind Jesu, seiner H. Mutter, und deß Heiligen Joseph. Dero Satzung, Geist, Ubungen, sambt verschiedenen Andachten zu den Geheimnussen der Kindheit Jesu, Wien 1723.

FLACHENECKER 2008
Nonnen, Kanonissen und Mystikerinnen. Religiöse Frauengemeinschaften in Süddeutschland (Studien zur Germania Sacra 31, Veröffentlichungen des Max-Planck-Instituts für Geschichte 235), hrsg. von Helmut Flachenecker/Ingrid Gardill/Eva Schlotheuber, Göttingen 2008.

FRINGS 2005
Krone und Schleier. Kunst aus mittelalterlichen Frauenklöstern, hrsg. von Jutta Frings, Ausst-Kat. Essen/Bonn, München 2005.

FUKAI 2002
Akiko Fukai u. a., *Fashion. Die Sammlung des Kyoto Costume Institute. Eine Modegeschichte vom 18. bis 20. Jahrhundert,* Köln 2002.

GEBHARD 1960
Torsten Gebhard, »Das Münchner Seminarikindl«, in: *Bayerisches Jahrbuch für Volkskunde 1960,* S. 121–124.

GEISTLICHER KRIPPEN-BAU 1730
Geistlicher Krippen-Bau, Das ist: Gottseelige Übungen mit welchen sich eine Gottliebende Seele mit Andacht zu grossem Trost und Nutzen der Seelen zu der Gnadenreichen Geburt JESU CHRISTI, Ihres geliebten Gesponß, durch die Advent-Zeit bereiten kann, auf alle Täg des Advents besonders gerichtet, mit beygefügten andächtigen Tag-Zeiten von dem Göttlichen Kindlein JESU, Würzburg 1730.

GELMI 1993
Josef Gelmi, *Maria Hueber 1653–1705. Eine der bedeutendsten Frauen Tirols,* Bozen 1993.

GLASSCHRÖDER 1912
Emmeram Glasschröder, *Die Braut Christi am Professaltare,* Regensburg u. a. 1912.

GLEICH 1760
Dominicus Gleich, *Das Göttliche Kind von Bethlehem Christus Jesus, von dem Seraphischen H. Vatter FRANCISCO also genennet; Von Maria der unbefleckten Jungfrau zu Nazareth empfangen; Im armen Stall zu Bethlehem geboren […] Zweyter Theil,* Augsburg 1760.

GOCKERELL 1979
Nina Gockerell, »Andachtsmöbel«, in: Georg Himmelheber, *Kleine Möbel. Modell-, Andachts- und Kassettenmöbel vom 13.–20. Jahrhundert,* München 1979, S. 25–34.

GOCKERELL 1990
Dies., »Das Leiden Christi in der volkstümlichen Bilderwelt«, in: *Hört, sehet, weint und liebt. Passionsspiele im alpenländischen Raum,* Ausst.-Kat Ammergauer Haus, Oberammergau, München 1990, S. 145–156.

GOCKERELL 1997
Il bambino Gesù. Italienische Jesuskindfiguren aus drei Jahrhunderten, Sammlung Hiky Mayr, hrsg. von Nina Gockerell, Ausst.-Kat. Bayerisches Nationalmuseum, München 1997.

GRUNDMANN, 1977

Herbert Grundmann, *Religiöse Bewegungen im Mittelalter,* Darmstadt 1977.

HAHN 2011

Sylvia Hahn, *Krippen im Diözesanmuseum Freising,* Lindenberg i. Allgäu 2011.

HÄTTENSCHWEILER 1917

Otto Hättenschweiler, *Die Braut Christi. Erinnerung an die heilige Profess für Ordensschwestern,* Innsbruck 1917.

HEILIGE CHRIST-NACHT-METTEN 1721

Heilige Christ-Nacht-Metten. Das ist: Sonderbare Andacht in der Heiligen Nacht hindurch, samt denen drey heiligen Messen, von Wort zu Wort, wie solche von denen Priestern gelesen werden; Samt Geistlicher Lesung von der Geburt JESU Christi, nebst vorhergehenden Morgen- wie auch zu End folgenden Versper-Beicht und Communion-Gebetten, Wien 1721.

HOIDN 2001

Rita Hoidn, *Kloster Reutberg 1606–1802. Geschichte, Kunst und Frömmigkeit mit besonderer Berücksichtigung der »Schönen Arbeiten«,* Diss. Bamberg 2001.

HUFNAGEL 1961

Max-Joseph Hufnagel, *Das Franziskanerinnenkloster in Ingolstadt zum Gnadenthal, BFA (Bavaria [Franciscana Antiqua] 5),* 1961, S. 225–340.

JOHN 1995

Sabine John, »›… mit Behutsamkeit und Reverenz zu tractieren‹. Die Katakombenheiligen im Münchner Püttrichkloster – Arbeit und Frömmigkeit«, in: *Bayerisches Jahrbuch für Volkskunde 1995,* S. 1–34.

JOHN 1997

Dies., »Tauziehen um ein Christkind. Das Münchner Augustiner-Gnadenkind und seine Geschichte nach der Säkularisation«, in: *Schönere Heimat 86,* 1997, S. 259–264.

KAMMEL 2000

Frank-Matthias Kammel, *Spiegel der Seligkeit. Privates Bild und Frömmigkeit im Spätmittelalter,* Ausst.-Kat. Nürnberg 2000.

KAMMEL 2003

Ders., *Im Zeichen des Christkindes. Privates Bild und Frömmigkeit im Spätmittelalter. Ergebnisse der Ausstellung* Spiegel der Seligkeit, Nürnberg 2003.

KELLER 1998

Peter Keller, *Die Wiege des Christuskindes. Ein Haushaltsgerät in Kunst und Kult (Manuskripte zur Kunstwissenschaft 54),* Worms 1998.

KLOSTERFRAUENARBEITEN 1987

Klosterfrauenarbeiten. Kunsthandwerk aus bayrischen Frauenklöstern, Ausst.-Kat. Ignaz Günther Gesellschaft, München 1987.

KRAFFT 1991

Traumwelt der Puppen, hrsg. von Barbara Krafft, Ausst.-Kat. Kunsthalle der Hypo-Kulturstiftung München, München 1991.

KÜRZEDER 2010

Christoph Kürzeder, »›Schön wie's Augustinerkindl!‹ – ein Christusgnadenbild und seine Geschichte«, in: *400 Jahre Marianische Männerkongregation am Bürgersaal zu München,* München 2010, S. 115–122.

LCI

Lexikon der christlichen Ikonographie (LCI), begr. von Engelbert Kirschbaum, hrsg. von Wolfgang Braunfels, 8 Bde., Freiburg/Rom u. a., 1968–1976.

LECHNER 1981

Gregor Martin Lechner, *Maria Gravida: zum Schwangerschaftsmotiv in der bildenden Kunst (Münchner kunsthistorische Abhandlungen Bd. 9),* 1. Aufl., München/Zürich 1981.

LTHK

Lexikon für Theologie und Kirche, Sonderausgabe 2006 (durchgesehene Ausgabe der 3. Aufl. 1993–2001).

LUDOLF VON SACHSEN

Ludolphus de Saxonia, *Vita Jesu Christi: ex evangelio et approbatis ab Ecclesia Catholica doctoribus sedule collecta,* hrsg. von L.-M. Rigollot, Paris 1870.

MARIENLEXIKON

Marienlexikon, hrsg. von Remigius Bäumer und Leo Scheffczyk, im Auftrag des Institutum Marianum Regensburg e. V., St. Ottilien 1988.

MATTSPERGER 1601

Daniel Mattsperger, *Puerperium Marianum: Unser lieben Frawen Kindelbeth. Das ist: Ein Vorrat außerleßnen Betrachtungen und Gebett, deren man sich nit allein inn den frölichen Weyhenacht Predigen, sonder auch zu Entzündung eigner Andacht gebrauchen möge. Gerichtet, Auff die viertzig Tage von der freudenreichen Geburt Jesu Christi an, biß auff den H. Liechtmeß Tag, welche Zeit unsere fromme altteutschen, Unser Lieben Frawen Kindelbeth genennet haben,* Konstanz 1601.

METZGER 2011

Christof Metzger, »›es muoß ein zeserlin haben …‹. Überlegungen zur Funktion des Naturalismus im späten Mittelalter und ein Jesuskind von Nikolaus Gerhaert von Leyden«, in: *Menschenbilder. Beiträge zur altdeutschen Kunst,* hrsg. von Andreas Tacke/Stefan Heinz, Petersberg 2011, S. 56–80.

MEYER 1972

Werner Meyer, *Landkreis Dillingen an der Donau (Die Kunstdenkmäler von Bayern. Regierungsbezirk Schwaben, Bd. 7),* München 1972.

MITTERWIESER 1929

Alois Mitterwieser, *Das Dominikanerinnenkloster Altenhohenau am Inn,* Augsburg 1926.

NEBINGER 1949

Gerhart Nebinger, *Die Schwestern von Kloster Hl. Kreuz in Mindelheim 1456–1750,* Berchtesgaden 1949.

PÖRNBACHER 2006

Karl Pörnbacher, *Das Kloster zum Heiligen Kreuz in Mindelheim,* Lindenberg im Allgäu 2006.

RAMOS 2010

Actas del Coloquio Internacional El Niño Jesús y la Infancia en las Artes Plásticas, Siglo XV al XVII, hrsg. von Rafael Ramos, Sevilla 2010.

RATTELMÜLLER 1994

Paul Ernst Rattelmüller, *Christkindl,* Dachau 1994.

RDK

Reallexikon zur Deutschen Kunstgeschichte, hrsg. von Otto Schmitt, Stuttgart 1937 ff.

RITZ 1990

Gislind M. Ritz/Werner Schiedermair, *Klosterarbeiten aus Schwaben (Schriftenreihe der Museen des Bezirks Schwaben),* Gessertshausen 1990.

RODE 1957

Rosemarie Rode, *Studien zu den mittelalterlichen Kind-Jesu-Visionen,* Diss. Frankfurt a. M. 1957.

ROTH 1966

Eugen Roth/Friederike Schmitt-Breuninger, *Ein Kind ist uns geboren. Christkind-Figuren aus sechs Jahrhunderten,* 2. Aufl., München 1966.

ROTHEMUND 1982

Boris Rothemund/Jakobus Puckett, *Gnadenreiche Jesulein. Jesuskind-wallfahrtsorte. Entstehung – Geschichte – Brauchtum,* Autenried 1982.

RUH 1993

Kurt Ruh, *Geschichte der abendländischen Mystik. Frauenmystik und Franziskanische Mystik der Frühzeit (Bd. 2),* München 1993.

SCHLOTHEUBER 2004

Eva Schlotheuber, *Klostereintritt und Bildung. Die Lebenswelt der Nonnen im späten Mittelalter, Spätmittelalter und Reformation (Bd. 24),* Tübingen 2004.

SINISCALCHI 1757

Liborius Siniscalchi, *Zartes Geheimnuß der Menschwerdung Jesu Christi in Geist- Lehr- und Trostvollen Betrachtungen beweglichen Exemplen zarten Anmuthungen Theologisch- Critisch- und Histori-schen Abhandlungen dieses grosse Geheimnuß betreffend,* Augsburg und Innsbruck 1757.

SPAMER 1930

Adolf Spamer, *Das kleine Andachtsbild vom XIV. bis zum XX. Jahrhundert,* München 1930.

STEFFAN 2008

Ferdinand Steffan, »Die Verehrung der beiden Jesuskinder im Kloster Altenhohenau am Inn«, in: *Schönere Heimat 97,* 2008, S. 219–227.

STEINBERG 1996

Leo Steinberg, *The Sexuality of Christ in Renaissance Art and in Modern Oblivion. Second Edition, Revised and Expanded,* Chicago/London 1996.

STOLLEIS 2001

Karen Stolleis, *Messgewänder aus deutschen Kirchenschätzen vom Mittelalter bis zur Gegenwart,* Regensburg 2001.

TOBLER 1988

Mathilde Tobler, »Geistlicher Krippenbau. – Weihnächtliche Frömmig-keit in Innerschweizer Frauenklöstern«, in: *Jahrbuch der historischen Gesellschaft Luzern 6,* 1988, S. 16–35.

TRIPPS 1998

Johannes Tripps, *Das handelnde Bildwerk in der Gotik. Forschungen zu den Bedeutungsschichten und der Funktion des Kirchengebäudes und seiner Ausstattung in der Hoch- und Spätgotik,* Berlin 1998.

VROON/URBANEK 2000

Monica Vroon/Regina Urbanek, *Fast verschlossen – Die Stiftung der Isabella Clara Eugenia,* Aachen 2000.

WALASSER 1565

Adam Walasser, *Vom zarten Kindlin Jesu unserm allerliebsten herrn und wahren Emanuel. Ein altes, zuvor nie im Truck außgangen Büchlin, voll Christlicher Lehr vnd Geistlicher Betrachtung, sonderlich auff die Weyhenechtische vnd volgende Christliche Feste, vast nutzlich zulesen vnd zugebrauchen,* Dillingen 1565.

WENIGER 2010

Matthias Weniger, »Las imágenes góticas de madera policromada del Niño Jesús en el arte alemán«, in: Ramos 2010, S. 151–177.

WENTZEL 1953

Hans Wentzel, »Christkind«, in: RDK 3, 1953, Sp. 590–606.

ZENETTI 1987

Lothar Zenetti, *Das Jesuskind. Verehrung und Darstellung,* München 1987.

ZIERHUT-BÖSCH 2001

Brigitte Zierhut-Bösch, *Ikonografie der Mutterschaftsmystik. Interdependenzen zwischen Andachtsbild und Spiritualität im Kontext spätmittelalterlicher Frauenmystik,* Diplomarbeit Wien 2007.

ZOEPFL 1936

Friedrich Zoepfl, »Das schlafende Jesuskind mit Totenkopf und Leidenswerkzeugen«, in: *Volk und Volkstum 1,* 1936, S. 147–164.

ZOEPFL 1956

Friedrich Zoepfl, *Das Franziskanerinnenkloster Heilig-Kreuz in Mindelheim 1456–1956,* Augsburg 1956.

ZWINGLER 2009

Irmgard E. Zwingler, *Das Klarissenkloster bei St. Jakob am Anger zu München. Das Angerkloster unter der Reform des Franziskanerordens im Zeitalter des Dreißigjährigen Krieges (Studien zur altbayerischen Kirchengeschichte Bd. 13),* München 2009.

Diese Publikation erscheint anlässlich der Ausstellung

Seelenkind

VEREHRT. VERWÖHNT. VERKLÄRT
DAS JESUSKIND IN BAYERNS FRAUENKLÖSTERN

im Diözesanmuseum Freising
25. November 2012 bis 10. Februar 2013

Diözesanmuseum für christliche Kunst des Erzbistums München und Freising

HERAUSGEGEBEN VOM KURATORIUM
Bernhard Haßlberger, Norbert Jocher, Norbert Knopp,
Christoph Kürzeder, Markus Reif

BAND 55
Seelenkind
Verehrt. Verwöhnt. Verklärt
Das Jesuskind in Bayerns Frauenklöstern

KONZEPTION
Christoph Kürzeder, Carmen Roll,
Anna-Laura de la Iglesia y Nikolaus, Steffen Mensch

KATALOG

Redaktion Christoph Kürzeder, Carmen Roll,
Anna-Laura de la Iglesia y Nikolaus, Steffen Mensch

Autoren
Prof. Dr. Marc-Aeilko Aris
Dr. Nina Gockerell
Dr. Roland Götz (RG)
Dr. Anna-Laura de la Iglesia y Nikolaus (AIN)
Dr. Christoph Kürzeder (CK)
Dr. Andrea Mayerhofer-Llanes (AML)
Steffen Mensch M.A. (SM)
Prof. Dr. Ludwig Mödl
Johanna Pawis (JP)
Dr. Hans Ramisch (HR)
Dr. Carmen Roll (CR)
Dr. Matthias Weniger
Dr. Irmgard E. Zwingler

Lektorat, Gestaltung, Satz und Herstellung
Sieveking · Kunstpublikationen, München

Reproduktionen Repromayer GmbH, Reutlingen

Druck Aumüller Druck GmbH, Regensburg

Bindung Conzella Verlagsbuchbinderei, Urban Meister GmbH,
Aschheim-Dornach bei München

AUSSTELLUNG

Ausstellungsgestaltung
Fritz Armbruster, Thöner von Wolffersdorff GbR

Ausstellungsbau
Holzdesign Eibl Erding/Langengeisling
mit: Marianne Blecher, Angelika Daniel, Rudolf Daniel,
Harald Schönleber, Hans Sgoff, Sebastian Westermeier,
Richard Wimmer

Restaurierung
Regina Bauer-Empl, Arnold Holzknecht,
Cornelia Knörle-Jahn, Sabine Kroiss,
Dorothea Preyß (Bildwerk Restaurierung),
Franziska Siegl, Hanna Weidenbacher

Restauratorische Fachberatung
Hans Rohrmann

Ausstellungsfotografie
Walter Bayer, Thomas Dashuber, Daniel Kraus

Sekretariat
Sandra Angermaier, Petra Anzenberger

Versicherung
Versicherungskammer Bayern, Kuhn & Bülow

Transport
Kunsttransport Hasenkamp München,
Möbel-Transport AG Fine Arts Division Zürich

ISBN 978-3-930618-03-3
1. Auflage 2012
© 2012 by Diözesanmuseum Freising
Printed in Germany